전쟁으로 보는 세계정치질서

오선위기 五仙圍碁 형국의 세 판 전쟁

국립중앙도서관 출판예정도서목록(CIP)

전쟁으로 보는 세계 정치 질서 : 오선위기(五仙圍碁) 형국의 세 판
전쟁 / 지은이: 강영한. -- 대전 : 상생출판, 2016
    p. ;   cm. -- (증산도 상생문화 연구총서 ; 8)

참고문헌과 색인수록
ISBN 979-11-86122-27-3 04150 : ₩20000
ISBN 978-89-94295-05-3 (세트) 04150

정치사[政治史]

340.9-KDC6
320.9-DDC23   CIP2016014679

증산도 상생문화 연구총서8

전쟁으로 보는 세계 정치 질서
-오선위기五仙圍碁 형국의 세 판 전쟁 -

발행일   2016년 7월 19일 초판 1쇄
발행처   상생출판
발행인   안경전
지은이   강영한
주소   대전시 중구 선화서로 29번길 36(선화동)
전화   070-8644-3156
팩스   0303-0799-1735
홈페이지 www.sangsaengbook.co.kr
출판등록 2005년 3월 11일(175호)

ISBN 979-11-86122-27-3
        978-89-94295-05-3 (세트)

전쟁으로 보는 세계정치질서

강영한 지음

오선위기五仙圍碁 형국의 세 판 전쟁

상생출판

세계 정치사는 전쟁의 역사

지금 동북아가 뜨거워지고 있다. 센카쿠(尖角) 열도, 한반도가 불타고 있다. 한때 중국의 방공식별구역(CADIZ: China Air Defense Identification Zone) 선포와 센카쿠 열도 영유권을 둘러싸고 중국과 일본이 연일 서로 비난과 경고성 메시지를 전하고, 심지어 전투기가 긴급 발진하며 무력 충돌 가능성까지 엿보였다.

이런 갈등 구도에 현재 유일한 세계 패권 국가이자 제2차 세계 대전 이후 이 지역 관리자를 자처하는 미국까지 아시아 중시(Pivot to Asia) 전략을 표방하며 공공연하게 개입하자, 중국과 미국 간의 관계도 악화 일로로 치닫고 있다. 작은 영토 분쟁으로 보이는 이 갈등은 G2의 세계 패권을 둘러싼 노골적 다툼으로 확대 재생산되고 있다. 그 와중에 우리나라는 일본과는 독도 영유권, 위안부 문제 및 역사 문제를 둘러싸고 갈등을 벌이고 있고, 중국과는 제주도 밑의 작은 섬 이어도를 두고 잠재적 갈등을 키워가고 있다.

한반도의 남북 간 갈등은 더 심각하다. 세계 전쟁사에서 이념 대결의 첫 전쟁이자 상씨름[1]의 초반전이었던 한국 전쟁이 지금은 잠시 멈

----

1) 지난 100여 년의 세계 역사를 씨름판에 비유하면, 애기판 씨름, 총각판 씨름, 상씨름이라는 세 판의 씨름이 있었다. 상씨름은 결승 씨름으로 그야말로 강자 중의 강자들이 대결하여 최종 우승자를 가리는 마지막 씨름이다. 한국 전쟁은 상씨름의 불씨이자 그 초반전이었다. 지금은 상씨름이 잠시 멈춘 상태이지만 한반도 주변 국제 환경은 금방이라도 상씨름을 재개시킬 듯하다.

춘 상태이지만 보이지 않는 갈등은 더 심각해지고 있기 때문이다. 지난 반세기가 넘는 시간 동안 남북은 휴전 아닌 휴전 가운데서도 날카롭게 대립하였다. 북한이 2013년 2월, 2016년 1월에 감행한 제3차 및 제4차 핵실험은 불난 집에 기름을 부은 꼴이다.

북한이 3차 핵실험을 하자 당시 남한의 여론은 들끓었다. 그리고 미국, 일본뿐만 아니라 중국과 러시아도 이전과는 달리 우려의 목소리를 냈다. 그러나 북한은 이에 아랑곳하지 않았고, 남북 간에는 살벌한 '말[言] 전쟁'이 이어졌다.

북핵 문제를 다자 회담을 통해 해결하려던 6자 회담도 실패로 끝났고, 인정하고 싶지 않지만 북한은 사실상 핵 보유국이 되었다. 2016년 벽두에 강행한 4차 핵실험은 북한의 핵무기 보유에 대한 논란이 무의미함을 보여주었다.

북한의 핵실험을 빌미로 일본은 무장화를 가속화하고 있다. 일본은 북핵 문제를 명분으로 재무장을 위한 헌법 개정을 시도하여 우경화로 나아가고 있다. 2007년 집권 당시 '아름다운 일본'이란 슬로건을 내걸었던 아베 신조(安倍晋三) 일본 총리는 재집권 이후 '강한 일본'을 주창하고 있다. 그는 '강한 일본을 되찾기 위한 싸움은 이제 막 시작됐다'며 일본의 군대 보유와 전쟁 금지를 규정한 평화 헌법 개정도 마다하지 않았다. 이러한 일본의 실체는 우경화를 통한 군국주의화이다. 일본이 다시 군국주의로 나아가겠다는 것이다.

이 와중에 아베는 동북아 사람들의 가슴에 불을 지르는 일을 저질렀다. 2013년 12월 26일, 야스쿠니(靖國) 신사를 기습 참배한 것이다. 그곳이 어떤 곳인가? 청일 전쟁, 러일 전쟁, 만주 사변, 중일 전쟁, 태평양 전쟁 등 근대 일본이 일으킨 크고 작은 전쟁에서 죽은 245만여 명의 전몰자와 특히 태평양 전쟁 A급 전범들을 합사한 곳이다. 그러므로

야스쿠니(靖國) 신사[좌]와 아베 신조(安倍晋三) 일본 총리의 참배 길[위]

아베의 야스쿠니 신사 참배는 단순한 참배가 아니다. 그것은 동북아 주변국에 도발을 감행한 것이나 다름없는 행위이다. 그러자 한국과 중국은 물론 주변국들이 지난 역사에 대한 반성은커녕 역사를 왜곡하는 일본에 대해 거센 반발을 하였다. 일본은 주변국들과 역대 최악의 경색 관계를 만들어가고 있다. 이제 마지노선까지 넘은 듯하다.

중국은 어떤가? 20세기 초까지만 해도 중국은 서구 열강의 먹잇감이었다. 그러나 중국은 쑨원(孫文)이라는 지도자의 영향 아래 장제스(蔣介石), 마오쩌둥(毛澤東), 저우언라이(周恩來), 덩샤오핑(鄧小平)으로 리더십이 이어지더니, 지금은 시진핑(習近平)이 집권한 가운데 G2로 우뚝 솟았다. 시진핑은 취임 이후 대외 정책으로 '주동작위主動作爲'라는 적극적 전략을 내걸었다. 이는 1980년대의 '도광양회韜光養晦'라는 소극적 전략과는 크게 다르다. 비록 중국은 빈부 격차나 소수 민족 문제를 비롯한 국내 문제와 양안兩岸 문제로 불안정한 상태이지만, 중국을 견제하려는 미국의 정책에 적극 대응함으로써 미국과 긴장을 고조시키고 있다.

한편 미국은 일본을 군사 전초 기지로 동북아에서 무슨 일이 일어나면 자동 개입하려 한다. 이런 미국의 움직임은 한·미·일 삼각 안보 체제의 강화를 가져왔지만, 한때 소원해졌던 중국과 러시아가 다

중국의 역대 외교 정책 지도 이념

덩샤오핑	▶ 장쩌민	▶ 후진타오	▶ 시진핑
도광양회韜光養晦	**유소작위**有所作爲	**화평굴기**和平屈起	**주동작위**主動作爲
빛을 감추고 어둠 속에서 힘을 기른다.	필요한 일에는 적극 참여한다.	평화롭게 발전한다.	해야 할 일을 주도적으로 한다.

1980년대 덩샤오핑의 외교 원칙은 '도광양회韜光養晦', 즉 '빛을 감추고 어둠 속에서 힘을 기른다'는 것이었다. 뒤를 이은 장쩌민은 '필요한 일에는 적극 참여한다'는 '유소작위有所作爲'를 내세웠다. 그리고 2003년 후진타오는 '평화롭게 발전한다'는 '화평굴기和平屈起'를 내세웠다. 그런데 시진핑은 '주동작위主動作爲', 즉 '해야 할 일을 주도적으로 한다'고 하여, 세계의 규칙에 중국 이익을 반영하겠다는 새로운 대외 정책을 세웠다.

시 손을 잡게 하는 계기로도 작용하였다. 최근 중국과 러시아는 합동 군사 훈련을 비롯하여 안보 협력을 강화하고 있다. 블라디미르 푸틴(Vladimir Putin) 러시아 대통령의 극동 중시 전략의 중심에는 한반도가 있다. 그러므로 장차 어디에서 갈등의 불씨가 되살아날지 모른다.

이렇게 동북아와 한반도는 세계 강대국들의 이해가 얽힌 지구촌의 가장 뜨거운 감자다. 여기에서 원치 않는 시기에 원치 않는 전쟁이 벌어질 가능성도 배제할 수 없다. 아베 일본 총리는 2014년 1월 스위스에서 열린 세계경제포럼(WEF, 다보스 포럼)에서 "1차 대전 전 영국과 독일은 현재의 중국과 일본처럼 강력한 경쟁 관계였지만 1914년 전쟁을 막지 못했다"며, 지금의 중·일 관계를 제1차 세계 대전 직전 독일과 영국 관계에 비유하며 전쟁 발발 가능성을 시사했다. 위기 상황을 부추겼다. 2월 초에는 헨리 키신저(Henry Kissinger) 전 미 국무장관도 독일 뮌헨에서 열린 세계안보회의에서 동북아 상황을 두고 "1차 세계 대전이 일어나기 직전인 19세기 유럽 상황과 비슷하다. … 중국과 일본의 긴장 국면이 고조되면서 '전쟁이라는 유령'이 아시아를 배회하고 있다"며, 군사적 충돌 가능성을 경고하였다.

전쟁, 그것은 세계 정치 질서를 바꾸고, 새로운 정치 질서를 형성할 수 있는 가장 강력한 힘이다. 전쟁은 상대를 파괴하는 집단적 폭력이지만 새로운 세계 정치 질서를 여는 동인인 것이다. 카를 폰 클라우제비츠(Carl von Clausewitz)의 말처럼, 전쟁은 또 다른 수단에 의한 정치적 행위, 정치적 수단과는 다른 수단으로 계속되는 정치이다.[2]

동북아·한반도를 중심으로 하는 지난 100년의 역사를 보자. 정치 단위들 상호 간에 벌어지는 조직적 폭력, 상대를 무력으로 정복하기 위한 전쟁이 그치지 않았다. 러일 전쟁, 중일 전쟁, 제1차 세계 대전, 제2차 세계 대전, 그리고 한국 전쟁을 보면 세계 정치사는 굵직굵직한 전쟁을 빼놓고는 이야기할 수 없다. 이러한 전쟁들은 늘 세계 정치 질서를 변화시켰다. 세계 정치사는 가히 전쟁의 역사라 할 만하다.

그런데 이러한 일련의 전쟁들에는 어떤 특징이 있다. 앞의 전쟁과 뒤의 전쟁이 결코 무관하지 않다. 러일 전쟁은 청일 전쟁에 뿌리를 두고, 청일 전쟁은 조선에서 일어난 동학 농민 혁명과 불가분의 관계가

있다. 더 거슬러 올라가면 이 동학 농민 혁명은 동학 없이 가능했을까?

만주 사변, 중일 전쟁, 태평양 전쟁도 마찬가지다. 만주 사변의 연장선상에서 중일 전쟁이 일어났고, 중일 전쟁의 연장선상에서 제2차 세계 대전과 연동해 태평양 전쟁

카를 폰 클라우제비츠(Karl von Clausewitz, 1780-1831)와 그의 『전쟁론』.(출처 : http://webphilosophia.com/)

----

2) 카를 폰 클라우제비츠 지음, 김만수 옮김, 『전쟁론』 제1권, 갈무리, 2006, 77-79쪽.

이 일어났다. 그래서 이 세 전쟁을 묶어 흔히 '15년 전쟁'이라 한다.[3]

지금 동북아에서는 6개국의 관계 지형에 변화가 일어나고 있다. 미국이 추동하는 한·미·일 동맹이 다소 삐거덕 거리고 북·중·러 연합은 더욱 느슨해지고 있다. 미국과 중국은 대결로 방향을 잡은 듯하고, 중국과 일본은 역대 최악의 관계로 치닫고 있다. 그런가하면 한·일 간이나 북한과 중국 간에는 예전에 볼 수 없었던 긴장·소원疏遠이 고조되고, 남북 관계는 얼어붙은 상태다. 장차 동북아에서는 상당기간 동안 정치적 빙하기가 이어질 듯하다.

필자의 문제 제기는 이런 것들이다. '대립과 갈등의 골을 깊게만 하고 있는 한반도를 둘러싼 동북아, 아니 세계 정치 질서는 지난날 어떤 변화 과정을 거쳐 지금에 이르렀을까?' 그리고 '장차 어떻게 변화할까?' '세계 정치 질서의 미래는 어떻게 다가올까?' 미국의 아시아로의 복귀, 중국의 굴기崛起, 일본의 우경화, 러시아의 동방 정책, 핵을 둘러싼 남북 갈등, 그리고 한·미·일과 북·중·러 두 진영의 대결이 맞물린 지금, '세계 정치 질서는 과연 어디로 급변할 것인가?' 그 최전선인 '한반도에서는 장차 어떤 일이 벌어질까?' 그리고 '한반도는 앞으로 어떤 위상을 갖게 될 것인가?'

이러한 문제를 설명하고 전망하는 시각은 다양할 수 있다. 그 중 필자는 이理·신神·사事 세계관이라는 새로운 눈으로, 또 다른 수단에 의한 정치인 근·현대의 세계 전쟁을 통해 이런 의문을 풀어본다.

---

3) 최문형, 『일본의 만주 침략과 태평양 전쟁으로 가는 길』, 지식산업사, 2013, 9-10쪽.

목차

1. 세상을 보는 또 하나의 눈

이理·신神·사事 세계관

인간이 동물과 다른 점은 비록 자신이 속한 집단·문화·종교·시대 등 다양한 요인에 따라 차이가 있지만, 누구나 세상을 보는 자기 나름의 눈을 가지고 있다는 것이다. 사람들이 같은 현상을 두고도 서로 다르게 인식하고 판단하고 행동하는 것은 기본적으로 세계관(worldview)의 차이에 기인한다. 세계관이 다르면 그만큼 세상이 다르게 보인다.

지난 우리 역사에서 조선시대에는 성리학性理學이 세계와 만물을 보는 지배적인 창이었다. 성리학은 리理와 기氣의 이원론적 조합을 통하여 세계에 대한 해석과 인간의 본질에 대한 이해, 그리고 그 이해의 바탕 위에서 인간이 가야할 길[道]을 동시에 일러주는 주희朱熹(1130-1200)의 사상이다.[1] 16세기 이후 조선에서는 이러한 주자학이 통치 이념이자 양반 지배층의 사회화 내용이었다.

만일 이러한 눈으로 세상을 바라보면 세상은 어떻게 보일까? 조선의 주자학은 인격신의 존재를 부정한다. 조선 성리학은 상제천관上帝天觀을 표방하기도 하지만, 이법천관理法天觀을 바탕으로 천즉리天卽理, 성즉리性卽理를 강조하면서 이기론 탐구에 철저하였다. 이는 자연히 사회를 형이상학적 논쟁에 빠지게 만들었다. 나아가 하늘에서 부여한

----
1) 박홍기, 『다산 정약용과 아담스미스』, 백산서당, 2008, 94-96쪽.

본성을 구현하기 위한 예禮를 지나치게 강조함으로써 사람들을 형식
주의에 빠지게 하였으며, 신분 간 사회 불평등도 당연시하는 결과를
가져왔다. 성리학은 조선시대 사람들의 세상을 바라보는 눈, 그들의
생각, 그들의 행위조차 성리학적으로 정형화하였다.

지금은 어떤가? 현대인의 세상을 바라보는 지배적인 눈은 흔히
실증주의, 과학주의, 경험주의를 배경으로 한다. 17세기 갈릴레이
(Galileo Galilei)와 케플러(Johannes Kepler)에 의해 시작되고 뉴턴(Isaac
Newton)과 데카르트(René Descartes)에 의해 발전된 결정론적 인과율, 환
원주의적·기계주의적 패러다임은 지난 몇 백 년 사이에 급속하게 발
전하였다. 이에 압도된 현대인들은 선택의 여지가 없다. 실증주의 경
험 과학과 과학 지상주의의 최면에 걸린 현대인들은 부지불식간에 과
학주의적 사고에 갇혔다. 그럼으로써 눈에 보이는 물질적 세계의 실
재만을 인정하고 거기에 바탕한 지식만을 참으로 여기는 경향이 강하
다. 이는 곧 과학 만능 사상에 빠진 현대인들이 정신이나 영성과 같이
눈에 보이지 않는 세계의 실재성에 대한 부정은 물론, 전통 종교나 가
치관, 심층적인 정신 세계에서 나온 신비주의적 세계관을 부정한다는
것이다.[2]

이 글이 취하는 관점은 눈에 보이는 세계에만 집착하는 사유 방식과
는 근본적으로 다르다. 그것은 한마디로 물질적 자연계의 너머에 로
고스나 신의 세계가 존재한다는 의식을 바탕으로 한다. 인간이 살아
가는 천지는 한순간도 멈추지 않고 끊임없이 변하고 있다. 사람들은
매일 숨을 쉬면서도 공기의 중요성을 모르고, 물고기는 물속에 살면
서도 물의 중요성을 모른다. 그렇듯 사람들은 한 순간도 쉼 없이 변화
하는 천지의 품에서 살지만 천지가 어떻게 변화하는지 잘 모른다. 천

----

2) 켄 월버 지음, 조효남 옮김, 『감각과 영혼의 만남』, 범양사 출판부, 2000, 378-387쪽.

지 만물의 변화는 모두 천지의 주인[天主]이자 인간과 신의 세계 및 자연계를 두루 다스리는 지존무상至尊無上의 하늘님, 즉 상제의 주재 아래 일어난다는 것을 인식하지 못한다. 천지 만물의 생성과 변화를 그 주재자이자 통치자인 최고의 신神 상제를 통해 인식하고 그런 지고至高의 신 상제를 바탕으로 세상을 바라보는 눈, 그것을 필자는 '이理·신神·사事 세계관'이라 부르고자 한다.

이·신·사 세계관은 한 마디로 현상 세계의 모든 일[事]을 천지 자연의 변화 원리[理]와 만물에 깃든 신명[神]의 관계로 보는 관점이다. 이·신·사의 이理란 현실 세계를 구성하는 배후의 근원적 힘과 법칙을 말한다. 그것은 곧 자연의 변화 원리를 말한다. 이러한 자연의 변화 원리의 전형적인 예가 우주 1년과 생장염장生長斂藏의 순환 이치이다.

우주는 129,600년을 주기로, 봄·여름·가을·겨울이라는 네 계절을 거치며 만물을 낳고, 기르고, 추수하며, 마침내 휴식을 취하는 순환 질서에 따라 변화한다. 이러한 변화 과정에서 큰 마디를 이루는 것이 생·장·염·장이다. 천지 만물은 탄생·성장·성숙·휴식이라는 네 마디를 거치며 순환적으로 변화한다. 세상에서 이러한 자연의 변화 이치를 거스르는 것은 아무 것도 없다. 천지 자연·우주는 이러한 이법에 따라 운동한다. 인간을 포함한 모든 생명의 삶도, 비록 그 시간적 차이는 있지만, 이런 자연의 변화 과정을 따른다.

그러나 자연 이법이 저절로 실현되는 것은 아니다. 주재자를 필요로 한다. 즉 변화의 이치만으로 현실적 사건이 발생하는 것이 아니기 때문에 리理는 리를 주재하는 주재자가 있어야만 한다. 그런 주재자가 바로 신神이다. 이 세상 만사만물의 변화 이면에는 반드시 그 일에 관여하는 신이 있다. 이·신·사에서 신이란 이법과 인간 의 삶을 매개해주는 보이지 않는 손길, 즉 신명神明, 신의 세계를 말한다.

신의 세계는 사실 인간의 이성만으로는 인식되지 않는 초합리의 세계이다. 이·신·사 세계관으로 보면 세상만사에는 신이 개입한다. 신이 개입하지 않는 것은 아무것도 없다. 신이 없이는 사람도 존재할 수 없다. 사람이 죽고 사는 것은 모두 신명의 조화에 의한 것임을 보여주는 이런 예가 『도전道典』[3]에 있다.

"하루는 호연이 "참말로 신명이 있나요?" 하고 여쭈니 말씀하시기를 "신명이사 없다고 못 하지. 사람이 죽고 사는 것도 모두 신명의 조화로 되는 것이다." 하시고, 또 말씀하시기를 "지금도 네 양쪽 어깨에 신명이 없으면 기운 없어서 말도 못 혀. 눈에 동자가 있어야 보이듯이 살아 있어도 신명 없이는 못 댕기고, 신명이 안 가르치면 말도 나오지 않는 것이여. 신명이 있으니 이 모든 지킴이 있는 것이다." 하시니라."(2:61:1-5)

심지어 담벼락이 무너지는 것도 저절로가 아니라 신이 개입하기 때문이다. 손톱 밑에 박힌 가시 하나도 신의 손길이 작용한 것이다.

"천지간에 가득 찬 것이 신이니 풀잎 하나라도 신이 떠나면 마르고 흙 바른 벽이라도 신이 떠나면 무너지고, 손톱 밑에 가시 하나 드는 것도 신이 들어서 되느니라. 신이 없는 곳이 없고 신이 하

증산도 『도전道典』

---

3) 『도전道典』은 증산도 경전이다. 증산도 도전편찬위원회, 증산도 『도전道典』, 대원출판사, 2003 참조. 『도전』 2:94:7은 『도전』 2편 94장 7절을 의미한다. 이하에서 『도전』 인용은 편·장·절만 기록한다.

지 않는 일이 없느니라."(4:62)

결국 인간사는 자연의 변화 원리를 바탕으로 이법을 다스리는 온갖 신들이 인간 삶에 개입하여 전개되는 것이다.[4] 인간의 역사는 우주의 변화 이치를 바탕으로 신이 기획하고 인간의 실천으로 드러난다. 그러므로 어떤 역사적 사건도 우연의 산물이 아니다. 그 모두는 신명 세계에서 자연의 변화 이치에 따라 의도한 것을 인간이 실현한 결과이다.

그런데 세상에는 자연신, 인격신 등 수많은 종류의 신들이 있다. 그러면 그 많은 신들 중 최고신은 무엇인가? 그것은 바로 우주 만물의 주재자이자, 신중의 신, 백신百神의 종宗인 상제上帝이다. 상제는 지존 무상의 최고 통치자로 지고신至高神이다.

아주 먼 옛날부터 세상 사람들은 이러한 상제를 받들고 천지와 하나 되고자 천지의 뜻에 부응하는 삶을 살았다. 천제天祭는 바로 그 실천으로, 인류 종교 문화의 원형이다. 『환단고기』, 홍산 문화의 유물과 유적, 갑골문, 『시경』, 『서경』 등 동방 조선이나 중국의 상고 시대에 관한 수많은 역사 자료는 동북아에서 상제에게 올렸던 천제 흔적과 우주 주재자로서 상제가 세상을 어떻게 주재하고 열어 가는지, 어떻게 천지를 다스리는지를 보여주는 여러 실마리를 담고 있다. 이 땅에서 이런 상제 문화는 밖으로부터 불교나 신유학 등이 들어오면서 쇠퇴하기 시작했다. 인류 문화의 뿌리였던 신교神敎는 주변부로 밀려나고 상제가 왜곡되기 시작했다.

신유학이 지배해간 조선 초기 이래 동방 땅에서 잊힌 상제가 재발견되고 다시 생명력을 회복하기 시작한 것은 조선 후기이다. 성리학의

----
4) 안경전, 『증산도 기본 교리』 2, 대원출판, 2007, 19쪽.

동방 정신 문화의 원형, 신교神敎

　신교神敎, 그것은 불교나 유교, 도교, 기독교와 같은 개별 종교의 하나가 아
니다. 신교는 9천년 전 환국시대부터 이 땅 옛 사람들의 생활 양식이자 종교
와 철학 그 자체였다. 그것을 굳이 종교라는 현대적인 개념, 신과 관련시킨다
면, 신교는『환단고기桓檀古記』에 나오는 '삼신설교三神設敎', '이신시교以神施敎',
'삼신입교三神立敎',『규원사화揆園史話』에 나오는 '이신설교以神設敎', 즉 신으로
써 가르침을 연다는 말의 줄임 정도로 볼 수 있다. 당시 동방 조선 사람들은
그 신을 하나이지만 세 가지 기능을 하기에 '삼三'을 더하여 삼신 상제三神上帝,
삼신 하느님, 삼신 일체 상제, 또는 줄여서 상제라고 불렀다.

　신교 문화에서는 이 우주를 구성하는 3대 요소인 하늘과 땅과 인간을 신의
피조물로 간주하는 기독교와는 다르게 본다. 그것은 조물주 삼신의 자기현현
自己顯現으로 여겨진다. 즉 삼계는 삼신이 현실계에 자신을 드러낸 것으로 본
다. 따라서 만물은 삼신의 생명과 신성을 그대로 지닌 영적 존재이다.

　이러한 삼계를 다스리고 주재하는 존재인 상제를 받들던 전형적 모심 의례
가 천제天祭이다. 중국 땅 홍산 문화 유적지인 우하량 제2 지점에서 발굴된 원
형 제단, 강화도 마리산의 참성단, 고종이 황제 즉위 때 고유제告由祭를 올린
환구단, 중국 북경 천단 공원에 있는 원구단 등은 모두 상제에게 제사를 올리
던 천원지방天圓地方 구조를 띤 제단으로, 신교 문화의 전형적 유산이다.

　그리고 그런 상제와 하나 되려는 행위 체계가 수행修行이다. 천제天祭 날이
정해지면 사람들은 신과 교감하기 위하여 몸과 마음을 가지런히 하는 재계齋
戒를 한다. 재齋란 내적인 것을 안정시키는 것을 말하므로, 재계는 곧 맑고 밝
은 덕을 지극히 함을 이른다. 그래야 신명과 교감할 수 있다. 그래서 천제를
올리기 전 7일 동안은 산재散齋를 하고 3일 동안은 치재致齋를 한다. 즉 제사에
앞서 7일 동안에는 기본적인 일은 하되 나쁜 일과 부정적인 것을 보지도 듣지
도 접하지 않도록 한다. 이를테면 형벌이나 조문 등을 삼가고, 음악도 연주하
지 않는다. 이후 3일의 치재 때는 모든 일을 그쳐 구차하게 움직이지 않아 몸

과 마음을 더욱 정숙하게 한다. 재계 기간 총 10일은 결국 신 앞에 나아가기 위한 몸과 마음을 갖추고 가지런히 하는 시간이다. 그것은 단순한 준비 기간이 아니라 몸과 마음을 안정시키고 가지런히 하는 짧은 수행 시간과 다르지 않다.

신교에서는 인간 본연의 마음인 본성[性]과 영적 생명력[命], 그리고 생명의 씨앗이라고 할 수 있는 내 몸의 동력원[精]은 모두 삼신이 인간의 몸에 들어온 것으로 본다. 그러므로 이 성·명·정이라는 삼진三眞을 지켜서 자신 속에 머무는 삼신의 신성과 온전히 하나가 되는 것이 중요하다. 따라서 사람이라면 누구나 삼신의 조화 심법을 열어 삼신의 가르침을 실현하는 삶을 살아야 한다.

강화도 마리산의 참성단

대한제국의 환구단과 황궁우

그 길이 바로 수행이다. 이런 신교의 가르침을 담은 3대 경전이 『천부경天符經』, 『삼일신고三一神誥』, 『참전경參佺經』이다.

이런 맥락에서 보면 이미 9천여 년 전 환국시대부터 시작된 신교는 인류 문화의 원형이자, 종교의 원형이기도 하다. 그러기에 『도전』은 동방의 조선을 신교의 종주국이며, 유儒·불佛·선仙·기독교는 모두 이 신교에 뿌리를 두고 각기 지역과 문명에 따라 그 갈래가 나뉜 것이라고 하였다.*

----

*『도전』 1:1:6 ; 1:6:1 참조.

중국 우하량의 원형 제단과 방형 적석총

북경 천단 공원의 원구단

주변부로 밀려났던 상제에 대한 새로운 인식이 반주자학적 입장을 지닌 소수 지식인들에 의해 표출됨으로써였다. 그 중 특히 다산茶山 정약용丁若鏞(1762-1836)은 유교 경전에 나타난 인격적 존재로서 상제를 재발견하여 상제를 사회적으로 담론화하고 상제의 사회적·역사적 필요성을 강조하였다. '상제로 돌아가라.' 다산은 그것만이 사람들의 도덕적 행위를 동기화하여 궁극적으로 조선의 사회 질서를 바로잡을 수 있는 길임을 밝혔다.

다산은 상제를 일상적으로 받들고 모시는 종교 공동체를 형성하거나 추종자들을 확보하지는 않았지만, 역사의 뒤안길로 사라졌던 인격적인 주재자 상제에게 다시 역사적 생명력을 불어넣었다.

역사적으로 보아 상제가 구체적 모습으로 인간에게 자신을 드러낸 것은 동학을 창도한 수운水雲 최제우崔濟愚(1824-1864)를 통해서였다.

수운은 상제로부터 세상 사람들로 하여금 상제를 위하도록 가르치라는 천명을 받았다. 영부靈符와 주문呪文도 받았다. 그리하여 동학東學을 만들고, 상제를 받들고[侍] 위하는[爲] 가르침을 온 누리에 펼쳤다. 동학 공동체를 만들어 상제 받듦을 실천하였다. 조선시대 상제 문화는 수운에 의해 화려하게 부활하였다.

다산 정약용(1762-1836)

수운 최제우(1824-1864)

순도100주년 기념으로 대구 달성 공원 안에 세워진 수운의 동상

관덕당觀德堂. 수운 시대에 관덕당은 옛 아미산 북쪽 아래 대구 읍성 남문, 즉 영남 제일문 밖 서남으로 200보쯤 되는 지점에 있었다. 지금의 대구광역시 중구 동아 백화점 건너편 일대와 반월당 사거리는 모두 관덕당 마당이었다. 관덕정, 대구 장대大邱將臺로 불리기도 한 관덕당의 남쪽 앞 넓은 터는 군관과 별무사를 선발하는 도시소都試所(시험장), 군사 훈련장 등으로 사용되었고, 그 언덕받이 땅은 경상 감영의 제일 큰 형장이었다. 1864년 3월 10일, 수운 최제우는 여기서 대명률 제사편祭祀編 금지사무사술조禁止師巫邪術條, 일명 좌도난정지술左道亂正之術로 이곳에서 처형되었다. 조선 후기 가톨릭 신도들이 이 형장에서 많이 처형된 것으로 밝혀지면서 지금 이곳에는 그림처럼 천주교 순교 기념관이 들어섰다.

그러나 당시 조선 사회는 천주교의 확산을 막고자 정부가 천주교를 억압하는 상황이었다. 천주교에 대한 사회 통제가 강화되는 상황에서도 상제를 신앙하는 동학이 오히려 널리 전파되자 정부는 불안할 수밖에 없었다. 그리하여 정부는 동학을 서양의 요사한 가르침을 그대로 옮겨 이름만 바꾼 사술邪術이며 서학과 다를 바 없다고 규정하고, 그 창도자인 수운을 체포하였다. 그리고 갑자년인 1864년 3월 10일, 대구 감영 남문 밖 아미산 아래 관덕당觀德堂 앞에서 참형하였다.

수운이 죽었다고 상제 문화가 다시 사라지는 상황을 맞이한 것은 아니었다. 상제 문화는 오히려 더욱 화려하게 꽃필 수 있는 계기를 맞이하였다. 그것이 상제의 인간으로의 강세이다.

> "조선 조정이 제우를 죽였으므로 내가 팔괘 갑자八卦甲子에 응하여 신미(1871)년에 이 세상에 내려왔노라."(2:94:7)
> "수운이 능히 유교의 테 밖에 벗어나 진법을 들춰내어 신도와 인문의 푯대를 지으며 대도의 참 빛을 열지 못하므로 드디어 갑자년(1864년)에 천명과 신교를 거두고, 신미년(1871)에 스스로 이 세상에 내려왔나니 동경대전과 수운가사에서 말하는 '상제'는 곧 나를 이름이니라."(2:3015-17)
> "내가 수운을 대신해서 왔나니 내가 곧 대선생이니라."(2:94:11)

이는 수운에게 천명을 내렸던 우주 주재자 상제가 신미년에 직접 인간으로 이 땅에 강세하였음을 밝히는 내용이다. 조선 땅 전라도 고부군 객망리에 강姜씨 성姓으로 강세한 상제. 상제의 세속 이름은 일순一淳이고 도호道號는 증산甑山이다. 그래서 인간의 몸으로 강세한 상제를 증산상제, 강증산 상제라고 한다.

위대한 설계great design, 천지공사天地公事

지금 세상은 급변하며 인간을 위기로 몰아가고 있다. 위기를 가중시키는 변화는 어느 한부분에서만 일어나고 있는 현상이 아니라 총체적이다. 한마디로 천·지·인 삼계三界에서 일상적이다.

자본주의의 위기를 우리가 몸으로 체감하기 시작한 것은 이미 오래 전이다. 산업화나 근대화 및 자본주의의 발전이라는 이름으로 자행된 인간의 행위가 현대 문명을 병들게 하고 있다. TV

증산상제, 강일순(1871-1909)

가 보여준 이라크 전쟁의 생생한 실황은 인간이 어떤 존재로 바뀌어 가고 있는지, 세계가 어디로 가고 있는지를 다시 생각하게 하였다. 어디 그뿐일까? 천지 자연도 급변하며 인간의 삶을 위협하고 있다. 인간의 탐욕과 이기利己가 자연을 병들게 하자 대자연도 일대 반격을 가하고 있는 것이다.

『도전』을 근거로 이러한 19세기 이후 세상 모습을 한마디로 표현하면 그것은 '병든 세상'이라고 할 수 있다. 하늘도 병들고 땅도 병들고 인간도 병든 것이다. 이른바 '천지병天地病'에 걸렸다. 사람이 가벼운 감기에 걸리면 그것은 사물탕 한 첩만으로도 족하다. 강아지나 고양이가 아프면 동물 병원으로 데려가 치료라도 할 수 있다. 그러나 지금의 세상은 그런 작은 병이 든 것이 아니다. 천지 그 자체가 병들었다. 그리고 그 병은 더욱 깊어가고 있다.

그렇다면 이런 천지병은 어떻게 하면 고칠 수 있을까? 병든 세상을 구하는 길은 어디에 있을까? 이·신·사 세계관으로 보면 그 궁극의 처방은 만유 생명의 바탕인 병든 천지를 바로 잡아야만 한다. 인간사의 온갖 부정적인 문제들은 천지 질서 자체에 문제가 있기 때문에 발생한다.

이런 병든 천지를 바로잡는 것은 우주 주재자의 몫이다. 상제만이 할 수 있다. 지난날 온 성신聖神들이 상제에게 병든 세상을 구해줄 것을 간절히 호소한 것은 바로 이 때문이다. 그리하여 천상의 상제가 인간으로 강세하였다.

> "선천은 상극相克의 운運이라. 상극의 이치가 인간과 만물을 맡아 하늘과 땅에 전란戰亂이 그칠 새 없었나니 그리하여 천하를 원한으로 가득 채우므로 이제 이 상극의 운을 끝맺으려 하매 큰 화액禍厄이 함께 일어나서 인간 세상이 멸망당하게 되었느니라. 상극의 원한이 폭발하면 우주가 무너져 내리느니라. 이에 천지 신명이 이를 근심하고 불쌍히 여겨 구원해 주고자 하였으되 아무 방책이 없으므로 구천九天에 있는 나에게 호소하여 오매 내가 이를 차마 물리치지 못하고 이 세상에 내려오게 되었느니라."(2:17:1-7)

인간으로 강세한 증산상제는 신명 세계를 정비하고 앞으로 열릴 새로운 세계를 위한 위대한 밑그림을 그렸다. 즉 우주 변화 원리를 바탕으로 신명들을 해원시켜 가며 신명들과 더불어 묵은 질서를 뜯어고쳐 새로운 역사 질서가 열리도록 그 청사진을 마련하였다.

증산상제가 인간으로 와서 한 일은 바로 하늘과 땅을 뜯어고쳐 새로운 역사 질서가 열리도록 위대한 설계를 한 일이다. 그것이 9년 동안 집행한 천지공사, 즉 하늘 땅 바로잡기이다. 현실 세계사는 이 천지공사가 가시적으로 드러난, 실현된 것이다. 이런 눈으로 보면 동북아 한반도를 중심으로 일어난 전쟁도 알고 보면 신명들과 더불어 본 천지 공사가 인간의 실천으로 드러난 것이다.

증산상제가 한 위대한 설계인 천지공사의 중심은 장차 상제의 도가 세상에 널리 펼쳐지는 과정에 대한 설계[도운공사道運公事]이다. 증산 상제는 이 도운에 맞추어 또한 세계 정치 질서가 변화하는 메커니즘을 설계[세운공사世運公事]하였다.

세운공사는 동방 조선을 중심으로 세계 4대 강국들이 두 집단으로 갈려 세 번의 큰 전쟁을 거쳐 마침내 지구촌에 새로운 정치 질서, 새로운 문명을 여는 밑그림이다. 세운공사는 지난 백 수 십년동안 한반도를 중심에 두고 세계 열강들이 전쟁을 통해 대립하며 분열의 세계 정치 질서를 열어나가고, 궁극으로는 이 땅 한반도가 이러한 분열된 세계를 통일하여 새로운 세계 정치 질서, 새로운 문명을 이끄는 주체가 되는 과정을 담고 있다.

왜 전쟁인가?

증산상제의 천지공사는 병든 하늘과 땅 그리고 인간, 즉 병든 삼계三界를 총체적으로 바꾸려는 대전환 기획이다. 전쟁은 그 중 병든 사회, 병든 문명을 전면적으로 허물고 새로운 질서를 열 수 있는 가장 폭력적이고 급진적이지만 또한 가장 총체적 변화를 가져올 수 있는 수단이다.

지난 근·현대 역사와 문명을 둘러보자. 근·현대를 특징짓는 자본주의는 과학 기술의 발전을 통해 이전에 비해 녹祿[5]의 생산과 분배 문제

----

5) 녹祿이란 현대적 개념으로 넓게 말하면 경제라고 할 수 있다. 좁은 의미로 본다면 사람의 의식주, 또는 이를 해결할 수 있는 수단인 돈, 재화라고 할 수 있다. 녹은 인간이 생명을 유지하고 생성하는 생명줄이다. 그리하여 『도전』은 이렇게 밝힌다. "녹이 떨어지면 죽느니라." (9:1:6)

를 크게 개선하였고 수명도 늘리며 인간의 삶의 질을 전반적으로 높여 새로운 문명의 꽃을 피웠다. 이러한 자본주의라는 새로운 시스템이 출현할 수 있었던 것은 산업 혁명 때문이다. 산업 혁명은 18세기 중엽에 시작된 기술 혁신과 그에 따른 사회·경제 구조의 변혁을 말한다. 이를 처음 이룬 나라가 영국인데, 영국은 18세기 중반 이후 산업 혁명을 이룰 수 있는 많은 요소를 갖추고 있었다. 기술이 발전하여 새로운 기계가 발명되고, 그것이 공업에 적용되어 영국에서는 공장제 기계 공업이 발전할 수 있었다. 그에 필요한 노동력도 엔클로저 운동으로 토지를 잃고 도시에 모인 사람들이 많아 충분히 동원할 수 있었다. 영국은 또한 공업에 필요한 철과 석탄 등 지하자원도 풍부하였다. 뿐만이 아니었다. 식민지 확보를 통해 대량 생산된 상품을 팔 수 있는 세계 시장 체계까지 갖추고 있었다. 산업 혁명으로 상품의 생산과 공급 능력을 비약적으로 증대시킨 영국은, 그리하여 최초의 근대적 산업 국가가 되었다.

산업 혁명은 산업 구조의 변화, 교통·통신 혁명뿐만 아니라 새로운 경제 활동도 창출하였다. 토지나 공장과 같은 생산 수단을 소유하고 있는 자본가가 노동자를 고용하여 제품을 만들게 하고 이를 시장에 내다 팔아 이윤을 추구하는 새로운 경제 시스템을 만들어냈다. 자본을 축적하고 축적된 자본을 생산 활동에 투자하여 자유롭게 이윤을 추구하는 새로운 경제 제도를 탄생시킨 것이다. 그것이 바로 자본주의이다. 이런 맥락에서 보면 산업 혁명은 자본주의의 토대이다. 산업 혁명은 자본주의적 생산 양식이 시작되는데 결정적 역할을 하였다. 이렇게 탄생한 자본주의는 이런저런 변화를 거치며 산업 혁명 후 지금까지 지구촌의 가장 지배적인 경제 체제로 유지되고 있다.

자본주의가 확대·발전되면서 인간 삶의 질은 많은 측면에서 그 이

전에 비해 개선되고 좋아졌다. 인간이 물질의 조달과 사회의 재생산이라는 경제적 문제[6]를 해결하는데 긍정적 기능을 한 측면이 많다. 그러나 자본주의는 예기치 못한 문제에 직면하기도 하였다. 그 하나가 생산력과 산업 기술이 발전하면서 대량 생산이 이루어졌으나 그것을 팔 시장을 충분히 확보할 수 없는 상황이었다. 이는 물건은 많이 만들 수 있는데 그것을 팔 수 있는 시장이 제한적이었음을 말한다. 이를 해결할 수 있는 가장 쉬운 길은 새로운 시장의 개척이다. 물건을 팔 수 있는 시장을 새로이 창출하는 것이다. 그리하여 19세기 유럽에서 산업 혁명을 성공적으로 경험한 나라들은 새로운 시장 확보를 위해 해외로 눈을 돌렸다. 그것이 바로 상품의 원료 공급지이자 상품의 판매 시장인 식민지 개척, 식민지 쟁탈로 나타났다. 그리고 이를 효율적으로 하기 위해 동원한 것이 군사적 힘이다.

선진 자본주의 국가들이 원료와 시장을 확보하고 잉여 자본을 투자하기 위해 눈을 돌린 곳은 아시아, 아프리카였다. 물론 영국, 독일, 미국이 차지한 태평양 지역도 예외가 아니다. 그들은 후진국들을 식민지로 삼기 위해 무력, 군사력을 전면에 동원하였다. 이것이 제국주의의 행태이다.

제국주의란 19세기 말부터 20세기 초에 걸쳐 유럽을 중심으로 한 선진 자본주의 국가들의 팽창주의 정책을 말한다. 그것은 자신들의

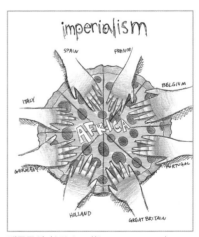

제국주의. (출처 : http://dict.space.4goo.net)

----

6) 로버트 L. 하일브로너 외 지음, 홍기빈 옮김, 『자본주의: 어디서 와서 어디로 가는가』, 미지북스, 2011, 7쪽.

정치·경제적 지배권을 다른 나라로 확대시키려는 국가 정책이다. 지난 19세기 말부터 서구의 선진 자본주의 국가들이 세계를 대상으로 보인 식민지 확보, 남의 땅 따먹기를 위한 침략 전쟁은 바로 제국주의적 행태였다. 그것은 힘이 센 나라가 힘이 약한 나라를 폭력적 수단을 동원하여 경제적 정치적으로 침략하는 행위였다.

제국주의는 산업 혁명으로 인한 국가 독점 자본주의의 발전에 따른 시장 개척의 요구가 종합된 결과이다.[7] 열강들 사이의 군사 및 영토 경쟁의 격렬하고 끊임없는 과정과 산업 자본주의의 성장이 맞물린 때에 제국주의 시대가 열렸다. 이런 맥락에서 보면 제국주의는 자본주의 발전의 새로운 단계이다.[8]

영토 확장을 핵심으로 하는 식민주의적 제국주의의 선두는 가장 먼저 산업화를 이룬 영국이었다. 뒤를 이어 프랑스, 독일도 이 대열에 뛰어 들었다. 아시아에서는 유일하게 일본이 그런 탐욕을 버리지 못하고 뒤늦게나마 제국주의 대열에 끼어들었다.

지난날 역사에서 보인 많은 전쟁은 바로 이런 자본주의적 제국주의 국가들이 탐욕을 채우기 위해 전쟁이었다. 동양의 제국주의와 서양의 제국주의가 처음으로 맞붙은 러일 전쟁, 유럽 전체를 전쟁의 소용돌이로 몬 제1차 세계 대전, 제국주의와 파시즘의 대결로 대량 학살의 시대를 연 제2차 세계 대전은 바로 그런 전쟁이었다.[9] 베트남 전쟁이나 이라크 전쟁도 넓은 의미에서 본다면 미국이라는 새로운 탐욕스러운 제국주의가 보여준 침략 전쟁이었다. 그리고 세계 대전 이후 약소국들이 보여주었던 민족주의 운동은 대부분 이런 자본주의적 제국주

----
7) 임영태, 『인류 이야기』 현대편 1, 아이필드, 2009, 15-16쪽.
8) 자본주의적 제국주의의 역사적 등장과 변화 과정에 대해서는 알렉스 캘리니코스 지음, 천경록 옮김, 『제국주의와 국제 정치 경제』, 책갈피, 2011, 2부를 참조하라.
9) 아편 전쟁은 제국주의 국가들의 중국에 대한 탐욕의 전형을 보여준다.

의 국가의 정치적·경제적 지배로부터 벗어나기 위한 몸부림이었다.

자본주의는 역동성이 있다. 시대와 장소에 따라 그 형태가 변화한다. 지금도 마찬가지이다. 지난 날 한 때는 소수의 거대 기업이 대부분의 산업을 지배하는 자본주의 시대였다. 그러나 세계적으로 보면 지금은 산업 자본가를 대신하여 은행 등 금융이 경제 전반을 지배하는 금융 자본주의 시대로 돌입하였다.[10] 흔히 자본주의의 종말, 자본주의의 위기를 말하지만 이러한 자본주의의 자생적 변화·발전을 고려하면, 현실적으로 자본주의가 완전히 사라지거나 새로운 경제 체제로 대체될 가능성은 아직 그리 높지 않다. 자본주의는 오히려 위기적 요소, 문제가 있으면 이를 해결하기 위해 스스로 끊임없이 변화해 왔다. 앞으로도 그럴 것이다. 지난날의 제국주의들과는 달리 20세기 후반 미국을 중심으로 하는 비영토적 제국주의의가 나타났듯이.

이런 발전 과정을 거치며 자본주의가 만들어낸 문명은 인간에게 물질적 풍요, 복지, 건강, 수명 등 많은 선물을 주기도 하였다. 전자·통신 혁명 등 획기적인 사회 변화도 가져왔다.

그렇지만 다른 한편으로는 수많은 문제도 초래하였다. 자본주의의 발전은 물질에 대한 탐욕, 빈곤, 사회 불평등을 심화시키며 온갖 병리 현상을 폭발시켰다. 나아가 전쟁, 착취, 억압, 자살, 인간성 파괴, 생태계 파괴 등 인간의 존재를 위협하는 새로운 위기도 야기하였다.

지난 세계 금융 위기 역시 자본주

자본주의, 무엇이 문제인가. (출처 : http://www.permanentculturenow.com)

----
10) 임영태, 『인류 이야기』 현대편 1, 아이필드, 2009, 23쪽.

의 시스템의 병리 현상이 초래한 사건이다. 그 금융 위기를 통해 우리는 현대 세계를 주무르는 '보이지 않는 제국' 국제 금융 자본의 잠재적 위험성과 그로 인한 고통을 충분히 경험하였다. 그런 금융 위기는 아직 끝나지 않았다. 우리는 단지 그 첫술을 맛보았을 뿐이다.

오늘날 금융 자본주의는 더 이상 통제할 수 없는, 보이지 않는 절대 권력을 행사하는 공룡이 되었다. 자본주의는 갈수록 더욱 몸집을 불리고 세상의 모든 것을 먹어 치울듯한 탐욕을 키우고 있다. 자본주의의 끝없는 탐욕은 현대 문명을 돌이킬 수 없는 중병으로 몰아가고 있다.

증산상제는 지금 인류가 처한 상황, 현대 문명 상황을 이렇게 진단하였다. "물질과 사리에만 정통하였을 뿐이요, 도리어 인류의 교만과 잔포殘暴를 길러 내어 천지를 흔들며 자연을 정복하려는 기세로 모든 죄악을 꺼림 없이 행하"(2:30:9)고 있다.

자본주의. (출처 : http://www.ceu.edu)

이는 근대 이후 서양의 과학 기술 문명이 천지 만물에 깃들어 있는 신성을 제거한 채 자본주의와 결합하여 초래한 역기능을 말한 것이다. 인류가 인간다운 삶, 영성의 삶을 열기 위해서는 이런 문명의 형식과 내용을 총체적으로 바꾸어야 한다. 바로 이를 위해 증산상제는 당시, 굶주린 이리 떼들이 사냥감을 향해 달려드는 것처럼, 탐욕에 물든 자본주의적 제국주의 국가들이 먹잇감을 찾아 세계를 휘젓는 상황을 이용하여 그들끼리 싸움을 붙였다, 바로 전쟁을. 그 전형이 동서 두 제국주의 국가들 간의 전쟁인 러일 전쟁, 인류사의 첫 세계 대전인 제1차 세계 대전, 그리고 제국주의와 파시즘의 대결이었던 제2차 세계 대전 등이다.

천지가 병들고 인간이 병들고 문명이 병든 것은 궁극적으로 우주의 상극성에 기인한다. 증산상제는 이 상극의 질서 속에서 이루어진 병든 문명을 총체적으로 파괴하기 위해 전쟁이라는 수단을 택하여 공사를 보았다. 전쟁은 흔히 대량 살상과 파괴를 동반하므로 부정적으로 인식될 수 있지만, 다른 한편으로는 인류의 묵은 문명을 총체적으로 무너뜨리고 새 문명을 열 수 있는 가장 강력한 수단이다. 그리하여 증산상제는 전쟁을 문명 질서의 대변화를 위한 수단으로 삼고, 이를 통해 온갖 신명들의 쌓이고 쌓인 원한을 풀어 궁극적으로는 새로운 정치 질서를 열고자 하였다. 증산상제는 이러한 전쟁을 통해 자본주의 문명에서 발생하는 문제들을 근원적으로 제거하여 경제 균형, 녹줄 균형을 가져오는 새로운 문명의 길을 터놓았다. 이러한 문명의 전환으로 모든 것이 제자리를 찾게 된다. 상극으로 병들었던 문명이 상생의 문명으로 전환되면서 사회 정의는 물론 세계 정치 질서가 새롭게 형성된다.

바둑 두는 형국의 파워 게임 구도[structure]

그렇다면 증산상제는 1901년부터 9년 동안 위대한 설계를 하면서 장차 세계 정치 질서가 어떤 구도를 이루며 열리도록 짰을까? 그것은

바둑판과 오선위기도. 앞으로 세계 정세는 한반도라는 바둑판을 둘러싸고 미·일·중·러 세계 4대 강국이 바둑을 두는 구도를 형성하여 패권을 다투는 형세로 펼쳐진다.

바로 오선위기五仙圍碁이다. 오선위기란 바둑판을 앞에 두고 두 신선이 바둑을 두고, 두 신선이 옆에서 이들에게 각기 훈수하는 형국의 구도를 말한다. 그것은 바둑판, 바둑 두는 두 사람, 훈수하는 두 사람, 모두 합하여 다섯 나라가 서로 얽혀 세계 정치 질서를 열어가게 한 파워 게임 구도이다.

증산상제는 세상의 정치 질서 판을 새로 짜기 위해 회문산回文山으로 들어갔다.

전라북도 임실군과 순창군의 경계에 있는 해발 837미터의 회문산, 거기에는 오선위기 혈, 말 그대로 다섯 신선이 둘러앉아 바둑을 두는 형국을 한 명당이 있다. 증산상제는 이 오선위기의 땅 기운을 뽑아서 세운공사의 틀로 삼아, 세계 정치 질서의 새 기틀을 열기 위해 회문산으로 갔다. 세계 정세가 한반도를 중심으로 다섯 신선이 바둑판을 둘러싸고 바둑을 두는 구도로 새 역사 기틀을 짠 것이다.

왜 이 혈을 세계 정치 질서의 새 기틀을 위한 바탕으로 삼았을까? 천지공사는 기본적으로 신명을 해원시키는 공사이다. 이 신명의 해원을

겨울의 순창 회문산.

회문산回文山과 오선위기혈五仙圍碁穴

회문산은 전라북도 순창군 구림면 안정리와 임실군 덕치면 회문리의 경계를 이루는 산이다. 동서로 약 8킬로미터, 남북으로 약 5킬로미터에 이르러 마치 누워있는 형상[臥體]을 띤다. 큰 지붕으로 불리는 이 산의 정상 회문봉(837미터)에 오르면, 서쪽으로는 영취산, 투구봉으로도 불리는 장군봉, 동쪽으로는 천마봉, 깃대봉, 지리산 줄기, 남쪽으로는 강천산, 추월산, 무등산, 북쪽으로는 백련산, 모악산이 저 멀리서 눈에 들어온다.

회문산을 이루는 산줄기는 지형적으로 보아 내장산, 추월산, 무등산, 광양의 백운산까지 뻗어 가는 호남 정맥의 일부분인데, 회문산은 담양 추월산에서 나온 지맥이 일구어 놓은 산이다. 그 물줄기는 구림천에서 합류하여 섬진강에 합수되어 남해 광양만으로 흘러들고, 옥정호에서 흘러내린 섬진강은 마치 회문산을 두 팔로 감싸듯 휘감고 있다.

회문산에는 예로부터 명당이 많은 곳으로 알려졌다. 명당, 그것은 지구의 지기가 응축되어 있는 곳을 말함이다. 인간의 몸에 천지 기운이 내려와 기혈氣血이 운행하듯, 땅에도 기령의 혈맥이 있다. 회문산에는 24혈이 있다. 그 중 가장 관심을 끄는 것은 '다섯 신선이 바둑을 두고 있는 형국인 오선위기혈五仙圍碁穴'이다. 회문산의 오선위기혈은 장성 손룡의 선녀가 비단을 짜는 형국인 '선녀직금혈仙女織錦穴', 무안 승달산의 노승이 예불을 올리는 형국인 '호승예불혈胡僧禮佛穴', 태인 배례밭의 신하들이 왕명을 받드는 형국의 '군신봉조혈群臣奉朝穴'과 더불어 4대 대혈[사명당]을 이룬다.

풍수지리에서는 산형山形을 오성五星으로 나누는데, 그 형태가 붓이나 죽순처럼 곧고 솟아있는, 상승하는 기운을 갖는 산형을 목산木山이라 한다. 산의 윗부분이 이처럼 길쭉하게 곧게 뻗어있으면서 산 밑 부분이 바람에 나부끼는 불꽃형[화형火刑]으로 이루어진 모습을 '목성대화木星帶火'라고 하는데, 이는 흔히 선인仙人, 신선神仙으로 설명된다. 이러한 선인형에는 신선이 책을 읽는 모습, 춤을 추는 모습, 거문고를 타는 모습 등 다양한데, 그 중의 하나가 신선이 바둑을 두는 모습이다. 이렇게 선인형의 산 한가운데 바둑판을 두고 있는 형국이 바로 오선위기혈이다.

회문산 오선위기혈은 이 산 동쪽 산록山麓에 맺힌 대혈大穴인데, 이 오선위기혈의 중간에 있는 바둑판에 해당하는 부분이 이 혈의 진혈 자리이다. 이 혈穴의 사방으로 다섯 신선[五仙]이 머리를 맞대고 바둑 두는데 열중하는 듯한 형국이 나타난다.

회문산은 또한 모악산과 더불어 간동방艮東方의 부모산이다. 무릇 한 집안을 이끌고 꾸려나가는 것이 가장인 부모이듯이, 천지를 변화시키고 대지강산의 정기를 바꾸려면 그 지령을 통일하여야 하는데 그러자면 부모산으로부터 비롯되어야 한다. 그리하여 증산상제는 부모산인 모악산으로 주장을 삼고 회문산을 응기應氣시켜 산하의 기령을 통일하고, 땅 속의 기령을 취해 인류사를 바로잡는 동력으로 썼다. 회문산의 오선위기혈 기운을 취해 세계 정치 질서가 열리는 길을 열었다.

이곳 회문산에서는 다섯 신선이 바둑을 두는 형국, 즉 오선위기혈 명당을 품은 것에 착안하여 오선위기 배 전라북도 바둑 대회가 열리기도 하였다.

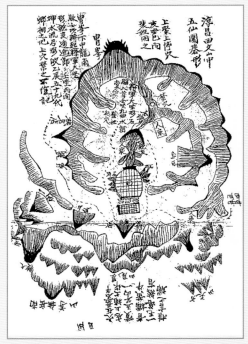

회문산 오선위기혈. (출처 : 대한 현공 풍수 지리학회)

먼저 이루어야 비로소 새로운 세계 정치 질서라는 현실 세계가 열리기 때문이다.

원한은 억울하고 원통한 일을 당하여 마음이 응어리진 것을 말한다. 이러한 마음으로는 무슨 일을 해도 신명이 나지 않는다. 항상 마음속에 무언가 맺힌 것이 있어 늘 불편하다. 그리고 그것이 커지면 그러한 원인 제공자에 대해 무서운 복수심, 독기를 품게 된다. 그런 원한은 풀기가 매우 어렵다. '여자가 원한을 품으면 오뉴월에도 서리가 내린다'는 속담이 이를 말해준다. 결국 인간이 원한을 품게 되면 자신을 병들게 하고 상대방에 대해서도 독기를 품게 된다. 이런 것이 쌓이고 쌓이면 이 세상 자체가 병들게 된다. 그것은 원한에 의한 상극성이 축적된 결과이다. 만일 이것이 풀리지 않고 시간이 계속 흐르면 어떻게 될까?

"원의 뿌리가 깊이 박히게 되고 시대가 지남에 따라 모든 원이 덧붙어서 드디어 천지에 가득 차 세상을 폭파하기에 이르렀느니라."(4:17:5)

세상이 폭파될 수 있다는 것이다. 원한이 해소되어야 하는 것은 바로 이 때문이다. 원한의 기운이 온 세상에 가득하면 세상사가 잘 돌아갈 수 없다. 그래서 천지공사에서는 해원이 절대 중요하다. 증산상제가 천지공사를 보면서 원한을 품고 죽은 만고원신萬古寃神의 기운을 적극 활용한 것은 이를 통해 그들의 풀 수 없었던 원한을 풀기 위함이기도 하다.

그러면 인간 원한의 뿌리는 어디에 있는가? 역사 기록상 가장 먼저 정치적으로 뿌리 깊은 원한을 맺은 인물은 단주丹朱이다. 단주는 중국 요堯 임금의 맏아들이다.

요는 어떤 인물인가. 그는 지금으로부터 약 4,300여 년 전인 기원전

2357년에 도당陶唐을 국호로 나라를 세운 인물이다. 이 요 임금과 뒤를 이은 순舜 임금을 아울러 '요순지치堯舜之治'라 하여, 예로부터 유교 문화권에서는 가장 이상적인 천자상天子像으로 여겼다.

그러나 『도전』의 기록을 보면 이는 후세 유가들에 의해 미화된 듯하다.

> "세상에서 우순虞舜을 대효大孝라 일러 오나 순은 천하의 대불효니라. 그 부친 고수高瞍의 악명이 반만 년 동안이나 사람들의 입에 오르내리게 하였으니 어찌 한스럽지 않으리오. 세상에서 요순지치堯舜之治를 일러 왔으나 9년 홍수는 곧 창생의 눈물로 일어났나니 요堯는 천하를 무력으로 쳐서 얻었고, 형벌刑罰은 순舜으로부터 나왔느니라."(4:30:1-3)

요는 여러 차례 정벌 전쟁을 벌이고 이복 형 지摯의 제위를 빼앗아 통치자로 등극하였다.

그렇다면 순舜의 시대는 어떠하였을까? 들리는 얘기처럼 덕치의 시대였던 것만은 아니었다. 흔히 우리는 인류 최초의 법 하면 함무라비 법전을 떠올린다. 그것은 BCE 1750년경에 나왔다. 그런데 이보다 앞서는 순의 시대에 형벌을 규정하는 제도가 있었다. 『상서尙書』「순전

요堯 임금

순舜 임금

舜典」에는 다섯 가지 형벌인 오형五刑에 관한 기록이 나오고, 또 순 임금이 고요皐陶에게 옥관獄官의 수장이 되어 사건의 실상을 밝게 살펴서 공정하게 처리하라는 내용이 나온다. 한편 당나라 때의 법률 주석서인 당률소의唐律疏議에는 "고요가 감옥을 만들었다"고 기록되어 있다.[11] 이는 순의 시대가 그만큼 법이 필요하고 나라에서 다스려야할 정도로 문제가 있었음을 말한다.

이로 보면 요의 시대가 그리 태평성대만은 아니었다. 요가 무력을 앞세워 천하를 얻었다는 것은 그만큼 많은 사람들을 죽였다는 것이다. 또 요순시대에는 대홍수도 많이 있었는데, 가뭄이나 홍수 등 천재지변은 흔히 임금의 덕을 잃은 것에 기인한 것으로 본다. 곧 임금이 정치를 잘못하였다는 것이다. 대홍수는 곧 창생의 눈물이었던 것이다. 이는 요의 시대에 수많은 사람들이 원한을 맺을 수밖에 없었음을 말한다. 요는 곧 사람들이 원한을 맺게 한 원인 제공자였다.

요로 인해 원한을 맺은 것은 그의 맏아들 단주도 마찬가지였다.『상서』「요전堯典」에 의하면 요 임금은 단주가 계명啓明하다(정사政事에 밝다)는 신하의 말에도 불구하고 단주는 말이 허망하고 다투기를 좋아한다며 단주가 아닌 순舜을 택하여 제위를 잇게 하였다. 그래서 단주는 흔히 아버지인 요 임금으로부터 양위를 받지 못하고 천자의 자리를 순에게 빼앗긴 불초不肖한 인물로 낙인찍혀있다.

그러나 과연 이것이 역사적으로 사실일까?『도전』은 그 반대의 견해를 보인다.

"정말로 단주가 불초하였다면 조정의 신하들이 단주를 계명啓明하다고 천거하였겠느냐. 만족蠻族과 이족夷族의 오랑캐 칭호를 폐하자는

----
11) 이재석,『인류 원한의 뿌리 단주』, 상생출판, 2008, 48쪽.

주장이 어찌 말이 많고 남과 다투기를 좋아하는 것이겠느냐? 온 천하를 대동 세계大同世界로 만들자는 주장이 곧 '시끄럽고 싸우기 좋아한다.'는 말이니라." 하시니라."(4:30:6-8)

오히려 단주는 동방 한민족의 동이족東夷族과 서방 한족漢族의 뿌리인 화하족華夏族 간의 대립, 반목과 전쟁을 끝내고 동서가 화합한 대동 세계를 건설하려는 원대한 꿈을 가진 인물이라는 것이다.

그러나 단주는 그런 꿈을 실현할 수 없었다. 왜냐하면 아들 단주를 탐탁지 않게 여겼던 요 임금이 단주를 후계자로 삼으라는 신하들의 주청을 거부하고 순을 사위로 삼아 그에게 왕위를 넘겼기 때문이다.

이런 단주가 양위를 받지 못하고, 불초하다는 낙인이 찍히고, 나아가 자신의 정치적 야망도 이룰 수 없으니 어떠하였을까? 화도 나고 울분이 쌓일 수밖에 없다. 단주는 큰 원한을 맺을 수밖에 없었다. 단주가 천하를 다스리기에는 역부족이라는 판단을 받고 천하를 다스려 보려던 정치적 꿈을 좌절당하고, 이러한 단주의 좌절로 동이족과 서방 한족이 영원히 등지게 되었으니, 그 후 수많은 원한이 이로부터 뻗어 나올 수밖에 없었다.

요 임금의 아들 단주丹朱(추정도)

신선들의 바둑\(출처 : https://freeweibo.com/weibo)

한편『도전』은 원의 뿌리에 대해 이렇게 밝힌다.

"대저 당요가 단주를 불초히 여겨 두 딸을 우순虞舜에게 보내고 천하
를 전하니 단주가 깊은 원을 품은지라. 마침내 그 분울憤鬱한 기운의
충동으로 우순이 창오蒼梧에서 죽고 두 왕비가 소상강瀟湘江에 빠져 죽
는 참혹한 일이 일어났나니, 이로 말미암아 원의 뿌리가 깊이 박히게
되고.."(4:17:3-5)

이런 맥락을 고려하면 단주의 원한은 인류 역사 기록상 원한의 뿌리
이다.
한편 요는 이런 단주가 반항할까봐 그를 남방의 단수 지역으로 보내
그곳의 제후 노릇을 하게 하였다.[12] 그리고 바둑을 만들어 주어 바둑
이나 두면서 원한을 삼키게 하였다. 이로부터 이후 인간의 원한은 쌓
이고 쌓였다. 단주는 이처럼 역사상 원한의 뿌리이자 처음으로 바둑
을 둔 바둑의 시조이다.
이런 원한을 근원적으로 해소하는 방법을 우리는『도전』에서 찾을
수 있다.

소상반죽瀟湘斑竹. 요堯는 후계자로 순舜을 선정하고 두 딸 아황娥皇과
여영女英을 그에게 주었다. 그런데 순이 남방을 순행하던 중 창오蒼梧의 들
판에서 죽었다. 이 소식을 접한 두 비가 상수湘水 가에서 울며 슬퍼하다 강
에 몸을 던져 지아비 뒤를 따랐다. 그런데 두 왕비가 흐르는 눈물을 닦아 강
가 대나무에 뿌리자 피눈물이 되어 대나무 마디마디에 얼룩이 지더니 이때
부터 그곳 대나무는 모두 얼룩진 대가 되었다고 한다. 이후 이곳에서 나는
대나무를 상비죽湘妃竹 또는 소상반죽이라고 하였다.

----
12) 이재석,『인류 원한의 뿌리 단주』, 상생출판, 2008, 26쪽.

"무릇 머리를 들면 조리條理가 펴짐과 같이 천륜을 해害한 기록의 시초이자 원冤의 역사의 처음인 당요唐堯의 아들 단주丹朱의 깊은 원을 풀면 그 뒤로 수천 년 동안 쌓여 내려온 모든 원의 마디와 고가 풀리게 될지라. … 그러므로 이제 단주 해원을 첫머리로 하고 또 천하를 건지려는 큰 뜻을 품었으나 시세時勢가 이롭지 못하여 구족九族이 멸하는 참화를 당해 철천의 한恨을 머금고 의탁할 곳 없이 천고千古에 떠도는 모든 만고역신萬古逆神을 그 다음으로 하여 각기 원통함과 억울함을 풀고, 혹은 행위를 바로 살펴 곡해를 바로잡으며, 혹은 의탁할 곳을 붙여 영원히 안정을 얻게 함이 곧 선경을 건설하는 첫걸음이니라."(4:17:1-1, 6-8)

"먼저 단주의 원한을 풀어주어야 그 뒤로 쌓여 내려온 만고의 원한이다 매듭 풀리듯 하느니라."(4:31:15)

이는 단주가 원한의 뿌리이므로 단주를 해원시켜야 이후의 모든 신명과 인간의 원한이 다 풀린다는 것이다. 그리하여 증산상제는 단주를 머리로 삼아 그의 원한을 푸는 것은 물론 이후 맺힌 온갖 원한도 풀어주어 세계 정치 질서의 새 틀을 짰다.

증산상제는 역사상 원한의 뿌리이자 바둑의 시조인 단주를 통해 모든 원한의 뿌리를 근원적으로 해소하고 이후 맺힌 인류의 온갖 얽히고설킨 원한의 고를 풀기 위해 단주가 처음 시작한 바둑의 구도, 즉 오선위기의 혈을 취하였다. 단주를 해원시키는 공사에 오선위기 혈의 이치를 활용했다. 증산상제가 회문산으로 간 이유는 바로 여기에 있다. 상제는 단주를 천상에서 세계 정치 질서를 관장하는 주신으로 삼고, 단주로 하여금 세운을 이끌어가게 하였다.

그리하여 증산상제는 이 세계 정치 질서가 다섯 신선이 머리를 맞대고 바둑을 두는 형국으로 자리잡아가도록 설계하였다.

"현하 대세를 오선위기의 기령으로 돌리나니 두 신선은 판을 대하고
두 신선은 각기 훈수하고 한 신선은 주인이라."(5:6:2-3)

여기서 다섯 신선은 바둑판의 주인인 조선, 그리고 이 바둑판에 참
여하는 세계 4대 강국을 말한다. 결국 세계 정치 질서는, 바둑판인 한
반도를 중심으로 바둑판의 주인인 조선(남·북한)이 바둑을 두는데, 여
기에 주변의 세계 4대 강대국가들이 이런저런 방식으로 개입하여 바

바둑판 한반도를 둘러싼 갈등. (출처 : http://bbs.ziling.com)

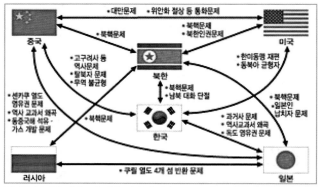

남북을 둘러싼 세계 4대 강국 간의 쟁점. (출처 : http://cfile9.uf.tistory.com)

둑에 훈수하는 모습, 즉 한반도를 중심으로 세계 4대 강국이 바둑 게임을 하듯 서로 치열한 패권 다툼을 벌이면서 세계 정치 질서를 열어 나간다는 것이다.

세 판의 씨름으로 전개되는 전쟁[process]

그러면 힘겨루기는 어떤 수단, 어떤 방법을 통해 이루어질까? 그것은 바로 전쟁이다. 바둑 두는 형국의 오선위기 도수度數[13]는 바로 전쟁 도수인 것이다. 전쟁을 통해 새로운 정치 질서가 형성된다.

그런데 중요한 것은 전쟁이 한 번으로 끝나는 것이 아니라는 점이다.

"삼천三遷이라야 일이 이루어지느니라."(8:117:2)

"내 일은 삼변성도三變成道니라."(5:356:4)

여기에서 알 수 있듯이, 세계 정치 질서는 규모가 점점 커지면서 세 번의 대변혁 마디를 거친다. 세 판의 전쟁을 거치며 변화한다. 만물이 봄에 생명을 움트고 여름에 자라고 가을에 결실을 맺듯이, 세계 정치 질서의 변화도 천지 자연의 생生·장長·성成이라는 3단계 변화 과정을 따른다. 선천 상극의 폭력성과 원한의 살기를 한 번에 모두 풀 수 없기

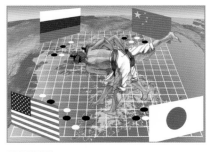

한반도를 씨름판으로 하여 세 판의 씨름으로 전개되는 전쟁

----

13) 도수度數란 우주의 이법인 리理를 다스리는 신, 즉 주재자·상제가 우주 이법을 바탕으로 천지공사를 통해 인간 역사가 열리도록 짜놓은 시간표를 말한다.

때문에 두 단계에 걸쳐 해소시키고, 마지막 세 번째 과정을 거치면서 새로운 정치 질서가 완성된다.

증산상제는 다섯 신선이 바둑을 두는 구도로 전쟁이 일어나는 과정에 세 판의 씨름판 도수를 붙였다. "현하 대세가 씨름판과 같으니, 애기판과 총각판이 지난 뒤에 상씨름으로 판을 마치리라."(5:7:1) 즉 바둑을 두는 형국으로 전개되는 전쟁이 애기판, 총각판, 그리고 상씨름이라는 세 판의 씨름 과정을 거친다는 것이다.

여기서 애기판은 가장 나이가 어린, 아이들끼리 하는 씨름판이다. 이는 본 게임을 하기 전에 벌이는 전초전이다. 오픈 게임의 성격을 띤다. 지난 100여 년 역사에서 러일 전쟁과 제1차 세계 대전이 여기에 해당한다.

이에 이어 좀 더 나이가 든 사람들, 우리의 전통으로 말하면 머리를 길게 땋은 총각들이 벌이는 총각판 씨름이 벌어진다. 이 총각판 역시 본 게임인 상씨름 이전에 벌어지는 씨름에 지나지 않는다. 중일 전쟁과 제2차 세계 대전이 이에 속한다.

최고의 씨름, 씨름의 본 게임은 상씨름이다. 이 씨름은 상투를 튼 성인들 간에 벌어지는 결승전 씨름이다. 전통적으로 이 상씨름에서는 이기는 자에게 누런 황소가 상으로 주어졌다. 상씨름은 한 마디로 최고의 씨름꾼, 소위 천하장사를 결정짓는 씨름이다. 이 상씨름은 한국 전쟁을 초반전으로 하여 아직도 지속 중이며, 남과 북 간의 대결로 끝나게 된다. 이 상씨름의 진정한 의미는 인류 문명사의 모든 원한과 고통, 모순과 비극을 일소하는 최고·최후의 결전을 함축한다.

여기서 또 한 가지 주목할 것은 이러한 씨름이 벌어지는 주 무대가 한반도라는 점이다. 한반도가 온갖 씨름이 벌어지는 씨름판인 것이다. 지난 20세기 세계 정치의 흐름은 바로 한반도를 중심으로 세 판의 씨름, 세 판의 큰 전쟁을 거치는 양상이었다. 증산상제는 이러한 세 판의 씨름을 거치며 지금까지의 묵은 질서와 온갖 갈등 구조가 해소되고 누적된 원한의 에너지가 근원적으로 뿌리 뽑히도록 인류 역사의 틀을 짜 놓았다.[14] 세운공사는 궁극적으로 인간을 포함한 천지 만물, 온갖 신명의 해원을 바탕으로 상생의 새로운 세계 정치 질서, 새로운 역사 질서를 열기 위한 위대한 설계이다.

전쟁이라는 역사적 사건을 각각 독립적으로 보는 것이 아니라 이렇게 신명계에서 기획되어 인간에 의해 현실에서 행해진, 서로 얽힌 연속적 과정으로 인식하는 것은 이·신·사 세계관의 독특한 특징이다. 사실 역사적 사건을 거시적 시각에서 보면 어느 하나 독립적인 것이 없다. 직접적 또는 간접적으로, 강하게 또는 약하게 서로 관련성을 갖는다. 그런데 19세기 말 동방 조선의 한 모퉁이에서 시작된 동학 혁명을 시작으로 제2차 세계 대전에 이르기까지, 나아가 현재의 세계 정치 질서까지를 연속적 역사 과정으로 인식하려는 노력은 사실 거의 없었다.

오선위기 도수, 그것은 19세기 말 이후 지금까지 동방의 조선을 중심으로 세계 강국이 두 편으로 갈려 오선위기 형국의 대결 구도를 형성하고, 크게 세 번의 대변화 마디를 거치며 새로운 세계 정치 질서를 열어가는 모습이다. 이제 이·신·사 세계관을 바탕으로 세계 변혁의 구심점인 한반도를 두고 강국이 벌였던 지난날의 상극 열전, 그 미래, 그리고 우주 이치를 통해 한반도의 장차 위상에 대해 살펴보자.

오선위기의 대결 구도는 러일 전쟁으로부터 시작되었지만, 러일 전쟁은 청일 전쟁과, 청일 전쟁은 동학 혁명과, 동학 혁명은 동학과 결코 무관하지 않으므로 우리의 논의는 이 모든 것의 원천인 동학東學으로부터 시작한다.

----
14) 안경전, 『이것이 개벽이다』 하, 상생출판, 2013, 246쪽.

2. 세계 전쟁의 불씨, 동학 혁명

근대의 출발점, 동학

동학은 수운 최제우에 의해 시작되었다. 그의 하늘을 향한 구도는 스물한 살 때부터 세상 돌아가는 모습을 살핌에서 시작된다. 이런저런 구도 과정을 거쳐 수운이 상제를 접한 것은 고향인 구미산 기슭 용담에서, 1860년 경신년 4월 초5일 오전이었다. 이날 그는 장조카 맹륜孟倫(世祚, 1827-1882)의 생일에 갔다가 몸과 마음이 이상함을 느껴 급히 집으로 돌아와 대청에 오르자 별안간 몸이 떨리고 정신이 혼미해졌다. 무슨 증세인지 종잡을 수 없고 말로써 표현할 수 없었다. 그러던 중 수운은 종교적 신비 체험을 하였다.

> "나는 바로 상제이다. 너는 상제를 모르느냐?(余是上帝. 汝不知上帝耶?)"
> "공중에서 들리는 소리는 누구입니까?(聞空之聲誰也?)"
> "너는 곧 백지를 펴고 나의 부도를 받아라.(汝又卷白紙 而受我符圖也.)"
> "너는 나의 아들이다. 나를 아버지라 부르도록 해라.(汝吾子. 爲我呼父也.)"

『수운행록』, 『최선생 문집 도원기서』, 『동경대전』 「포덕문」에 나오는 이 내용에 의하면, 수운이 경신년에 종교적 신비 체험을 통해 만

경주 국립공원 내 천도교 성지에 있는 동학東學 창도자 수운 최제우(1824-1864) 동상

용담정龍潭亭. 수운이 만고에 없는 무극대도를 득도한 경주시 현곡면 가정리 용담 집터
에 새로 지어진 용담정. 「용담가」에는 이곳 용담에 대한 이야기가 많이 나온다.

난 존재는 상제上帝였다.

4월부터 시작하여 수개월 동안 지속된 소위 천상문답天上問答 사건을 통해 수운은 상제의 가르침을 받아 내렸다. 그는 상제로부터 세상의 모든 질병을 구하고 선악을 구제할 수 있는 선약僊藥이자 우주의 근본인 상제의 마음을 표상하는 영부靈符뿐만 아니라 주문도 받았다. 상제는 영부와 주문을 내리며 수운에게 "이 부를 받아 사람들을 질병에서 구하고, 이 주문을 받아 세상 사람들로 하여금 나를 위하게 하면, 너도 역시 장생하여 포덕천하할 것이다"[1]라고 하였다.

수운이 상제로부터 받은 가르침의 핵심을 한마디로 말하면 '시천주侍天主'이다. 천주, 즉 상제를 지극 정성으로 모시라는 것이다. 시천주 21자 주문이 이를 말해 준다. 수운은 상제의 가르침에 따라 거의 일 년이 되도록 수련을 하고 헤아려 보았다. 그 결과 도의 이치가 자연의 이법에 따르지 않는 것이 하나도 없이 자연의 이치에 의하여 이룩된 것임을 알게 되었다. 또한 몸도 마음도 달라졌다. 자신이 그토록 찾던 상제를 만남으로써 생각하는 바가 달라졌고, 인간과 세상을 보는 눈이 이전과 확 달라졌다. 그래서 영원히 하늘님을 잊지 않는 글인 주문을 비롯한 여러 가지 글과 강령하는 법을 지었다.

수운은 상제의 가르침을 글로 쓰기도 하고, 그것을 사람들에게 가르치고, 각종 의례도 만들면서, 동학을 조직화해 나갔다. 그 일환으로 수운은 각처에 교도들을 이끌 인물인 접주接主를 임명하여 교단을 관리하기 시작했다. 당시 접은 지역 단위가 아니라 사람 중심, 인맥 중심의 조직이었다.[2] 접은 동학에 입교한 사람들이 자신에게 포교를 한 사람을 중심으로 결합된 비공식 조직이다. 수운은 당시 도인의 수가 늘어

----

1) "受我此符 濟人疾病 受我呪文 敎人爲我 則汝亦長生 布德天下矣."(『동경대전』, 「포덕문」)
2) 표영삼, 『동학』1, 통나무, 2004, 222-224쪽; 윤석산, 『동학 교조 수운 최제우』, 모시는사람들, 2004, 171쪽.

수운을 찾아온 사람들

1여 년 동안 수련을 하고 상제의 가르침을 내려 받고 여러 시험을 거친 후, 수운은 이듬해부터 상제의 가르침을 세상 사람들에게 펴기 시작하였다. 그의 가르침이 입소문을 타고 널리 퍼지자 찾아오는 사람들이 나날이 늘어났다. 수운은 당시 도를 배우기 위해 자신을 찾아오는 사람들의 모습을 『용담유사』에서 이렇게 노래하였다.

"구미 용담 좋은 풍경 안빈낙도 하다가서 불과 일 년 지낸 후에 원처근처 어진 선비 풍운같이 모아드니 낙중우락樂中又樂 아닐런가."(「도수사」)

당시 찾아오는 사람들이 얼마나 많았는지, 세 살 때 수운의 수양녀가 되어 수운이 서울로 잡혀갈 때까지 같이 있었던 주씨朱氏 할머니의 이런 증언도 있다.

"하루에 손님이 백여 명씩 찾아와서 아침에서 저녁까지 저녁에서 아침까지 늘 밥 짓기가 일이었으되 … 손님 밥쌀 일기에 손목이 시려져왔었다. 낮에 생각할 때에는 저 사람들이 밤에는 어디에서 다 잘까 했으나 밤이 되면 어떻게든지 다들 끼워 잤었다. 그 때 용담정 집은 기와집에 안방이 네 칸, 부엌이 한 칸, 사랑이 두 칸 반, 마루가 한 칸, 곳간庫間이 한 칸이었는데, 안방 한 칸을 내놓고는 모두 손님방이 되고 말았었다. … 그 때 찾아오는 제자들이 건시乾柿와 꿀 같은 것을 가지고 오는데, 건시가 어찌나 들어 쌓였는지 건시를 나누어먹고 내버린 싸리가지가 산같이 쌓여서 밑에서 나무하러 오는 일꾼들이 산으로 올라가지 않고 싸리가지를 한 짐씩 지고가곤 했다."*

----
* 소춘, "대신사 수양녀인 팔십 노인과의 문답", 『신인간』 통권 제16호(1927년 9월호), 16-17쪽.

나자 여러 지역에 있던 도 인맥 중심의 비공식 조직인 접을 공식화하고 그 접의 중심 인물을 접주로 삼았다. 접주가 임명된 이후 접주에게는 접주가 살고 있는 지역을 붙이게 되었다. 임술년(1862)이 끝나는 그믐날에 수운은 경상도 일대는 물론 충청도, 강원도에 걸쳐 16명의 접주를 정하였으며, 그해 7월 23일에 접 정하기를 끝냈다.[3] 이러한 동학의 접은 수운 당시 동학의 근간 조직이 되었고, 훗날 갑오 동학 혁명 때 자원 동원에 결정적 역할을 한 포包의 뿌리였다.

수운 이후 해월의 시대에 동학은 육임제六任制[4]와 같은 조직도 만들었으나 가장 특징적인 조직은 1890년대 초에 등장한 포包라는 조직이다. 포는 보은 집회를 통해 공식화되었다. 당시 해월이 각 지역의 동학 지도자들을 포를 지휘하는 대접주로 인정함으로써였다. 포가 반드시 접의 상위 조직이었던 것은 아니지만 포에는 여러 개의 접이 있을 수 있었다. 동학은 이를테면 어떤 사람이 포교를 잘하여 여러 개의 접을 거느릴 경우 특정 지역 이름을 붙여 포라고 하였다.

지역에 바탕을 둔 동학교도들의 결합 조직인 포는 이후 갑오년의 동학 농민 혁명 때 동학교도는 물론 일반 농민들까지 체계적으로 결합시킬 수 있었던 조직이다. 실제 동학 혁명 때에 참여한 사람들은 각기 포를 중심으로 동원되었는데, 각 지역의 포 근거지에는 포소包所를 두었다. 예를 들면 김연국 포는 청산 문암리에, 손병희는 충주 외서촌 황산리에, 손천민은 청주 송산리에, 손화중 포는 무장에, 김개남은 남원

----

3) 그 내용은 이렇다. 경주부 서西 백사길·강원보, 영덕 오명철, 영해 박하선, 대구·청도·경기도 일대 김주서, 청하 이민순, 연일 김이서, 안동 이무중, 단양 민사엽, 영양 황재민, 영천 김선달, 신령 하치욱, 고성 성한서, 울산 서군효, 경주 본부 이내겸, 장기 최중희. 윤석산 역주,『초기 동학의 역사, 도원기서』, 신서원, 2000, 67-71쪽.
4) 동학 교단의 여섯 임직任職을 말하는 육임제가 재정된 것은 1884년 10월이다. 그러나 바로 시행되지 못하고 1887년 무렵부터 실제 운용되었다.

에 각각 포소를 두고 교도들을 관리하였다.[5]

동학의 조직이 이처럼 이전의 어떤 신종교나 민란보다 체계적이었을 뿐만 아니라, 동학의 '시천주侍天主' 사상 역시 종교사적으로 특별한 의미를 갖는다. 왜냐하면 천주를 잘 모시라는 수운의 가르침은 주자학 이념이 지배하던 사회의 기층을 흔들 수 있는 파격적 메시지였기 때문이다. 주자는 천天을 형이상학의 리理와 일치시켜 천을 비인격화시켰다. 반면에 수운은 인격적 존재로서 천주의 불가피성을 인식하고 그 천주를 받들라고 하였으니, 이는 왕권에 대한 도전으로 비춰지므로 가히 주자학 사상이 지배하던 사회에 반기를 든 것이나 다름없었다. 동학의 시천주 사상은 조선 땅에서 주자학이 지배하던 기존 질서와 결별하고, 새로운 질서를 여는 계기였다.[6]

수운의 '다시 개벽' 사상 역시 사람들로 하여금 새로운 세상에 대한 열망을 갖게 하기에 충분했다. 온갖 부정부패와 모순으로 고통을 받고 있던 민중들에게 병든 사회를 넘어 새로 열리는 세상에 대한 가르침은 그야말로 희망의 빛이었다. 이것은 곧 동학이 민중들로 하여금 온갖 전통적 질서의 변혁에 대한 새로운 의식을 갖게 할 여지가 있었음을 말한다. 그러므로 동학은 분명 전통이 아닌 탈전통, 근대와 더 어울리는 옷을 입고 있다.

근대란 무엇인가? 언제부터를 근대라고 할 수 있을까? 근대라 하면 우리는 의례적으로 산업 혁명, 자본주의, 시민 사회, 민주주의 등과 같은 개념을 떠올리는 경우가 많다. 그리하여 흔히 근대는 서구적 가르침에 따라 봉건 사회의 틀을 벗어난 시점, 과학 기술의 발전으로 생산 수단이 발전하고 산업화가 이루어진 시기를 그 출발점으로 잡는다.

----

5) 박맹수, "최시형 연구", 한국정신문화연구원 박사 학위 논문, 1995, 230쪽.
6) 강영한, "너는 상제를 모르느냐", 증산도 상생문화연구소, 『잃어버린 상제 문화를 찾아서』, 상생출판, 2010, 30쪽.

우리의 역사에서 이런 맥락에서 근대를 말할 때면 흔히 1876년의 개항을 그 시점으로 잡는다. 조선이 문을 열고 세계 각국과 교역을 하고, 민족국가 의식이 나타난 이때를 근대의 시점으로 삼는다.

그러나 이제 생각을 달리 해보자. 다른 맥락에서 근대를 규정할 수는 없을까? 그 하나로 우리는 위에서처럼 종교 사상, 정신 세계의 발전이라는 맥락에서 규정해 볼 수 있을 듯하다. 동학을 근대의 출발점으로 볼 수 있는 것은 기본적으로 동학이 '시천주'와 '다시 개벽' 사상을 통해 상제에 대한 사람들의 코페르니쿠스적 인식 전환을 가능하게 하였기 때문이다.

사실 동학 창교 이전 이 땅의 종교 시장에는 막 서구로부터 들어온 가톨릭을 제외하고는 지고신·최고신 관념이 거의 사라졌었다. 비록 우주 주재자로서 상제·천주에 대한 관념이 상고시대에 있었지만, 지난 조선시대 수백 년 동안은 신유교 중심주의에 매몰되어 빛을 볼 수 없었다. 그런데 수운의 동학 창교는 우리 역사에서 잠시 잠들었던 인격신의 세계를 재인식하게 한 획기적 사건이었다. 인격적 존재로서의 천주를 잘 모시라는 동학의 '시천주侍天主' 사상은, 주자학이 지배하던 이전 시대와 결별하고 상제를 중심으로 새로운 역사와 문화를 여는 실마리였다.

나아가 '다시 개벽' 사상 역시 세상이 병들어 장차 후천이라는 새로운 문명이 열림을 알림으로써 기존의 역사 질서 정치 질서가 무너지고 새로운 질서가 열림을 알리기에 충분했다.

동학은 서구 역사에서 말하는 과학 기술의 발전에 바탕을 둔 생산 수단과 같은 요인이 아니라 종교 문화, 정신 문화, 다시 개벽 사상을 통해 이전의 전통 사회와 구별되는, 근대 나아가 후천後天이라는 새로운 천지시대가 열림을 선포하였다. 그런 맥락에서 보면 동학은 한국의 근대, 새 시대를 여는 출발점이다.

다른 하나로 동학은 지난 근대 100여 년 동안 세계 정치 질서를 바꾼 세계 전쟁 발발의 뿌리였다는 점에서도 근대의 출발점으로 보기에 충분하다. 한반도를 중심으로 하는 동북아 역사를 돌이켜 보면, 지금의 세계 정치 질서는 전쟁이 전쟁을 부르는 과정을 통해 형성되었다. 애기판 씨름인 러일 전쟁과 제1차 세계 대전에 이어 총각판 씨름인 중일 전쟁과 제2차 세계 대전이 일어났고, 지금은 상씨름이 잠시 숨고르기를 하는 중이다. 그런데 애기판 씨름에 해당하는 러일 전쟁이 벌어진 궁극적 원인은 거슬러 올라가면 청일 전쟁에 기인한다. 러일 전쟁은 용과 사무라이의 결투에서 사무라이가 승리하였음에도 불구하고 러시아 등 삼국이 간섭함으로써 원한을 품은 일본이 서구 제국주의인 러시아와 맞장을 뜬 전쟁이다.

그렇다면 청일 전쟁은 또 어떻게 해서 일어났는가? 그것은 갑오년의 동학 농민 혁명에 기인한다. 동학 혁명이 일어나자 이를 진압하기 위해 청군에 대한 차병이 이루어지고, 이를 빌미로 일본군이 한반도에 들어옴으로써 한반도는 청·일의 전쟁터가 되었다.

더 거슬러 올라가 보자. 그렇다면 갑오년의 동학 농민 혁명은 어떻게 해서 상대적으로 성공적이었을까? 동학 농민 혁명이 이전의 민란들과 근본적으로 다를 수 있었던 것은 왜일까? 그것은 동학, 동학의 조직, 동학사상의 비전(vision) 때문이었다. 동학사상, 동학의 조직, 동학의 인적·물적 자원이 동학교도들이 주축을 이룬 갑오년의 농민 혁명을 가능하게 하였다. 갑오년의 농민 전쟁은 적어도 동학에 의해 혁명으로서 탄력성을 확보할 수 있었던 것이다.

결국 이를 종합해 보면 동학을 바탕으로 혁명이 일어났고, 이로부터 이런저런 전쟁을 거치며 세계 정치 질서가 변화하며 지금에 이르렀다. 동학에서 시작되어 이후 이어지는 여러 전쟁을 거치며 인류는 새로운 무기를 사용한 전쟁, 여러 국가가 연합한 새로운 양상의 전쟁, 전면전과 같은 이전과는 다른 새로운 전쟁을 통해 정치 질서의 지형을 바꾸어왔다. 그러므로 동학은 한반도를 중심으로 열강들이 힘을 겨루던, 그리고 지금도 그러한, 동북아 정치 역학 구도의 뿌리이다. 새로운 세계 질서를 여는 결정적 계기였다. 이런 맥락에서 보아도 동학은 또한 가히 근대의 출발점이라 할 수 있다.

동학 혁명 이전 조선과 외세와의 관계

동학 혁명이 일어나기 이전 조선과 열강들, 그리고 열강들 간에는 어떤 관계가 형성되고 있었을까? 이런 의문에 대한 추적은 2차 동학 혁명뿐만 아니라 이어지는 청일 전쟁, 러일 전쟁, 중일 전쟁 등을 거치며 조선이 어떤 위상을 갖게 되고, 강대국들 간에는 어떤 정치 질서가 형성되었는지를 알 수 있는 중요한 단서이다.

조선은 1876년 강화도 조약이 맺어지기 이전까지 전통적으로 중국과 조공 관계, 사대 관계를 유지하며 체제를 유지하였다. 중국은 자신들의 위상을 지속하기 위해 늘 조선에 간섭하였다. 중국은 수백 년 전부터 조선을 지배해온 전통적 종주국이었다. 조선은 이런 중국이 서양 제국주의 국가들의 먹잇감이 되어가는 것을 목격하면서 외세에 위

1875년 9월 20일, 강화 해협에 불법 침범한 일본 군함 운요호雲揚號. 일본은 운요호를 조선 근해에 파견하여 해안 해로를 측량하고 함포 시위를 벌였다. 강화도 앞바다에서는 초지진 수비병들과 무력 충돌까지 하였다. (출처:https://ja.wikipedia.org/wiki/雲揚_(砲艦))

협을 느끼고 쇄국 정책을 지향하였다.

한편 일본은 1868년의 메이지(明治) 유신을 계기로 개혁을 단행하여 새로운 제국주의 국가로 발돋움하였다. 일본은 안으로는 서구식 근대화를 추구하고 밖으로는 팽창주의를 지향하며 대륙 진출을 암중 모색하였다. 후자의 경우 그러자면 가장 먼저 해야 할 것은 자명하다. 가장 걸림돌이 되는 한반도를 지배하고 있던 전통적 종주국인 청나라를 몰아내고, 굳게 닫힌 조선의 문호를 열어야만했다. 이에 일본이 일으킨 것이 1875년 9월 20일 일본 군함 운요호雲揚號가 조선의 강화 해협에 불법 침입하여 포격을 가하고 살육·방화·약탈을 자행한 운요호 사건이다.

이 사건에서 큰 피해를 본 것은 조선이었다. 그러나 일본은 이를 계기로 조선에 조·일 수호 조규修好條規, 즉 병자 수호 조약, 강화도 조약 체결을 강요하였다. 이 조약의 1조는 조선이 자주의 나라로 일본과 평등한 권리를 가진다고 하고 있는데, 이는 본질적으로는 조선과 중국 간의 전통적 관계, 즉 중국의 종주권을 부정하여 결과적으로 조선에서 일본의 영향력을 극대화하려는 의도를 담고 있다. 강화도 조약은 조선의 지배에 대한 영향력이 청에서 일본으로 넘어간 계기였다.

그러나 임오군란과 갑신정변을 계기로 친일 세력이 와해됨으로써 조선에 대한 영향력은 재설정되었다. 청나라는 임오군란을 계기로 조선에서 더욱 영향력을 행사하려 하였다. 속국을 보호한다는 명분을 앞세워 군대까지 파견하였고, 그 후에는 조선을 속방屬邦으로 규정하고 실질적으로 지배하기 위해 군대를 상주시키는가 하면, 정치 외교에 직접 관여하기 위해 묄렌도르프(Paul George von Möllendorff)와 같은 고문을 보내기도 했다. 이를테면 청이 조선과 1882년에 체결한 조·청 상민 수륙 무역 장정에는 조선이 청의 속방임을 명시하고 있는데, 이는 청이 조선에서 지속시켜 왔던 자신들의 기득권을 강화시키려는 의도, 일본의 지배력을 막으려는 의도였다.

갑신정변은 전통적으로 조선과 조공 관계를 맺고 종주권을 행사해온 중국 세력과 새로 근대화에 성공하고 팽창 정책을 쓰면서 대륙 진출을 기도한 일본 세력의 충돌이었다. 일본은 갑신정변을 통해 친일 개화 정권을 세우려 하였다. 그러나 청군 출병으로 3일 만에 종료되고, 김옥균과 박영효 등은 일본으로 망명하였다. 갑신정변으로 야기된 국가 간 문제는 조선과 일본 간에는 한성 조약(1885. 1)으로 이어졌다. 또 청과 일본 간에는 장래 조선에 문제가 발생하여 출병을 해야 할 때는 사전에 문서로 서로 알리고, 상황이 종료되면 즉시 철병할 것 등을 규정한 톈진(天津) 조약(1885. 4)의 체결로 마무리되었다.

조선을 둘러싼 청과 일본 간의 갈등은, 비록 1882년 7월 임오군란을 통해 명확해졌지만, 1884년의 갑신정변을 처리하기 위한 톈진 조약을 통해 조선 불가침을 성문화함으로써 수그러지는 듯이 보였다. 그리하여 1885년부터 약 10년간 조선에서 청일의 갈등은 크게 드러나지 않았다. 그러나 역설적이게도 청·일이 이후 무력을 앞세운 갈등을 벌인 것은 이 톈진 조약을 명분으로 하였다.

서양의 강한 제국주의의 하나였던 러시아도 조선에 큰 관심을 가지고 있었다. 조선과 러시아는 1860년 베이징 조약을 계기로 상견례가 이루어졌다. 러시아는 청국과 영·프랑스 간의 강화를 알선한 대가로 청·러 양국이 공유한 우쑤리(烏蘇里)강 이동의 연해 지방을 러시아 영토로 받았다. 이는 곧 연해주를 취득한 러시아가 조선과 국경을 맞대게 되었음을 의미한다. 러시아가 조선에 처음 관심을 갖게 된 것은 이런 국경을 접한 조선으로부터 연해주 개척에 필요한 물자 등을 얻기 위해서였다. 러시아가 조선에 보다 적극적 관심을 가지게 된 것은

톈진天津 조약*

대청국 특파 전권 대신 이홍장과 대일본국 특파 전권 대사 이토 히로부미(伊藤博文)는 각기 유지諭旨를 받들어 공동으로 토의하여 조약을 체결함으로써 우의를 두텁게 한다. 모든 약관約款을 아래에 열거한다.

1. 중국은 조선에 주둔시켰던 군대를 철거시키며 일본국은 조선에서 공사관을 호위하던 군대를 철거시키되 서명을 하고 도장을 찍은 날로부터 4개월 내에 각각 모든 인원을 철거시킴으로써 두 나라 사이에 사건이 일어날 우려를 없애되, 중국은 마산포를 통하여 철거하고 일본은 인천항을 통하여 철거한다는 것을 의정議定한다.

1. 양국은 서로 조선 국왕에게 권고하여 군사를 훈련시켜서 자체로 치안을 유지하게 한다. 그리고 조선 국왕은 다른 나라 무판武辨을 1인, 혹은 몇 명을 선발·고용하여 훈련시키는 일을 맡길 수 있다. 이후에 중일 양국은 서로 조선에 사람을 파견하여 훈련시키지 못한다.

1. 앞으로 조선국에 변란과 중대한 사건이 생겨 중일 양국이나 혹은 어느 한 나라에서 군사를 파견하려고 하면 우선 서로 공문을 보내 통지하며, 사건이 안정된 후에는 곧 철거시키고 다시 주둔시키지 못한다.

대청국 광서光緖 11년 3월 4일

특파 전권 대신인 문화전 대학사文華殿大學士

직예 총독直隷總督 1등 숙의백작一等淑儀伯爵 리훙장

대일본국 명치 18년 4월 18일

특파 전권 대사 참의 겸 궁내경 훈1등 백작參議宮內卿勳一等伯爵 이토 히로부미

----

*『고종 실록』, 고종 22년(1885, 을유) 3월 4일(계묘) 5번째 기사. (출처:http://sillok.history.go.kr.)

1884년 조·러 수호 조약과 1888년 조·러 육로 통상 장정을 체결하면서부터였다. 그 이전까지 러시아는 조선으로 영토를 확장하거나 부동항을 점령하고 싶었으나 청나라나 영국이 가만있지 않을 것이었기 때문에 적극적 행동을 취하지 않았다.

러시아는 1885년에 유럽·아시아와 극동 러시아 간 약 7,400킬로미터를 연결하는 시베리아 횡단 철도 건설을 발표함으로써 러시아의 극동 정책을 강화하는 한편, 아관파천俄館播遷(1896)을 통해 알 수 있듯이 조선에서의 정치적 영향력도 크게 넓혀갔다. 러시아의 이러한 움직임에 가장 민감한 반응을 보인 것은 일본이었다. 왜냐하면 그것은 곧 일본에 대한 위협이었기 때문이다.

조선이 러시아에 관심을 가진 것은 갑신정변 이후이다. 친일 세력이 무너진 후 종주권을 다시 잡은 청의 정치적 간섭과 압력을 견제하기 위해 조선은 러시아와 가까워졌다. 러시아는 부동항을 확보하기 위해 남하 정책을 추진하였는데, 그 일환으로 조선과 통상 조약을 맺고 함경북도 경흥에 조차지를 확보하였으며, 베베르(Karl Ivanovich Waeber)를 초대 공사로 파견하기도 하였다. 러시아의 정치적 개입의 길이 열렸다.

그러자 사태가 좀 더 복잡해지기 시작했다. 청과 영국이 가만히 있지 않았기 때문이다. 세계 각지에서 러시아와 대립하며 제국주의 놀음을 하고 있던 영국은 러시아의 조선 진출을 막기 위해 행동으로 나섰다. 영국은 러시아 해군의 통로를 차단하기 위해 조선 반도 남단 앞바다의 거문도를 점령(1885. 3)하고, 거기에 포대를 만들고 수뢰水雷를 매설하는 등 전투 시설 구축을 시도했다.

결국 리훙장의 중개로 러시아가 조선의 어떤 지역도 점령하지 않는다는 것을 조건으로 영국군은 1887년 2월에 거문도에서 철수했다. 영국은 군사 기지를 추구한 러시아의 조선에 대한 책동에 대처하기 위해 일본과 1902년에 영일 동맹을 맺고 공동 대응 전략을 세웠다.[7]

그러면 당시 미국과 조선은 어떤 관계에 있었을까? 조선과 통상을 트려던 미국은 1871년 신미양요를 통해서도 뜻을 이루지 못하였다. 조선은 서양에 개방을 거부하며 쇄국 정책을 포기하지 않았다. 이런 미국이 조선과 조약을 체결하게 된 것은 1882년에 이르러서였다. 북방의 위험인 러시아의 남진과 남방의 신흥 국가 일본의 북진을 견제하기 위해 청나라가 조선에 미국을 개입시키려 하면서였다. 미국은 중국의 권고로 1882년에 조선과 조·미 수호 통상 조약을 체결하였다.[8]

조선은 외교의 다변화를 통해 열강끼리 서로 견제하도록 하기 위해 1887년에는 공사를 파견하고 차관을 모색하는 등 미국과의 관계를 강화하고자 하였다. 그러나 미국은 청과 일본과의 관계가 전략적으로나 경제적으로 이익이 더 크다는 이유로 조선에 소극적 자세를 보였

거문도 주둔 영국군 막사. 거문도는 19세기 말 영국이 러시아의 남하를 막기 위해 점령했던 전략적 요충지였다. 영국인들은 당시 이 섬을 해밀턴 항(Port Hamilton)이라 하였다. 1885년 3월, 영국 동양 함대 사령관 W.M. 도웰 제독은 동양 함대 소속 군함 3척을 거느리고 거문도를 점령한 후 진지를 구축하였다. (출처: http://www.britishmedals.us/)

----

7) 야마무로 신이치 지음, 정재정 옮김, 『러일 전쟁의 세기』, 소화, 2010, 72-74쪽.
8) 동덕모, 『조선조의 국제 관계』, 박영사, 1990, 77쪽.

고, 특히 군사적 문제에 대해서는 중립·불개입 입장을 보였다. 미국이 조선에 보인 무관심한 태도는 정치적 불안, 열악한 교통, 청·일의 국내 무역 독점, 세금 징수 등으로 조선에서 얻을 수 있는 이익이 너무 적다는 것 등에 기인한다.

동학 혁명이 일어나고 이를 계기로 조선에서 청일의 무력 충돌 가능성이 높아지고 있는 상황에서도 미국은 청과 일본의 분쟁에 개입하지 않는다는 불개입 원칙을 되풀이하며 조선 정부의 중재 요청을 거부하였다. 미국은 조선의 독립과 근대화 노력에 호의적이고 동정적이었으나, 조선이 청의 지배나 일본의 침략으로부터 벗어나 독립하려는 정치적 사건에 대해서는 항상 중립·불간섭의 원칙을 고수하였다. 심지어 청일 전쟁 기간에도 교전국에 대해 공평한 우호적인 중립 노선을 추구하였다. 그러던 중 1894년 말에야 종전의 중재자로 나섰고, 1895년 4월 시모노세키(下關) 조약이 체결된 것을 계기로 미국의 대조선 외교 정책은 친일 노선으로 급선회하였다.[9]

조선은 청과의 조약을 계기로 이후 1883년에 영국과 독일, 1884년에 이탈리아와 러시아, 그리고 1886년에는 프랑스와 오스트리아 등 서구 국가들과 통상 조약을 체결하였다.

이렇게 조선의 빗장이 열리자 조선 땅은 그야말로 열강들의 대결 구도가 강화되었다. 그러나 시간이 흐를수록 열강의 각축은 조선과 이웃한 멀고도 가까운 두 나라인 청나라와 일본 간의 갈등 구도로 좁혀졌다.

동학과 갑오 농민 혁명

동학 혁명은 우리 역사에서 일어난 이전의 어떤 민란과 비교도 되지

----
9) 국사편찬위원회, 『한국사』 39, 1999, 66-70쪽.

않는, 한국 근대사의 가장 큰 변혁 운동이었다. 그러나 그 작은 불씨는 이전의 민란과 크게 다르지 않다. 입에 풀칠하기도 어려운 생활을 겨우 이어가던 한 지방 농민들이, 엎친데 덮친 격으로 지방관의 수탈이 더해지자, 생존 그 자체를 해결하기 위해 들고 일어나면서 지펴졌다.

당시 삼정三政이 극도로 문란한 상황에서 지방 관료들의 가렴주구苛斂誅求가 어디 한 곳에서만 있었겠는가만, 전라도 고부는 특히 더했다. 1893년 무렵, 주변에 넓은 평야와 강을 가지고 있어 곡창지역이자 미곡의 집산지였던 고부에서는 새로 부임한 군수 조병갑 등의 조세 수탈과 탐학이 다른 어떤 지방에서보다도 혹심하게 자행되고 있었다.

이에 전봉준 등이 시정을 요구하는 민소民訴도 두 차례 올렸으나 묵살될 뿐이었다. 이제 할 수 있는 것이라곤 하나밖에 없었다. "온 고

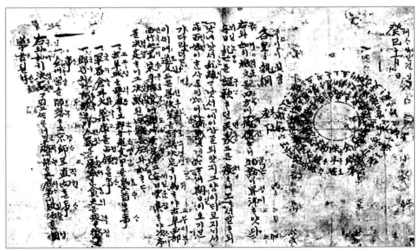

사발통문沙鉢通文. 1893년 11월 말목 장터 봉기를 주도한 사람들이 각 리里의 집강執綱들에게 돌린 사발통문. 주모자를 알 수 없게 하기 위해 둥글게 사발 모양으로 서명한 사람들은 전봉준, 송두호, 정종혁, 송대화, 김도삼, 송주옥, 송주성, 황홍모, 최흥열, 이봉근, 황찬오, 김응칠, 황채오, 이문형, 송국섭, 이성하, 손여옥, 최경선 임노홍, 송인호 등 20명이다.

결의 내용은 이렇다. 1. 고부성을 격파하고 군수 조병갑을 목 베어 죽일 것. 1. 군기창과 화약고를 점령할 것. 1. 군수에게 빌붙어 백성을 괴롭힌 탐관오리를 엄하게 징벌할 것. 1. 전주 감영을 함락하고 경사(서울)로 바로 향할 것. (출처 : http://www.chondogyo.or.kr/)

을 인민이 참고 또 참다가 종말에는 더 참을 수 없어서 들고 일어섰[起鬧]"(〈전봉준공초〉)던 것이다. 이곳의 민심이 어떠하였는지는 거사 계획이 담긴 1893년 11말에 만들어진 〈사발통문沙鉢通文〉이 잘 보여준다.

"구가謳歌[10]하던 민중들은 처처에 모여서 말하되 '났네 났어 난리가 났어' '에이 참 잘되었지 그냥 이대로 지내서야 백성이 한사람이나 어디 남아있겠나' 하며 기일이 오기만 기다리더라."(〈사발통문〉)

얼마나 힘들었으면 차라리 난리가 나기를 기다렸을까.

그러나 조병갑을 처단하고 고부 관아官衙를 무력으로 점령하려던 11월의 거사도 조병갑이 11월 말에 익산 군수로 이동하는 바람에 시행하지 못했다. 그러던 중 1894년 1월 초, 우여곡절 끝에 조병갑이 다시 고부 군수로 왔다. 그러자 농민들이 들고 일어났다. 원통한 사정을 알리는 비폭력적인 민소民訴와 같은 행위를 넘어 적극적인 실력 행사에 들어간 것이다. 1894년 음력 1월 11일(양력 2. 17) 새벽, 고부 접주接主이자 서당 훈장인 전봉준이 동학교도 300여 명을 이끌고 미리 대기하고 있던 약 1천여 농민들과 무장을 하고 말목장터에 모였다.

고부 옛 말목 장터

----

10) 어떤 처지處地나 마음 따위를 거리낌 없이 나타냄을 말한다.

1892년 11월의 삼례 집회, 1893년 2월의 광화문 앞 복합伏閤 상소와 3월의 보은 집회 등을 통해 동학 조직의 효율성을 알게 된 전봉준은 봉건적 모순을 타파하기 위해 지방의 동학 조직을 동원하여 봉기한 것이다. 무기라야 무엇이 있겠는가만 있는 것 없는 것 다 모아 앞세우고 그들은 고부 관아를 습격하였다. 이것이 이른바 고부 봉기의 시작이다.

　놀란 조병갑이 뒷문으로 담장을 넘어 줄행랑을 치자 농민들은 고부 관아를 무혈 접수하였다. 그들은 창고를 열어 수세로 강제로 거두어 쌓아놓은 양곡을 사람들에게 나눠주었다. 억울하게 옥살이 하던 사람들을 풀어줌은 말할 것도 없었다. 나아가 조병갑이 농민들을 강제 동원하여 쌓은 뒤 강제로 물세를 거두어들임으로써 원성을 자아낸 동진강의 만석보도 무너뜨렸다. 고부 관아의 점령으로 혁명군은 무기와 식량도 확보하였다.

　혁명군이 고부를 점령하는 등 심상치 않자 위기를 느낀 정부도 가

동진강 만석보 옛 터에 세워진 비석과 표지석. 만석보는 정읍천과 태인천이 합류하는 지점의 물줄기를 둑으로 막아서 만든 보. 정읍천 상류에는 원래 농민들이 자발적으로 만든 민보가 있었다. 고부 군수 조병갑이 농민들을 강제로 동원하여 만석보를 다시 쌓고 물세 명목으로 많은 세금을 거두어 들이자, 폭정과 과중한 세금 부담에 허덕이던 농민들이 1894년에 들고 일어나 만석보를 때려 부수고 동학 혁명의 길을 열었다. (출처: 문화재청)

만히 있지 않았다. 원인 제공자인 조병갑을 잡아들여 치료요범장[致鬧犯][11]을 죄목으로 국문토록하고, 박원명朴源明을 고부 군수로 임명하였으며, 사태를 해결하기 위해 이용태를 안핵사按覈使로 보내는 등 비상 조치를 취하였다. 새로 온 고부 군수의 유화 정책으로 혁명군들이 한때 일부 해산하기도 하였으나 그것은 잠시였다. 민란을 조사 및 보고하고 악폐를 고치기 위해 파견된 안핵사 이용태가 다시 농민들을 탄압하는 등 또다시 봉기의 빌미를 제공하였다. 그는 사교邪敎로 낙인찍은 동학도들이 봉기에 참여했다고 하고, 일반 참여자들을 동학도, 역적으로 몰아 탄압하였으며 나아가 조병갑의 행동을 두둔하기까지 하였다. 이에 농민들은 다시 울분을 쌓을 수밖에 없었다.

당시 농민 봉기를 촉구하는 이런 노래가 나돌았다고 한다.

"가보세 가보세 을미적 을미적 병신되면 못가보리."

이는 갑오세甲午歲(1894)에 일어난 봉기에 적극 참가하세, 이 혁명을 을미乙未(1895)적 거리다가 병신丙申(1896)년까지 가지 말고 갑오년에 끝장을 보자는,[12] 즉 농민 봉기를 촉구하는 내용이다.

그러나 울분이 때로는 울분으로 끝나지 않는다. 이런 토양에서는 이따금 새로운 운동의 싹이 돋는다. 고부 봉기 후 동학 혁명이 보다 조직적으로 시작된 것은 전봉준의 행보에 의해서였다. 이용태의 만행에 분노한 농민 세력을 보다 확대 통합하고 조직화하여 사태에 보다 생산적으로 대처할 필요를 느꼈던 전봉준은 전라도에서 가장 큰 동학 세력을 이끌던 무장(전북 고창)의 손화중을 찾아갔다. 태인의 동학 접주로서 태인 지금실 마을의 동네 친구인 김개남의 협조를 구한 것은 물

---

11) 난을 야기하고 재물을 횡령함.
12) 동학 혁명 100주년 기념 사업회,『동학 혁명 100주년 기념 논총』상, 1994, 472쪽.

동학 혁명의 주요 지도자

전봉준全琫準(1855-1895). 순창에서 체포된 후 구금됐던 서울의 일본 영사관에서 재판을 받기 위해 법무아문法務衙門으로 이송될 때(1895년 2월 27일) 일본의 무라카미 덴신이라는 사람이 찍은 것으로 알려진 전봉준. 이 사진은 순천향대학교 양상현 교수가 최근에 새로 찾은 것으로, 기존의 사진과 거의 같다. [출처 : http://biz.heraldcorp.com]

동학 혁명 최고의 돌격 대장, 김개남金開南
(1853-1895)

체포 당시의 손화중孫華仲(흰 옷)
(1861-1895)

론이다. 전봉준은 어릴 때부터 알고 지내던 원평의 동학 접주 김덕명도 찾아갔다. 그리고 이들과 논의하여 재봉기 계획을 세웠다.

전봉준은 보국안민을 앞세우고 각지에서 봉기할 것을 노골적으로 선동하는 격문을 포고하였다. 불과 열흘 만에 전라도 각지의 동학교도는 물론 수많은 일반 농민들도 모였다. 동학교도와 일반 농민이 연대한 4,000명 이상의 혁명군은 1894년 음력 3월 20일 무장에서 봉건 체제를 비판하고 자신들의 봉기를 정당화하는 창의문倡義文을 선포하며 혁명의 횃불을 지폈다(제1차 동학 혁명).

창의문이 알려지자 마을마다 집집마다 사람들이 모여 하는 말이 이런 것이었다고 한다.

"옳다, 이제는 잘 되었다. 천리가 어찌 무심하랴. 이놈의 세상은 얼른 망해야 한다. 망할 것은 얼른 망해버리고 새 세상이 나와야 한다."[13]

사람들은 그만큼 새 세상이 오기를 바라고 있었다.

혁명군은 전봉준을 동도대장東道大將으로 삼고 손화중과 김개남의 인솔 하에 1차 공격 목표였던 고부성으로 쳐들어갔다. 고부를 점령한 혁명군은 폐정을 개혁하고 3월 25일에 해발 약 48미터의 야산인 백산으로 이동하여 진을 쳤다. 그리고는 지휘 체제를 확대 개편하고, 혁명 선언문이라고 할 수 있는 격문, 혁명군의 행동 강령이라고 할 수 있는 4대명의四大名義, 혁명군의 12가지 기율을 공포하였다. 혁명군은 이제 반제·반봉건 투쟁을 목적으로 장기적이고 조직적인 운동을 벌일 수 있는 체계를 갖추었다. 혁명군은 마침 백산을 포위하고 쳐들어오는

----
13) 오지영,『동학사』, 대광문화사, 1987, 121쪽.

백산白山. 전북 부안 동진강 너머의 야트막한 산이 혁명군 창의대장소가 설치된 백산이다. 혁명 당시 그곳에는 흰 옷에 죽창을 든 농민들이 넘쳐나면서 '서면 백산, 앉으면 죽산'이라는 말이 생겨났다. 그 정상에는 동학 혁명 백산 창의비가 있다.(출처:문화재청)

동학 혁명 백산 창의비.(출처:문화재청)

황토현黃土峴[황토재] 일대. 황토현은 전라북도 정읍시 이평면 도계리와 덕천면 하학리 사이에 있는 해발 약 35미터의 나지막한 구릉이다. 산이 전부 황토로 되어 있어 붙여진 이름이다. 고개에 오르면 주변을 한눈에 내려다 볼 수 있다. 동학 혁명 때 이곳 전투에서 혁명군이 관군을 상대로 싸워 처음으로 크게 이겼다. 동학 혁명군은 4월 7일 새벽 이곳 황토재 마루에서 전라 감사 김문현의 명을 받고 출동한 감영군과 보부상을 중심으로 구성된 향병 수천 명을 맞이하여 승리를 거두었다. (출처 : <한겨레>)

황토현 주변에는 동학 혁명 관련 기념물이 많다. 황토현 전적비도 그 하나이다.

황토현 전투의 오세동五歲童 이야기

『도전』에는 황토현 전투에서 오세동五歲童이라는 다섯 살 난 아이가 작전 지휘를 하여 동학군이 승리하였다는 이런 이야기가 있다.

> "문남용이 황토현 전투에 참여한 날 해가 뉘엿뉘엿 넘어갈 무렵 어디선가 "생불生佛이 들어온다!" 하고 외치는 소리가 들리거늘, 남용이 보니 키가 큰 장정 하나가 어린아이를 업고 들어와 자리에 내려놓더니 무릎을 꿇고 고개를 숙인 채 미동도 하지 않으니라.
>
> 이 때 여기저기서 수군거리기를 "신인神人이라, 오세동五歲童이라." 하는데 남용이 그 체구를 보니 일곱 살 정도이더라. … 오세동이 좌중을 향해 호령하기를 "총 든 군사는 모두 모이라!" 하고 "지필을 들이라." 하더니 남용을 가리켜 먹을 갈게 하니라.
>
> 이에 오세동이 총 든 군사의 숫자대로 손바닥만 한 종이에 '푸를 청靑' 자 비슷한 글을 써서 그 군사들에게 각기 나누어 주며 말하기를, "이것을 잃어버리면 너는 죽는다." 하더니 얼마 후 다시 말하기를 "하나는 할 수 없이 죽겠구나." 하니라.
>
> 이어 오세동이 이것저것을 일일이 지시하니 동학군이 그 명에 따라 산을 둘러가며 잔솔가지에 이불보와 치마를 뜯어 중간 중간에 쳐 놓고 밤새 간간이 관군을 향해 총을 쏘며 신경전을 벌이매 관군이 이불보를 동학군으로 오인하여 총을 쏘아대거늘, 그 틈에 동학군이 관군 진영을 기습하여 동이 틀 무렵에 대승을 거두니라. 이후 남용이 노인들에게 이야기를 들으니 '진격하는 동학군의 머리 위로 백로白鷺 한 마리가 유유히 날고 있더라.' 하니라."(1:47)

한편 오지영吳知泳은 "이때 전설에 의하면 전대장의 부하에는 7세의 신동과 14세의 신동이 있어 전대장을 많이 도와주었다고 들었다."*는 기록을 남겨 이를 뒷받침한다.

----
* 오지영, 『동학사』, 대광문화사, 1987, 130쪽.

관군을 기습하여 백산 전투에서 승리하였다.

전봉준이 이끄는 혁명군은 백산을 뒤로하고 한양을 최종 목표로 하여 먼저 전주로 진격하였다. 도중에 혁명군은 전주 감사의 명으로 출전한 관군과 음력 4월 6일에 황토현에서 일전을 치렀다.

결과는 혁명군의 승리로 끝났다. 동학 혁명군이 파죽지세로 세력을 확대하자 4월 21일에 정부는 이들을 진압하기 위해 홍계훈을 양호초토사兩湖招討使로 임명하여 내려 보냈다. 그러나 이들 역시 장성군 월평리 황룡촌에서 혁명군과 전투를 벌였으나(4. 23) 패배하고 말았다. 혁명군은 기세를 몰아 정읍으로 진격하고, 이어 흥덕, 고창, 무장, 영광, 함평 등 전라도 서남부를 장악하였다. 당시 함평을 지나는 혁명군의 모습을 황현黃玹(1855-1910)은 이렇게 그리고 있다.

"적들은 함평에 있으면서 진세陣勢를 펼치고 기예를 과시하여 눈을 어지럽게 하였다. 평민이 선두에서 나이 십사오 세 쯤 된 아이 한 명을 업고 진 앞에 나섰는데, 아이는 푸른색 홀기笏旗를 쥐고서 마치 지휘

전주성 풍남문豊南門. 풍남문은 전주성의 남쪽 문을 말한다. 당시 동학 혁명군은 이 남문과 서문으로 전주성에 무혈 진입하였다. 전주성 4대문 중 지금은 풍남문만 그 위용을 자랑하고 있다. (출처:문화재청)

하는 것과 같았고, 그 뒤를 뭇 적(혁명군을 말함)들이 뒤따라왔다. … 그들은 휘어지고 꺾이면서 혹 '지之'나 '구口'자를 만들기도 하면서 진세를 배열하였는데, 모두들 어린아이가 잡고 있는 푸른색 기가 지시하는 것을 쳐다보았다. 대개 적들은 어린아이 중에서 키가 작고 교활한 아이를 뽑아서 진중에 두고 며칠 동안 미리 어떤 진을 펼칠 것인가를 가르치고는 그럴싸하게 신동이라고 하여 보고 듣는 사람들을 현혹시켰다. 이는 전단田單[14]이 신령스러운 장수를 받들었던 지모智謀인데 어리석은 백성들은 이것도 모르고 참으로 신인神人인줄 여겼다."[15]

전봉준의 동학 혁명군은 전라도 일대를 휩쓴 여세를 몰아 26일 전주성의 코앞인 삼정三政에 도착하여 밤을 보냈다. 그리고는 4월 27일 전주성을 공격하였다. 당시 전주성은 신임 감사가 부임하지도 않았고, 비록 전임 감사 등이 성을 지키고 있었으나 싸움이 되지 않았다. 동학 혁명군들은 저항도 받지 않고 전주성에 무혈입성 할 수 있었다.

그러나 이것으로 전투가 끝난 것이 아니었다. 혁명군의 전주성 방어와 관군의 전주성 수복을 위한 공격은 5월 3일까지 수일 동안 지속되었다.

이러한 혁명 과정에 동학은 과연 어떤 역할을 하였을까? 논쟁의 여지는 있지만 동학은 혁명의 단순한 외피가 아니라 혁명 과정에서 중추적 역할을 하였다고 볼 수 있다. 이를테면 사람들을 혁명에 동원시키기 위해 동학의 포包가 이용되었고, 필요에 따라서는 새로운 포를 만들기도 하였다.

1892-1893년 교조 신원 운동에 이어, 1894년 초의 고부 봉기, 백산

----
14) 전국시대 제나라 장수.
15) 황현 저, 김종익 옮김, 『오하기문梧下記聞』, 역사비평사, 1995, 86-87쪽.

봉기, 나아가 3월의 무장 봉기는 동학 접주였던 전봉준을 비롯한 동학 접주들과 교도들이 많이 참여하였다는 측면에서 보면 동학과 불가분의 관계가 있다. 특히 제1차 동학 농민 혁명에서는 동학의 조직 간부들인 대접주와 접주들의 적극 참여는 물론, 동학을 따르는 소농·빈농·소작농 등이 처음부터 혁명군으로 참여하여 운동을 펼쳐나갔다.

그러나 당시 교주였던 해월 최시형崔時亨은 전봉준을 중심으로 행한 혁명 과정에서 다소 소외된 듯하다. 고부 봉기는 동학의 한 접주였던 전봉준이 교주인 해월과 사전에 상의하지도 않은 독자적 봉기였다. 해월은 전봉준이 봉기한 사실을 그가 1월 초 접주들에게 강론을 하던 중 전해 들었다. 더 주목할 만 한 것은, 해월이 전봉준의 봉기 소식을 듣고 한편으로는 시운時運이 금하기 어렵다고 하면서도, 다른 한편으로는 아직 때가 아직 아니니 진리를 탐구하고 천명을 어기지 말라며 나무라는 글[16]을 보냈다는 점이다. 그것은 일종의 경고였다.

동학의 제2세 교조 해월 최시형崔時亨
(1827-1898). 1898년 종로 단성사 앞
좌포도청에서 순도하기 직전 해월의 모습

경주 황성 공원에 있는 해월 최시형의 동상

----

16) 해월이 전봉준에게 보낸 글은 「시천교종역사」, 한국정신문화연구원, 『한국학 자료 총서』
9 -동학농민운동 편-, 1996, 640쪽을 참조하라.

동학 혁명군의 승리 소식이 확산되자 더 많은 동학교도들이 이에 고무되어 관을 습격하고 관군과 싸움을 벌이는데 참여하자, 해월은 도금찰都禁察이라는 직을 차정差定하여 각지의 포·접을 단속하도록 하였다.[17] 나아가 5월에는 각 포에 세상일에 휩쓸리지 말고 수도에만 전념할 것을 당부하는 통유문通諭文을 보냈다. 해월은 이를 어기는 것은 하늘을 거역하고 스승을 등지는 일이라며 동학교도들의 현실 참여를 막았을 뿐만 아니라 북접 관내 교도들의 봉기를 해산시키기도 하였다.

그러나 3월 무장기포를 전후하여 충청도 여러 지역에서 봉기한 동학교도들이 죽음을 당하자 해월은 태도를 바꾸었다. 해월은 휘하 접주들에게 통문을 보내 봉기를 독려하였다. 이에 호응하여 진산, 금산, 회덕, 진잠, 청산 등에서 많은 혁명군들이 봉기하였다.

결국 제1차 동학 혁명에서 주력은 동학교도였던 농민들이었음을 알수 있다. 무장에서 일어났을 때 모인 4천 명에 이르던 혁명군도 대부분 동학교도들이었고, 백산에서 다시 뭉친 혁명군 참여자들도 대부분 동학을 따르는 사람들이었다. 제1차 동학 혁명은 동학교도들과 결코 무관하지 않은, 동학교도가 중심이 되어 혁명을 일으킨, 즉 동학이 주체가 된 혁명이다. 동학 조직과 그 인적 자원이 있었기에 전쟁에서 승리가 가능하였다.

동학 혁명 이전에 각종 집회가 성공적일 수 있었던 것도 동학의 조직 때문이었다. 공주·삼례 집회나 복합 상소, 보은·금구 집회가 단결력을 보이고 많은 인적 자원이 동원될 수 있었던 것은 동학의 조직이 움직였기 때문이다. 조선 후기에 동학의 교세가 커진 것은 물론, 갑오년 동학 혁명에서 혁명군이 효율적으로 조직 및 동원된 데에는 동학의 포나 접과 같은 조직의 역할이 컸다. 동학 혁명 전 그리고 당시, 혁

----
17) 동학 혁명 100주년 기념 사업회, 『동학 혁명 100주년 기념 논총』 상, 1994, 500쪽.

명군은 거의 전국적 수준으로 형성되어 있었던 포나 접에 통문 등을 돌리며 조직 역량을 강화하였다. 특히 혁명군은 김개남 포, 손화중 포라는 명칭에서 알 수 있듯이 포를 중심으로 구성되었다. 이로 보아 동학의 조직은 동학 혁명에 필요한 인적 물적 자원 동원의 근간이었고, 이런 점에서 이전의 민란들이 보여주던 모습과는 여러 모로 차원이 달랐다. 갑오년의 농민 혁명은 동학, 동학 조직, 동학교도가 있었기 때문에 가능하였다. 동학의 접이나 포와 같은 조직이 없었다면 그렇게 많은 자원을 동원하고 조직적일 수 없었을 것이다.

외병을 끌어들인 갑오 농민 혁명

1894년 음력 4월 27일, 동학 혁명군이 마침내 전주성을 점령하였다. 이는 정부에 엄청난 충격을 주었다. 그것은 동학 혁명군이 만만치 않으며 서울도 안전하지 못하다는 것이었다.

동학 혁명군에게 전주성 점령은 최고의 값진 승리였다. 그러나 역사는 모르는 일. 전주성 점령은 정부나 혁명군들에게 새로운 문제 덩어리로 다가왔다. 왜냐하면 정부군이 황토현 전투에서 동학군에 밀리고, 특히 전주성이 점령되자 정부가 청국군 지원에 대해 거론하였기 때문이다. 동학 혁명군이 전주성을 점령하자 초토사 홍계훈은 경군을 거느리고 전주성 남쪽 완산에 진을 치고 혁명군과 대치하였다. 그러나 홍계훈은 정부군으로 혁명군을 진압하고 전주성을 회복하기는 어렵다고 판단하였다. 이에 생각한 것이 외국 군사를 불러들이는 것이었다.

외병 차입 문제가 다시 제기된 것은 홍계훈이 전주성이 함락되기 직전에 외국 군대를 빌어 동학군을 토벌하기를 청하는 장계에 의해서였다. 홍계훈의 외국군 차입에 대한 주청을 두고 4월 14일(양력 5. 18)에

외병 차입 논쟁

　사실 외국의 군사 지원 요청에 대한 거론은 이전에도 있었다. 그 첫 거론은 1893년 3월 말이었다. 동학의 충청도 보은 집회 때 당시 시위가 격렬해질 것을 우려한 고종이 중국에서 태평천국의 난을 진압 할 때 영국군을 차용한 예를 들면서, 신하들에게 청국군을 빌려 쓸 수 있는지에 대해 의견을 물었다. 대신들이 전라도와 충청도에 일고 있는 동학 혁명에 대한 대책 등을 아뢰며 주고받은 당시 이야기를 들어보자.

> 고종 "서울의 군사는 아직 파견해서는 안 될 것이다. 다른 나라의 군사를 빌려 쓰는 것은 역시 각 나라마다 전례가 있는데, 어찌 군사를 빌려다 쓰지 않는가?"
>
> 심순택 "그것은 안 됩니다. 만일 쓴다면 군량은 부득이 우리나라에서 진배進排해야 합니다."
>
> 조병세 "군사를 빌려 쓸 필요는 없습니다."
>
> 정범조 "군사를 빌려 쓰는 문제를 어찌 경솔히 의논할 수 있겠습니까?"
>
> 고종 "중국에서는 일찍이 영국 군사를 빌려 쓴 일이 있다."
>
> 정범조 "이것이 어찌 중국 일을 본받아야 할 일이겠습니까?"
>
> 고종 "여러 나라에서 빌려 쓰려는 것이 아니라 청나라 군사는 쓸 수 있기 때문에 말한 것이다."
>
> 정범조 "청나라 군사를 빌려 쓰는 것은 비록 다른 여러 나라와는 다르다고 하여도 어찌 애초에 빌려 쓰지 않는 것보다 더 나을 수 있겠습니까?"
>
> 고종 "효유한 후에도 흩어지지 않으면 토벌해야 할 자들은 토벌하고 안착시켜야 할 자들은 안착시켜야 하니, 묘당에서 회의하되 전·현직 관리 및 장신將臣들과도 의논하는 것이 좋겠다."*

----
*『고종 실록』, 고종 30년(1893, 계사) 3월 25일(정미) 1번째 기사.

그러나 이 일은 영의정 심순택과 우의정 정범조의 반대로 이루어지지 않았다. 이것은 표면상의 이유일 뿐이다. 고종은 박제순을 청의 위안스카이(袁世凱)에게 보내 의사를 타진하게 하였으나 원세개가 소극적으로 나옴으로써 흐지부지되고 말았다.

중신 회의를 열자 대신들은 차병을 반대하였다. 반대 이유는 외국 군대가 들어옴으로써 많은 생명이 희생될 것이 뻔하고, 그 폐단이 각지에 미쳐 민심이 동요되고, 각국이 거류민 보호를 구실로 출병하게 될 위험성이 있기 때문이었다.

그러나 약 2주 후에는 사정이 달라졌다. 전주성이 함락(1894. 4. 27)되었다는 소식을 접하자 고종은 밤에 긴급 중신 회의를 열고 청군 차병안을 제기하였다. 이 자리에서 고종과 기득권을 지속하려던 민씨 세력의 실권자인 민영준은 청병 차입을 적극 찬성하는 입장을 취하였고, 중신들은 이와는 달리 좀 더 신중한 입장, 불가 입장을 보였다.

그러나 전주성이 혁명군에게 함락되었다는 현실은 불가 입장을 잠재우기에 충분했다. 여러 대신들의 반대에도 불구하고 민영준은 고종의 내명內命을 받아 비밀리에 원세개에게 간곡히 원병을 청하였고(4. 28), 원세개는 리홍장(李鴻章)에게 이 사실을 보고하였다.

마침 청국도 이를 기다리던 참이었다. 청국은 조선의 내정에 독점적으로 관여하고 일본이나 러시아가 개입할 여지를 차단할 수 있는 기회가 오기만 기다리고 있었다. 조선을 항상 품안의 자식, 홈 그라운드로 여기고 조선에 대한 종주권을 당연시하던 청국은 1876년 조선과 일본이 한·일 수호 통상 조약을 맺고 러시아의 한반도 진출 시도라는 현실에 직면하자, 자신들의 조선에 대한 종주권에 위기 의식을 가졌다. 즉 주변 국가들의 조선에 대한 관심으로 당시 청국의 조선에 대한 전통적 종주권은 더 이상 보장될 수 없음을 알았다. 그런데 조선이 자발적으로 청국에게 조선에 영향력을 행사할 수 있는 기회, 일본이나 러시아 밀어내고 자신들의 목소리를 높일 수 있는 기회를 주었으니 청국이 이를 마다할 리 없었다. 청나라는 즉시 행동에 들어갔다.

이전부터 대청 전쟁에 대비하여 군비 확장을 꾀하며 전쟁 준비를 하고 있던 일본은 더욱 발빠르게 움직였다. 이토 히로부미(伊藤博文) 내각은 조선에서 동학 혁명이 일어났다는 소식을 접하고 이를 당시 국내 위기 탈출의 절호의 기회로 보고 출병을 준비하였다. 조선 정부에서 원세개에게 차병을 공식적으로 요청한 것보다 하루 전에 출병을 결정하였다. 조선 정부의 요청이 없었음에도 불구하고 일본은 이미 조선에 출병할 것을 결정한 것이다.

전주성 점령 후 동학군에게도 큰 고민이 생겼다. 청나라와 일본의 군대가 이 땅에 들어옴으로써 앞으로 무슨 일이 일어날지도 모르는 일이었다. 동학 혁명군을 진압하기 위해 끌어드린 청국군과 이를 구실로 침략한 일본군이 조선 땅에서 장차 유혈 사태를 벌일 것은 뻔한 노릇이었다. 청국과 일본이 조선에 동시에 출병함으로써 조선은 이제 청·일간의 싸움터로 바뀔 가능성이 점점 높아졌다. 조선 땅에서 청국과 일본이 전쟁을 하는 것만은 무슨 일이 있어도 막아야 했다.

이런 상황에서 조선에게 가장 바람직한 것은 외군이 스스로 돌아가는 것이었다. 정부도 후회를 하면서도 할 수 있는 일이라곤 양국 군대의 철수를 요구하는 것뿐이었다. 그러나 다른 의도를 가지고도 있었던 청·일이 고분고분 물러날 리가 없었다. 이에 조정에서는 청·일 군대를 들어오게 한 근본 원인이자 전주성을 점령하고 있던 동학 혁명군을 해산시키려 하였다. 그들이 자진해서 고향으로 돌아가면 더 이상 청·일 군대가 필요하지 않으므로 조선에서 철수 요구를 거부할 수 없을 것이라는 계산이었다.

이에 고종은 전라 관찰사 김문현을 김학진으로 교체 임명하여 출발시키면서 농민들의 요청을 잘 살펴 필요하면 폐정 개혁도 해주고 선무宣撫에 힘쓸 것을 명하였다. 그리하여 신임 전라 관찰사 김학진은 동학 혁명군이 원하는 폐정 개혁 항목을 제시하면 그것을 실행할 것임을 확약하고, 동학 혁명군 측이 그 실태 여부를 지켜보게 하기 위해 '면·리 집강'에 임명되어도 좋다는 약속을 하였다.[18]

사태가 이렇게 급변하자 동학 혁명군도 부담스러워졌다. 청일이 관군과 연합하여 자신들을 공격하면 패배는 불 보듯 뻔하였기 때문이다. 동학 혁명군을 이끌었던 전봉준도 이를 잘 알고 있었다. 민중을 구제하고 바른 나라를 만들기 위해 혁명을 하였는데 사태는 오히려 반대로 나아갈 여지가 많아졌다. 청·일이 들어옴에 따라 민중은 안위 그 자체가 위협을 받고 조선의 앞날 역시 위기 상황으로 바뀌고 말았다. 조선이 청·일의 각축장, 전쟁터로 전락할 처지가 된 것이다. 그런데 마침 고종의 폐정 개혁 실시와 화약和約 추진 의사를 들으니 동학 혁명군으로서는 한편으로는 반가운 일이 아닐 수 없었다. 또 위기 상황이니 정부도 반드시 개혁을 할 것이라 믿었다.

그리하여 동학 혁명군은 폐정 개혁 요구 사항을 제출하고 휴전을 제의하였다. 그리고 전라 관찰사 김학진과 그로부터 유화책이 왕명임을 전달받은 양호순변사 이원회, 양호초토사 홍계훈 등은 동학 혁명군의 폐정 개혁안과 휴전 제의를 받아들였다. 이로써 동학 혁명군 측과 전라 관찰사 등 관군 측의 합의아래 1894년 5월(양력 6월) 전주 화약이 이루어졌다. 정부가 27개조의 폐정 개혁안을 실시하고 혁명군은 전주에서 철수하기로 협정하였다.

혁명군들이 전주성을 떠나 해산함으로써 제1차 농민 전쟁은 막을 내렸다. 전주성에서 물러난 혁명군들은 1894년 5월 8일부터 각지에 집강소를 설치하고 9월 초까지 농민 자치를 실시하였다.

동학 혁명군과 관군은 전주 화약을 통해 청·일군에게 무엇인가를 보여주려 하였다. 그것은 곧 동학 혁명군의 해산과 전주성의 수복을

----
18) 신용하, 『동학 농민 혁명 운동의 사회사』, 지식산업사, 2005, 113-114쪽.

통해 더 이상 청·일군이 이 땅에 있을 필요가 없으며, 철수 요구의 정당성을 보여주려는 것이었다. 이를 뒷받침하는 것이 동학 혁명군이 전주성을 관군에게 비워주고 전주성의 동문과 북문을 열어 각각 귀향한 점이다. 만일 화약이 사전에 설립되지 않았다면 동학 혁명군이 그렇게 쉽게 자발적으로 전주성을 물러날 이유가 없었다. 해산하는 혁명군들을 관군들이 못 본 채 하고 그대로 둘 리도 없었다. 또한 관군도 동학 혁명군이 전주성을 비운 뒤에 성문을 통해 들어가지 않고 초토사 홍계훈의 명령으로 성곽에 3백여 개의 사다리를 놓고 성 밖에서 병사들이 일제히 성을 넘어가서 남문을 열게 함으로써 마치 전투를 거쳐 승리해서 수복한 것 같은 형식을 갖춘[19] 점도 마찬가지다. 나아가 관군은 혁명군들이 귀향해서 자치 기구인 집강소를 설치하는 것도 방해하지 않았다. 동학 혁명군과 관군의 이러한 모든 움직임은 불법으로 개입한 청·일 군대를 철수시키기 위한 외교를 정부가 원만하게 처리할 수 있는 실제 여건을 만들어주려는 노력으로 볼 수 있다.

청국군과 일본군이 들어옴으로써 두 나라가 조선 땅에서 충돌할 가능성이 높아졌다. 사태가 심각해지자 조선 정부는 동학군도 전주성을 철수하여 해산하였으므로 두 나라 군대도 철수할 것을 요청하였다. 일본과 청국의 담판, 제3국의 개입에도 불구하고 철병은 이루어지지 않았다. 특히 일본은 조선에 대한 지배 의도를 노골적으로 드러내며 청국의 동시 철병론도 거부하고 청국과 전쟁을 벌일 기회만 찾고 있었다. 그러니 조선에서 청과 일본의 전쟁은 불가피하게 되었다. 갑오년 동학 농민 혁명이 일본에게는 청나라와 한 판 싸울 수 있는 절호의 기회를 만들었다.

동학을 바탕으로 일어난 갑오년 동학 혁명은 결국 조선 땅에 청나라

----
19) 『동학란 기록』 상, 탐구당, 1971, 174-175쪽 참조.

와 일본을 불러들이는 꼴이 되었다. 이로 인해 이미 청일 전쟁을 준비하고 있던 일본은 조선을 전쟁터로 삼아 청과 일전을 치르게 되었다. 결국 동학 혁명은 가까이는 청일 전쟁에 불씨를 제공하였다. 그리고 더 넓게 보면 근·현대 동북아 100년 정치 질서를 변화시키는 시발점이었다.

> "전명숙은 진실로 만고명장이라. 백의한사白衣寒士로 일어나서 능히 천하를 움직였느니라."(5:339:6-7)
> "전명숙의 동動은 곧 천하의 난을 동케 하였느니라. 최수운은 내 세상이 올 것을 알렸고, 김일부는 내 세상이 오는 이치를 밝혔으며, 전명숙은 내 세상의 앞길을 열었느니라."(2:31:4-5)

이는 전명숙을 지도자로 내세운 동학 세력에 의해 처음 불붙은 동학 혁명은 천상의 신명들을 크게 동하게 함으로써, 이후 일어난 청일 전쟁을 비롯하여 세계 대전의 도화선이 되었음을 말한다. 동방의 작은 땅 조선에서 불붙은 싸움은 이후 세계 질서를 뒤흔드는 대전쟁의 출발이었다.

3. 전쟁을 부른 전쟁, 청일 전쟁

청·일의 전쟁터가 된 조선 땅

동학 혁명군이 관군을 물리치며 전주성을 점령하자 조선 정부는 청나라에 지원병을 요청하였다. 이에 따라 청의 실권자인 북양대신 리홍장은 원세개로부터 보고를 받고 북양 함대를 인천으로 파견하였다. 1894년 5월 2일(음력)에 정여창丁汝昌으로 하여금 제원호濟遠號와 양위호揚威號 두 해군함을 인천으로 보내 한성漢城에 가서 청나라 상인을 보호하게 하였다. 그리하여 섭지초葉志超 제독은 군사 1,500명을 선발하여 인천에 도착하였고, 섭사성聶士成 총병은 900여 명의 육군을 이끌고 아산에 상륙하였다. 청국은 1885년에 일본과 맺은 톈진 조약에 따라 일본에 이러한 청국군 파병 사실도 통보하였다.

임오군란과 갑신정변을 거치며 조선에서 밀려나 앞일을 도모하며 10여 년 동안 칼날을 갈며 재기를 모색하던 일본은 조선에 다시 진출할 기회를 기다리고 있었다. 그러던 중 일본 정부는 주한 일본 대리공사 스기무라 후카시(杉村濬)로부터 중요한 보고를 받았다. 조선에서 동학 혁명이 일어나 확산되고 있는데 이를 진압하기 위해 조선이 청나라에 군대 파견을 요청할 것이며, 그러므로 청국의 파병에 대비하여 일본도 조선에서 청일의 세력 균형을 위해 파병을 해야 한다는 것이었다. 일본의 대륙 지배는 그 교두보인 조선 지배를 전제로 이루어질 수 있으며, 이런 조선에 청나라 군대가 파견되므로 일본도 동학 혁명을 구실로 조선에 군대를 파견하여 청나라와 한판을 벌이자는 것이다.

사실 일본은 청나라가 파병 사실을 통보하기 이전부터 군비를 확충하며 조선 침략을 엿보고 있었다. 그러던 중, 청의 조선 개입 움직임을 보고 받자 일본은 조선에 거류 중인 일본인 보호를 명분으로 파병을 결정하였다.

마침내 일본은 군함과 더불어 수천 명의 병력을 인천으로 파견하였다. 5월 6일 일본 해군 이토 스케유키(伊東祐亨) 중장은 군함 2척을 이끌고 인천에 상륙하였다. 다음 날 일본 공사 오토리 게이스케(大鳥圭介)는 육전대 420명과 포 4문을 이끌고 입경하였다. 5월 13일에는 일본 육군 5사단 오시마 요시마사(大島義昌) 소장의 지휘 아래 보병 3,000명과 기병 300명이 인천에 상륙하였다. 이때까지 인천항에 도착한 일본군은 청군의 약 3배에 해당하는 총 8천명에 이르렀다.[1]

일본군의 조선 출병은 조선 정부의 요청에 의한 것이 아니다. 일본

일본 혼성 여단 상륙도. (출처 : http://f48.aaacafe.ne.jp/)

----
1) 김기전, 『다시 쓰는 동학 농민 혁명사』, 광명, 2006, 119쪽.

은 제물포 조약을 파병의 근거로 들었다. 일본 공사관이나 거류민단 보호 명목으로 군을 파병한다는 것이었다. 그러나 이는 억지 이유에 지나지 않는다. 꼭 군대까지 필요하지는 않았다. 일부 일본 거류민들은 청일 전쟁이 임박하자 미리 일본으로 피신하였다. 제물포 조약 운운하는 것은 파병의 빌미에 지나지 않는다.

일본은 또 자신들이 1885년에 청과 맺은 톈진 조약을 든다. 그러나 이 조약은 조선의 주권을 구속할 아무런 효력이 없다. 왜냐하면 이는 조선을 배제한 채 청일 간에 체결되었기 때문이다. 또 톈진 조약에, "앞으로 조선국에 변란과 중대한 사건이 생겨 중일 양국이나 혹은 어느 한 나라에서 군사를 파견하려고 하면 우선 서로 공문을 보내어 통지하며, 사건이 안정된 후에는 곧 철거시키고 다시 주둔시키지 못한다"는 규정이 있지만, 이는 군 파견에 대해 규정하는 것이라기보다는 출병 절차에 대한 규정으로 볼 수 있다. 그러므로 두 조약은 합법적 근거가 될 수 없다. 일본군의 침략은 조선 지배 목적의 침략 행위이며, 청국에 대한 전쟁 도발이었다.

인천에 상륙한 일본군 부대가 출전을 위해 전열을 정비하고 있다. 청군이 출동하자 일본도 거류민 보호라는 명목으로 군함과 보병을 인천에 상륙시켰다. (출처 : 가토 기요후미 지음, 안소영 옮김, 『대일본제국 붕괴 -1945년 일본의 패망과 동아시아-』, 바오출판사, 2010)

만일 일본의 파병 목적이 거류민 보호가 진정한 목적이라면 파병의 규모가 그리 클 필요도 없었다. 5-600명 정도의 1개 대대면 족할 듯하다. 그런데 일본 각의는 파병 규모를 혼성 여단으로 결정하였다. 혼성 여단은 보병, 기병, 포병, 병참 등 상이한 여러 병과가 같이 편성된, 연대보다는 크고 사단보다는 작은 규모이다. 그러므로 혼성 여단은 최소한 6,000명 이상으로 이루어졌다. 이는 독립적으로 큰 전투를 수행할 수 있는 조직이다. 당시 청국은 조선에 3,000명 이하의 병력을 파병할 것으로 알려졌다. 일본도 그것을 알고 있었다. 그럼에도 불구하고 이렇게 대규모 군사를 파견한다는 것은 처음부터 목적이 있었던 것이다. 거류민 보호는 명분에 지나지 않았다.

일본은 또 동학 혁명군을 진압하기 위해 그들과 가까운 지역이 아닌 한양과 가까운 제물포, 인천 지역에 집중 도착하였다. 이것은 일본군의 조선 상륙의 의도가 무엇인지를 알려주는 실마리이다. 그것은 일본의 상륙 목적이 동학군 진압이 아니라 다른 정치적 목적이 있었음을 암시한다.

동학 혁명군과 관군의 전주 화약으로 동학 혁명군이 해산되고 전주성도 관군이 다시 접수하자 혁명은 평정되는 모양새를 갖추었다. 그것은 곧 청·일군의 개입 빌미가 사라졌음을 의미한다. 그러자 양력 6월 13일 정부는 청과 일본에게 군대의 조속한 공동 철수를 강하게 요구하고, 다른 나라에게 중재도 요청하였다.

그러나 효과는 없었다. 청나라가 청·일이 동시에 철병하는데 동의하였으나 일본은 철병을 거부하였기 때문이다. 일본은 오히려 청국에게 동학 혁명군의 진압과 조선의 개혁을 청·일이 같이 추진하자고 하였다. 청나라가 조선의 동학 혁명이 이미 끝나가고 개혁은 조선이 스스로 해야 할 문제라며 거부하자, 일본은 일본 혼자 조선을 개혁할 것이라며 군대 철수를 거부했다.

한편 일본의 조선 출병에 예민한 반응을 보이던 러시아도 일본에게 청이 철병할 때는 일본도 병력을 철수하도록 권고하였다. 이 역시 일본이 거부하자 서울 주재 영·미·불 공사가 공동 성명을 통해 청·일 양국이 조선에서 동시 철병할 것을 요구하기도 하였다. 그러나 조선을, 아니 그 이상을 지배할 수 있는 더없이 좋은 기회를 잡은 일본이 순순히 동의할 리가 없었다. 일본은 동학 혁명이 완전히 진압되지 않았다느니, 공관 호위 외에 딴 의도가 없다느니, 조선 영토를 침략하려는 뜻이 없다느니 하면서 철병을 거부하였다. 그러면서 오히려 조선 내정 개혁을 추진하였다.

일본의 내정 개혁안이 제출되자 조선 정부는 6월 11일(양력 7. 13) 내정 개혁을 자주적으로 실천한다는 징표로 개혁 담당 기관인 교정청을 설치하고 이틀 후에는 교정청 당상관 15명도 두었다. 이렇게 개혁을 시작할 준비를 갖추어 놓고, 6월 14일(양력 7. 16) 외무판독 조병직은 일본 측에 개혁을 확실히 단행할 것이므로 일본군이 철수할 것을 요구하였다. 그러나 당연히 철군할 것이라는 생각은 어리석은 것이었다. 일본은 철군을 거부하는 답을 보내왔다. 일본의 조선 지배를 위한 청국과의 전쟁이 점점 가까워지는 듯했다. 사태가 급박해지자 그동안 조선 내정을 일일이 간섭해 오던 원세개는 변복을 하고 6월 18일(양력 7. 20) 서울을 탈출하여 청국으로 돌아갔다.

그리고 일본은 미리 계획한 작전 수행에 들어갔다. 6월 20일 오후 오토리 게이스케 공사는 오시마 요시마사(大島義昌) 제5 혼성 여단장에게 전투를 통한 왕궁 점령, 국왕의 생포, 현 정부의 타도, 대원군 신정부의 수립을 제안했다. 같은 날 오후 오토리 공사는 조선 정부에 2건의 조회를 보냈다. 조선에 주류 중인 청군을 퇴거시키고, 조선과 청국 사이의 조약과 규칙을 폐기하라는 내용이었다.

이틀 후 일본이 받은 대답은 뻔한 것이었다. 조선은 자주적으로 개혁을 실시할 것이니 청일 양국은 조선에서 철병하라는 것이었다. 물론 일본도 조선이 자신들의 요구를 받아들일 것이라고 기대하지는 않았다. 그것은 단지 일본이 청군과의 개전 명분을 찾기 위한 제스처에 지나지 않았다. 그리하여 일본은 이제 사전에 계획했던 바를 행동으로 옮겼다.

6월 21일(양력 7. 23) 오전 2시, 일본이 하는 거대한 음모가 청국에 전달되는 것을 막기 위해 일본군 2개 대대는 한성 전신국의 전선을 절단하였다. 그리고 새벽 4시를 기해 일본은 무력을 앞세워 국왕이 거주하던 경복궁을 침입하였다. 문을 열어젖힌 것은 오전 5시였다. 건춘문과 춘생문 부근에서 몇 차례 총격전이 벌어져 조선병 77명의 사상자가 났고, 총성은 오전 7시 반 무렵 멈추었다. 약 3시간의 충돌 후, 고종이 생포되었다.[2]

일본은 수비병들을 무장해제 시킨 후 고종으로 하여금 새로운 정권을 수립하도록 하였다. 이에 따라 대원군을 섭정으로 하였고, 김홍집을 영의정으로 하는 친일 내각이 만들어졌다. 새 내각은 청나라와의 모든 조약을 파기하고 일본군에 청나라 북양군을 조선에서 몰아내도록 허가하였다. 이후 일본은 흥선대원군을 내세워 군국기무처를 설치하고 조선의 내각을 김홍집, 박정양, 민영달 등 친일 인사로 교체하여 갑오경장을 실시하였다. 이제 일본은 조선의 내정에 단독으로 간여할 수 있는 조건을 갖추었다.

이러한 일본의 발 빠른 움직임에 청나라가 즉각 대응할 수 있는 것은 아무것도 없었다. 청나라가 할 수 있는 것은 조선의 새 정부를 인정

---

2) 하라다 게이이치 지음, 최석완 옮김, 『청일·러일전쟁』, 어문학사, 2012, 95-96쪽.

하지 않는 것뿐이었다. 이로써 양국 간의 분쟁은 더욱 불이 붙었다.

용과 사무라이의 결투

일본과 청나라가 첫 전투를 벌인 것은 해상에서였다. 1894년 6월 23일(양력 7. 25) 아산만에서 일본 함대가 청나라 북양 함대를 기습 공격함으로써 청일 전쟁은 시작되었다. 일본 함대가 풍도 앞바다에서 청국 함대에게 불을 뿜음으로써 용과 사무라이의 결투가 막을 올린 것이다.

1894년 6월 21일(양력 7. 23) 오전 11시, 일본 해군의 연합 함대가 나가사키 현의 사세보佐世保 군항을 속속 출항하여 조선의 군산 앞바다로 향했다. 이틀 후인 6월 23일(양력 7. 25) 오전, 일본 연합 함대는 아산만의 풍도豊島 앞바다에서 청국의 순양함 제원호, 포함 광을호 등, 그리고 이들의 군수 지원을 위해 용선된 영국기를 게양하고 있던 화물선 고승

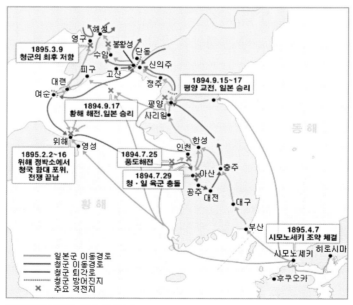

청일 전쟁 상황도. (출처 : 두산백과)

高陞호와 마주쳤다. 포격전을 벌인 끝에 일본 군함 기함 요시노(吉野)·아끼츠시마(秋津島)·나니와(浪速)호가 청의 군함 2척을 격침시켰다.

육지에서의 싸움은 성환에서 먼저 벌어졌다. 오시마 요시마사는 약 4,000명의 일본 여단을 이끌고 한양에서 아산만까지 이동하여 아산과 성환에 주둔한 3,500명의 청나라 군대와 대치하였다. 1894년 6월 26일(양력 7. 28), 양측 군대는 아산 외곽에서 다음날 아침까지 전투를 벌였다. 그리고 일본의 승리로 끝났다. 일본 혼성 여단이 섭사성이 이끄는 주력 부대를 물리친 이 전투에서 청나라는 많은 병력을 잃었다. 청나라는 할 수 없이 공주와 청주를 거쳐 평양으로 후퇴하였다.

초반전에서 짓밟힌 청국은 양력 8월 1일에 일본에 먼저 선전포고를 하였다. 청일 전쟁이 공식적으로 선포된 것이다. 이 며칠간의 전투에서 승리한 일본은 조선과 일본 군대의 진퇴와 그 식량 준비 등의 사항을 위해 반드시 협조하며 편의를 제공한다는 내용 등을 담은 한·일 공수攻守 동맹을 체결하였다.

양력 8월 17일, 일본군은 평양에 집결한 청국군을 습격하여 대승리

1894년 7월 29일의 아산 전투에서 청군을 격파한 오시마 혼성 여단의 개선을 환영하는 행사가 8월 5일 서울 만리창에서 거행되었다. (출처 : http://kr.xinhuanet.com/2014-07/25/c_133510264_5.htm)

를 이끌었다. 청나라 군대는 사망자 2,000명에 부상자가 4,000명에
달했다.

전주 화약 후 해산하여 집강소를 만들고 자치 행정을 펴 나가던 상
황에서 일본이 왕궁을 점령하여 친일 정권을 세우고 군사를 계속 증
강하자 동학 혁명군들은 뭔가 잘못되어가고 있음을 알았다. 그들이
전주성에서 물러난 것은 청일이 이 땅에서 전쟁을 하는 상황을 피하
고, 청·일군이 물러난 조선을 독립·자주 국가로 지키기 위한 것이었

평양 포로 집합. 일본군에게 체포된 청군 포로들. (출처 : http://f48.aaacafe.ne.jp)

평양의 일본군 야전 병원에서 치료를 받고 있는 청군 포로들. (출처 : 가토 기요후미 지음, 안소영 옮김, 『대일본
제국 붕괴 -1945년 일본의 패망과 동아시아-』, 바오출판사, 2010)

다. 그러나 그들이 물러난 대가는 조선이 오히려 일본에게 잡아먹히게 된 상황뿐이었다.

　그러자 동학 혁명군의 봉기가 9월 초부터 다시 시작되었다. 각지에서 동학 혁명군의 새로운 움직임이 포착되었다. 일본 침략자들을 이 땅에서 몰아내야 한다는 생각으로 재봉기하려 하였다.

　이러한 움직임의 선구자는 김개남이었다. 그는 8월 25일(양력 9. 24) 임실에서 남원으로 들어가 바로 재봉기를 준비하였다. 전봉준과 손화중이 남원으로 달려가 준비가 되지 않았으므로 좀 더 기다렸다 봉기하자고 하였으나 보다 급진적이었던 김개남은 뜻을 굽히지 않았다. 전봉준도 음력 8월 말에 재봉기를 결정하고, 9월 초에 태인을 출발하여 금구, 원평을 거쳐 삼례에 도착한 뒤 제2차 동학 혁명 봉기의 대도소를 정하였다. 그리하여 9월 13일(양력 10. 11) 손화중과 최경선을 비롯하여 다수의 동지들과 함께 제2차 동학 농민 혁명의 시작을 의미하

전봉준의 2차 봉기 후 삼례 행진. 동학 혁명군은 일본의 침략 의도가 본격화되자 다시 봉기해 관·일본 연합군에 맞서 싸웠다. 그림은 전봉준이 1894년 9월에 2차 봉기 후, 삼례에서 동학 혁명군을 이끌고 행진하는 모습. 이의주 화백이 상상하여 그린 기록화. (출처:동학 농민 혁명 기념 재단)

는 재기포를 선언하고, 전주·진안·흥덕·무장·고창 등 전라도 53군현에 사람을 보내 동학 혁명군의 재봉기를 선언하며 촉구하는 격문을 돌렸다. 이것이 제2차 농민 전쟁 봉기의 공식적 선언에 해당한다.[3]

동학 혁명군이 2차 봉기를 선언하고 남·북접이 합동하여 공주와 서울을 향하여 진군하기 시작하자, 조선 정부는 10월 18일 일본군 파견을 정식 요청하였다.[4] 청일 전쟁을 한반도에서 도발하여 청국과 전쟁 중인 일본군은 동학 혁명군을 진압·토벌하기 위해 조선 관군을 독려하면서 토벌 작전 계획에 따라 출동하기 시작했다.

그런데 일본은 2차 동학 혁명군 봉기가 함경도 지방까지 파급되어 러시아가 개입할 구실을 만들까 두려워하며, 이를 막고 청일 전쟁에서 승리하기 위해 동학 혁명군의 신속한 조기 진압이 불가피하였다. 이에 일본 공사 이노우에(井上馨)와 이토오(伊藤裕義) 병참감의 요청에 따라 일본 히로시마의 대본영은 야마구치(山口) 현 히코시마(彦島) 수비대인 후비後備[5] 보병 독립 제19 대대를 오로지 동학군 토벌만을 목적으로 파견하였다.[6] 그들은 전라도와 충청도의 동학 혁명군을 토벌할 목적으로 특파된 부대였다.

그러나 일본 토벌군이 이들로만 구성된 것은 아니다. 혁명군 완전 소멸을 목적으로, 경성 수비대(후비 보병 독립 제18 대대)로부터 1중대가 더 첨가되고, 청일 전쟁의 병참 보급로 확보와 병참 조달을 위하여 한반도에 파견되어 병참로에 주둔하고 있던 일본군 수천여 명도 토벌군에 투입되었다. 여기에 해군의 군함 축파호와 조장호, 그리고 육전대

---

3) 신용하, 『동학 농민 혁명 운동의 사회사』, 지식산업사, 2005, 182쪽.
4) 강효숙, "청일 전쟁에 있어 일본군의 동학 농민군 진압", 『열린 정신 인문학 연구』 제46집, 2005, 42쪽.
5) 후비병이란 상비역 7년(만 20세부터의 3년의 상비역과 예비역 4년)을 마친 후, 5년의 병역에 복무하는 병사를 말한다.
6) 동학 혁명 100주년 기념 사업회, 『동학 혁명 100주년 기념 논총』 상, 555쪽.

(해병대) 2개 중대 등도 투입되었다. 그러므로 일본 토벌군만도 3,000명은 족히 되었다.

한편 동학 혁명군 진압에 동원된 조선군은 약 3,000여 명 정도 되었다.[7] 여기에 각 도 감영의 영병螢兵, 지방의 보수 세력이 혁명군의 공격에 대해 조직한 각 지역의 민보군 등이 더해질 수 있다. 그런데 이 조선 관군들은 일본군의 지휘 하에 있었다. 일본군이 토벌군의 중심이었던 것이다.

동학 혁명군의 주력 부대였던 남접 전봉준 부대와 북접 손병희 부대의 2-3만 동학 혁명군들은 1894년 음력 10월 21일부터 공주 점령을 시도하였다. 그런데 당시 일본군은 남하하는 제19 대대의 모든 병력을 공주에 집중시켰고 조선도 관군 약 2천여 명을 공주에 집결시키고 있었다. 동학 혁명군은 11월 초순까지 약 20일 동안 공주를 둘러싸고 이인, 우금치 등지에서 관군 및 일본군과 대공방전을 벌였다.

동학 혁명군이 공주 공방전 이전에 몇몇 전투에서 승리의 기쁨을 맛

공주 우금치 고개. (출처 : <한겨레>)

----
7) 구체적 내용은 『동학란 기록』 하, 639-653쪽 참조.

보기도 하였으나 공주 점령의 정면 요로였던 우금치 전투에서 패하는 바람에 모든 것이 끝났다. 우금치는 공주로 직향할 수 있는 고개로, 일본은 동학 혁명군이 쳐들어올 것을 알고 최신식 무기와 화력을 갖추고 기다리고 있었다. 1894년 음력 11월 9일(양력 12. 5) 오전, 마침내 우금치 산마루에 주둔한 일본군을 향해 전봉준의 동학 혁명군은 공격을 감행하였고, 양측 간에는 수일동안 치열한 전투가 펼쳐졌다. 동학 혁명군이 40-50여 차례의 공격을 시도하였으나 혁명군보다 월등히 좋은 무기를 갖춘 일본군을 상대하기에는 역부족이었다. 일본군의 화력 앞에 산등성이에는 혁명군의 시체만 쌓여갔다. 결국 동학 혁명군은 일본군과 관군에 패하고 치명상을 당하였다. 이제는 오히려 일본군과 관군이 도망치는 동학 혁명군들을 추격하는 꼴이 되었다. 전봉준 부대는 11월 27일(양력 12. 23) 태인 성황산 전투를 마지막으로 하여, 11월 28일 금구에서 해산하였다. 순창 피노리에 피해 있던 전봉준은 음력 12월 2일 밀고로 체포되고 말았다.

2차 봉기 최대 전적지였던 공주 우금치 전투 모습을 이의주 화백이 상상해서 그린 기록화. (출처 : 동학 농민 혁명 기념 재단)

손병희 부대도 음력 11월 11일 공주의 동남쪽 오실梧實 뒷산에서 경리청 경군에게 패전하였다. 손병희 부대는 전봉준 부대와 행동을 내내 같이 하였으며 태인의 성황산 전투까지 함께 치르고, 금구에서 전봉준 부대가 해산하자 전봉준과 헤어졌다. 손병희 부대는 일본군과 관군에게 추격당하면서 북상하여 충청도 보은의 종곡鍾谷에서 음력 12월 18일 일본군과 종곡 전투를 치르고, 충주의 외서촌外西村에서 음력 12월 24일 부대를 해산하였는데, 최시형과 손병희 등 간부들은 잠적하였다.[8]

갑오년의 동학 농민 혁명, 그것은 19세기 전체에 걸친 봉건 체제의 해체와 새로운 사회로의 이행을 담당할 변혁 주체로서의 동학교도를 포함한 농민들의 반봉건 투쟁이었고, 1876년 개항 이후 물밀 듯 밀려오는 세계 자본주의의 '변혁의 강제'라는 새로운 역사 조건 속에서 반봉건 투쟁의 변혁 주체가 떠맡아온 반침략 투쟁이었다.[9]

한편 그동안 청나라와 일본 간의 전쟁은 계속되었다. 평양에서 패한

옛 피노리(순창 금성리). (출처 : <한겨레>)

----

8) 신용하, 『동학 농민 혁명 운동의 사회사』, 지식산업사, 2005, 212-214쪽.
9) 우윤, 『전봉준과 갑오 농민 전쟁』, 창작과비평사, 1993, 233쪽.

청나라 군대는 다시 북부로 압록강을 건너 단둥까지 밀렸고, 일본 육군은 병력을 보충하여 단둥 동쪽 호산의 청국군 주둔 기지를 공격하며 만주까지 진격했다. 이어 랴오둥 반도의 도시들을 점령하고, 뤼순 항을 점령하였다. 이때 '뤼순 대학살'이 자행되었다.

청일의 싸움은 바다에서도 계속되었다. 1894년 9월 17일 평양이 함락된 다음날, 황해에서 청일 양국 함대 간에 해전이 벌어졌다. 대동구大東溝 해전, 압록강 해전이라고도 하는 황해 해전은 철갑함 정원定遠과 진원鎭遠, 방호순양함 치원致遠 등 청나라 북양 함대 소속 전함과 마츠시마(松島), 나니와(浪速), 아키쓰시마(秋津洲), 요시노(吉野) 등 일본 전함 각각 10척 이상이 압록강 하구에서 맞서 싸운 청일 전쟁에서 가장 규모가 큰 해전이었다.

전투가 시작되자 북양 해군은 횡 사다리꼴 진형을 갖추고, 앞쪽 정면에서의 포격과 함께 함수의 수뢰를 계속 발사하면서 접근한 다음, 배를 들이받아 파괴하기 위하여 뱃머리에 장착한 충각衝角을 충돌시켜 상대를 침몰시키는 범선시대의 전법을 사용하였다. 이에 대하여 일본 연합 함대는 세로로 일직선이 되도록 늘어서는 단종진을 갖추고, 고속으로 이동해 가면서 포격전을 통해 함상 등에 타격을 가하여

여순 대학살旅順大屠殺, 旅順虐殺事件, Port Arthur Massacre. 청일 전쟁 중 1894년 11월 21일부터 2-3일간 뤼순을 공략할 때 시내와 근교에서 일본 제2군 1사단이 청나라 패잔병을 소탕하는 과정에서 여순 시민을 학살·약탈·강간 등을 자행한 사건. 이때 학살당한 민간인은 2만여 명에 이른다. (출처 : https://commons.wikimedia.org)

전투 능력을 빼앗는 새로운 전술을 구사하였다.

5시간의 전투가 끝났을 때, 청국 순양함 4척이 포격으로 격침되었고 1척은 전장에서 이탈한 후 좌초되었다. 청군은 군함 12척 중 5척을 잃고 패배하였다. 그 밖에 정원, 진원, 순양함 1척도 대파되었다. 일본은 2척이 대파되고 1척이 손상되었으나 격침된 함정은 없었다. 일본의 평양 함락과 황해 해전 승리는 실로 의외의 결과이자 뜻밖의 승리였다.[10] 이 싸움에서 승리한 일본군은 해상권을 확보할 수 있었다. 남아있던 북양 함대는 근거지인 뤼순항으로 피신하였다. 청국은 순양함 5척이 격침되었지만 아직 장갑차를 탑재한 주력함 정원定遠과 진원을 비롯하여 순양함 정원靖遠, 내원, 평원, 위원 등이 남아 있었다. 이들은 언젠가 황해 해상에서 일본 함대와 다시 전투를 벌일 가능성이 있었다.

그러나 일본이 뤼순항을 점령함으로써 북양 함대는 다시 피신 길에 올랐다. 웨이하이웨이(威海衛) 요새로 피신한 북양 함대는 그러나 1895년 1월 22일 일본의 대공격을 받아 무너졌다. 웨이하이웨이가 점령되자 청군은 항복할 수밖에 없었다.[11]

청일 전쟁의 결과 보다 많은 병력과 신식 무기로 무장한 일본이 일방적으로 승리하였다. 사실 그것은 예상과는 어긋나는 것이었다. 청나라의 패배는 서구 강국들의 청나라에 대한 인식을 크게 바꾸었다. 한 때 중국을 용의 나라라고 여기고 강한 나라라고 보았던 서구 제국주의 국가들은, 이렇게 일본에게 힘없이 무너져가는 중국을 더 이상 두려워하지 않았다. 오히려 군사력이 약하다는 것을 명백하게 들킨 중국은 더욱 제국주의 국가들의 먹잇감이 될 여지가 많았다.

청일 전쟁은 1880년대에 아프리카 분할을 끝낸 구미 열강의 눈을

----
10) 하라다 게이이치 지음, 최석완 옮김, 『청·일, 러·일 전쟁』, 어문학사, 2012, 112-113쪽.
11) 청일 전쟁의 과정을 한눈에 볼 수 있는 그림으로는, 한일공통역사교재 제작팀, 『한국과 일본 그 사이의 역사』, Humanist, 2013, 68쪽을 참조하라

청일 전쟁 당시 양국 군함. (출처 : https://ko.wikipedia.org)

일본

요시노(吉野)

아키츠시마(秋津洲)

나니와(浪速)

마츠시마(松島)

청나라

치원致遠

진원鎭遠

북양 함대의 기함 정원定遠

청일 전쟁에서 승리한 일본. 1894년 9월 29일 영국의 주간지 〈Punch, or The London Charivari〉에 실린 풍자화. 작은 일본이 거대한 청나라에 승리하였음을 풍자하고 있다. (출처 : https://en.wikipedia.org)

청일의 조선 쟁탈전과 어부지리를 노리는 러시아. 일본에 거주하는 프랑스 사람들을 위한 잡지, 〈토바에 (TÔBAÉ)〉(1887년 2월 15일)에 실린 삽화로, 조선이란 물고기를 둘러싼 청나라와 일본의 낚시질에 러시아가 눈여겨보고 있다.(출처 : http://www.exblog.jp/blog_logo.asp?slt=1&imgsrc=201311/04/79/e0040579_1453544.jpg)

아시아 쪽으로 돌리게 하였다. 그 중 하나인 러시아도 청일의 조선 쟁탈전을 눈여겨보고 있었다.

청일 전쟁의 승자 일본의 원한

청나라의 리훙장과 일본의 이토 히로부미는 1895년 4월 17일 시모노세끼 춘범루春帆樓에서 만나 조약을 맺었다. 11개 강화 조약의 중요 내용은 '청국은 조선국이 완전한 자주 독립 국가임을 확인하고 자주 독립을 해치는 조선국의 청국에 대한 공貢, 헌상獻上, 전례典禮 등은 영원히 폐지'하고, '청국은 랴오둥(遼東) 반도, 타이완(臺灣), 펑후(澎湖) 열도를 일본에 할양'하며, '청국은 사스(沙市), 충칭(重慶), 쑤저우(蘇州), 항저우(杭州)를 개방'하는 것 등이다.

조약의 내용이 겉으로 보기에는 조선의 독립 국가임을 천명하는 것이지만 그 본질은 전혀 그렇지 않다. 전쟁의 결과 승전국 일본이 패전국 청국의 전통적 조선 지배권을 합법적으로 부정하여 앞으로 조선에 대한 자신들의 지배를 용이하게 하기 위한 규정에 지나지 않는다. 즉 일본은 이제 청국이 조선을 지배하였던 온갖 장애물을 제거하고 자신들이 조선의 내정에 독점적으로 간섭할 수 있는 명분을 마련하였다.

일본은 시모노세끼 조약을 계기로 청국이 전통적으로 지속시켜왔던 조선에 대한 종주권을 박탈하였다. 조선에 대한 패권이 중국에서 일본으로 넘어간 것이다. 이런 맥락에서 보면 청일 전쟁은 전통적인 중국 중심의 세계 질서를 바꾼 전쟁, 중화사상에 종지부를 찍은 전쟁, 동북아의 중심축을 바꾼 전쟁, 일본을 동북아의 패자로 등장시킨 전쟁이었다.

그러나 일본의 승리는 진정한 승리가 아니었다. 왜냐하면 일본의 급부상, 제국주의 국가로의 발전에 위기를 느낀 서구 제국주의 국가들이 일본 경계 및 그 행동 실천으로 나아갔기 때문이다. 그 전형이 러시아, 프랑스, 독일이 연대한 소위 삼국 간섭이다.

청일 전쟁 후 일본은 청국과 시모노세키 조약을 체결하였다. 그런데 문제가 생겼다. 러시아가 주도하고 프랑스와 독일이 동조하여 시모노세키 조약에 따라 일본이 할양받도록 되어 있던 랴오둥 반도를 청국에 돌려주라고 압력을 넣은 것이다.

삼국 간섭은 러시아의 주도로 이루어졌다. 러시아는 특히 만주지역, 즉 하얼빈, 창춘, 다롄 등을 연결하는 시베리아 철도 부설과 부동항이 있는 남쪽 항구를 획득하는데 관심이 있었다. 그러므로 일본의 부상이 러시아에게는 장애물이자 적대 세력의 등장일 뿐이었다. 당시 히토로포 주일駐日 러시아 공사가 일본의 외무성 차관 하야시 다다스(林董)에게 수교한 각서에는 러시아가 주장하는 간섭 배경이 잘 나타나 있다.[12]

러시아는 프랑스와 독일에게도 일본에 맞설 것을 요청하였다. 이에 대해 제2의 주축인 독일은 극동에서 해군 기지나 자원의 확보도 중요했지만, 유럽에서 러·불의 밀월 관계를 마냥 두고 볼 수만 없어, 이를 약화시키고 나아가 러시아의 주의력을 극동으로 전향시키려는 외교 전략 차원에서 삼국 간섭에 참여하였다.

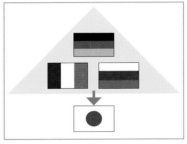

삼국 간섭三国干涉. 일본이 강해지는 것을 두려워한 러시아가 독일과 프랑스와 손을 잡고 일본에 압력을 행사하였다. (출처 : http://www12.plala.or.jp)

----

12) "랴오둥 반도를 일본이 소유하는 것은 단순히 청국의 수도를 위태롭게 할 우려가 있을 뿐만 아니라, 그와 동시에 조선국의 독립까지도 유명무실하게 하는 결과가 되어, 이는 장래 극동의 영구적인 평화에 대한 장애를 주는 것으로 인정하며 … 따라서 러시아 정부는 … 일본 정부에 권고하노니 랴오둥 반도를 확연히 영유하는 것을 포기하기를 바라는 바이다."(http://terms.naver.com/entry.nhn?docId=1109095&cid=40942&category Id=31657) 프랑스·독일 공사의 각서도 이와 유사하였다.

프랑스는 입장이 조금 달랐다. 프랑스는 러시아와 1891년에 이미 조약을 맺고 있었으나 일본과도 우호적이고 긴밀한 관계를 이루고 있었다. 그리하여 프랑스는 마지막 순간까지 망설이다가 러시아의 지속적인 설득에 따라 결국 동조하였다.

삼국 간섭 때 러시아는 영국에게도 간섭에 참가할 것을 호소했다. 그러나 영국은 러시아의 남하 정책에 대한 저항 세력이자 자신들의 우호 세력인 일본과 적대하는 것을 바라지 않았고, 특히 일본이 치명적으로 세력이 약화되어 그로 인한 동양에서의 세력 균형이 파괴되기를 원치 않아 참가를 거부하였다.

일본은 영국·미국 등 간섭에 참가하지 않았던 열국에 호소하여 사태를 회유하려 하였으나 성공하지 못하였다. 그리하여 마침내 랴오둥 반도를 청국에 반환하고, 5월 5일에 이 사실을 3국에 통고하였다. 그리고 11월 8일, 청·일 양국은 반환 조약을 체결하였다.

한편 삼국 간섭은 유럽 열강에도 청국을 분할하는 단서를 열어주었다. 삼국 간섭으로 청나라는 서구 열강에 의해 노골적으로 분열된 것이다. 청일 전쟁 후 중국에서 열강에 의해 진행된 조차租借 경쟁에 탄력을 붙인 것은 1897년에 산동성에서 일어난 선교사 살해 사건이다. 이를 이유로 독일은 자오저우만(膠州灣)을 99년간 조차하기로 1898년 3월에 중·독 조차 조약을 체결하였다. 독일은 산동 지역을 획득하여 지역 내 도로, 채광권을 확보하는 등 산동 지역을 독일 세력권으로 만들었다.

러시아도 이 기회를 틈타 영국 함대의 움직임에 대비한다며 랴오둥 반도의 뤼순을 점령, 자오저우만과 똑같은 조차를 청에 요구하여 1898년에 조차 조약을 맺었다. 이로 인해 러시아는 중국으로 하여금 뤼순, 다롄 등을 25년 동안 조차하는 것과 뤼순에 군항과 요새를 건설하는 것, 외국 무역을 위한 다롄의 개항 그리고 다롄만으로의 동청 철도 지선 부설 등을 인정하게 했다. 러시아는 숙원이었던 부동항을 확보하고 동북 지역을 완전히 러시아 세력권으로 확보하였다.

한편 프랑스는 독일과 러시아를 따라 1899년 광저우만을 조차하였다. 이에 대해 영국은 중국 남부에서의 프랑스 세력 확대에 대응하기 위해 홍콩의 방위 강화를 이유로 1898년 주룽(九龍) 반도와 주변 제도를 조차하였다.

러시아가 부동항을 영유해 남하하자 이를 저지해 온 영국은 청나라로 하여금 건너편의 산둥 반도 웨이하이웨이를 뤼순과 똑같은 기간에 걸쳐 조차하는 것을 인정하게 하며 러시아에 대항하였다.[13]

이러한 일련의 과정에서 일본의 러시아에 대한 감정은 어떤 것이었을까? 전쟁에서 승리하여 기쁨을 만끽해도 모자랄 판에 러시아 등으로부터 랴오둥 반도를 청국에 반환하라는 요구를 받자 일본 국민들은 그야말로 멘붕 상태였다. 커다란 충격을 받았다. 청일 전쟁 후 삼국 간섭은 일본에게 승리의 기쁨보다는 오히려 외교적 굴욕으로 다가왔다.

삼국 간섭을 당하자 일본 사회는 분노와 복수심으로 가득하였다. 청일 전쟁에서 이겨 요동 반도와 대만을 전리품으로 얻었으나

강대국들의 중국 이권 쟁탈전. 1898년 1월 16일 프랑스 신문 〈Le petit Journal〉에 실린 만평. 당시 중국 분할을 풍자했다. (출처 : https://commons.wikimedia.org)

----
13) 야마무로 신이치 지음, 정재정 옮김, 『러일 전쟁의 세기』, 소화, 2010, 87쪽.

삼국 간섭으로 요동 반도를 포기할 수밖에 없었던 일본은 끓어오르는 분통을 속으로 삼킬 수밖에 없었다. 지울 수 없는 원한만 맺혔다. 최초의 본격적인 대외 전쟁의 승리에 들떠 정점까지 올라가 있던 감정의 고조에 삼국 간섭은 일거에 찬물을 끼얹는 격이었으니 그도 그럴만하였다.[14]

이러한 불만은 삼국 간섭을 주도한 러시아로 향했다. 특히 일본이 반환한 뤼순과 다롄을 러시아가 조차하자 그 분노는 보복 심리로 형성되어 국민 전체에게 퍼져 갔다. 일본 사람들은 '와신상담臥薪嘗膽'의 의식으로 하나가 되어 갔다.[15] 그리하여 일본에서는 미약한 국력이 삼국 간섭을 초래했다고 하여 러시아에 대한 복수심을 달성하기 위한 국력 배양을 도모하는 슬로건으로 공유되어 갔다.[16] 한마디로 말해 삼국 간섭과 러시아의 뤼순·다롄 조차 소식은 일본인들로 하여금 러시아에 대한 보복과 복수를 향한 정신 무장의 계기로 작용하였다. 이러한 사회적 분위기는 일본인들의 러시아에 대해 반감, 반러 의식, 원한冤恨을 맺기에 충분했다.

원한, 그것은 쌓이고 쌓이면 천지를 무너뜨릴 수도 있다. 인류 역사를 돌이켜보면 온갖 전쟁을 비롯한 갈등은 크고 작은 원한으로부터 시작된 경우가 많다. 일본 사람들의 러시아에 대한 태도도 마찬가지

----

14) 일본은 삼국 간섭 국가들에 대해 이 한을 뒤에 1905년 러일 전쟁에서 승리, 1914년 제1차 세계 대전에서 대독일 선전포고 보복 조치, 1940년 제2차 세계 대전 당시 인도차이나 반도에서 프랑스가 차지한 식민지역에서 프랑스 세력의 축출 등으로 장기간에 걸쳐 단계적으로 복수로 풀었다. 김주삼, "청일 전쟁과 일본의 삼국 간섭들에 대한 외교 전략 분석", 한국통일전략학회,『통일 전략』Vol. 7 No. 3, 2007, 249쪽.
15) 와신상담이란 중국 춘추시대, 오왕 부차夫差가 월왕 구천勾踐을 토벌하여 아버지의 원수를 갚기 위해 장작 위에서 잠을 자고, 다시 구천이 오를 토벌하여 부끄러움을 설욕하기 위해 쓴 담을 핥아서 복수심을 다졌다고 하는 고사에서, 원한을 갚기 위해 장기간에 걸쳐 고심·고생을 거듭하여 자기를 격려하는 것을 의미한다.
16) 야마무로 신이치 지음, 정제정 옮김,『러일 전쟁의 세기』, 소화, 2010, 108-109쪽.

였다.

삼국 간섭의 결과 동아시아에서 영국의 우위성을 뒤집고 자국의 세력 확장을 지향한다는 의미로 청일 전쟁 이전부터 러시아·프랑스·독일 간에 성립되고 있던 동아시아 삼국 동맹이라고 불리는 일종의 반영국 블록이 좀 더 명확한 형태를 취하게 되었다. 이에 대해 3국에 의한 중국 분할에 일본과 영국이 제휴하여 대항한다는 기운이 생겼고, 그것이 영일 동맹에서 러일 전쟁에 이르는 하나의 저류가 되어 갔다.[17]

청일 전쟁은 아시아에서 각축하고 있던 영국과 러시아 등 제국주의 열강 간의 제국주의적 영토 분할 경쟁을 촉발시킨 전쟁, 동아시아의 국제 체제에 결정적인 구조 변화를 초래한 전쟁, 영국을 비롯한 구미 열강과 러시아의 동북아 진출을 촉발한 전쟁이었다.

동학 혁명은 청일 전쟁의 불씨였다. 작은 혁명은 이 땅을 청일 전쟁 터로 바꾼 실마리였으며, 이 청일 전쟁은 새로운 세계 전쟁을 부르는 불씨였다. 청일 전쟁은 러일 전쟁의 도화선이었다. 전쟁이 전쟁을 부른 것이다.

----
17) 야마무로 신이치 지음, 정제정 옮김, 『러일 전쟁의 세기』, 소화, 2010, 82쪽.

원한冤恨, 얼마나 무서운가?*

원한은 흔히 한자로 怨恨으로 쓴다. 그러나 여기서 원한의 한자는 冤恨이다. '원冤'은 불공평한 일을 당해 마음 깊은 곳에 쌓인 원통함을 나타낸다. 남에게 일방적으로 당해서 억울하고 분통이 터지는 개별적인 정서이다. '한恨'은 인간의 보편적 정서로, 오랜 세월동안 원하는 바를 이루지 못해 가슴 깊이 응어리져 맺힌 마음이다. 원과 한이 합쳐진 '원한'은 억울하고 원통한 일을 당해 가슴 깊이 응어리진 마음을 뜻한다.

이러한 원한 발생의 궁극적 원인은 인간에 있는 것이 아니다.

"선천에는 상극의 이치가 인간 사물을 맡았으므로 모든 인사가 도의道義에 어그러져서 원한이 맺히고 쌓여 삼계에 넘치매 마침내 살기殺氣가 터져 나와 세상에 모든 참혹한 재앙을 일으키나니 … "(4:16:2-3)

이로 보면 원한이 생겨나는 근본 원인은 선천 우주의 상극 질서 때문이다. 상극 기운이 만물을 지배하고 음양이 부조화를 이루는 선천의 환경 에서 인간은 원한을 맺을 수밖에 없다.

이렇게 생긴 원한은 모든 죄악의 씨앗이다. 원한은 인간을 타락시키고 세상을 파괴하는 무서운 힘으로 작용한다. 원한은 인간 생명의 근원인 마음을 병들게 하고 그것을 풀지 못한 인간은 죽어서도 원혼冤魂으로 남는다. 온갖 세상의 참화는 이러한 원혼의 증오와 저주와 보복 때문에 일어난다. 지난 긴 세월동안 축적된 원한은 이제 하늘과 땅에 가득하여 세상을 폭파할 지경에 이르렀다. 에릭 프롬(E. Fromm, 1900-1980)은 '응어리진 원한이 수천 년 동안 인류의 영혼 속에 유전되어 무서운 파괴력으로 잠재되었고, 이것이 성장하여 폭발하게 된다'고 하였다.

----
* 아래 내용은 안경전, 『증산도의 진리』, 상생출판, 2014, 257-260쪽, 341-343쪽을 참조하여 정리한 것이다.

4. 애기판 씨름 단계의 세계 전쟁, 러일 전쟁과 제1차 세계 대전

한반도를 둘러싼 동맹 구도의 형성과 긴장 구조

청일 전쟁 이후 동북아에서는 동북아 국가들 내부의 변화는 물론 청일 전쟁이 가져온 삼국 간섭, 즉 서구 국가들의 동북아 개입으로 동북아에서 강대국들 간에 새로운 갈등 구도가 형성되어 갔다. 이는 동북아라는 공간에서 또 다른 전쟁이 벌어질 가능성이 높음을 말한다.

청일 전쟁에서 승리한 일본은 동북아의 새로운 맹주로 등장하였다. 그러나 반일反日의 입장을 취했던 나라가 완전히 사라진 것은 아니었다. 일본을 견제하며 조선에서 청국의 위상을 대신하는 새로운 국가 러시아가 등장하였기 때문이다. 일본의 경쟁 대상이 청국에서 러시아로 바뀔 뿐이었다. 이제 새로운 전쟁은 아시아 제국주의 국가로 성장한 일본과 유럽 제국주의 강국인 러시아 간에 벌어질 가능성이 가장 높았다.

조선에서 일본과 러시아 간의 갈등을 보자. 갑오개혁의 좌절을 맛본 일본은 조선에서 조차 위상이 추락하자 친러파 살해를 시도하였다. 조선의 명성황후가 러시아의 힘을 빌려 일본 세력을 몰아내려고 하자 위협을 느낀 일본은 1895년 10월 8일(음력 8. 20) 새벽에 일본군 수비대와 낭인, 일본인 교관이 가르치던 조선 훈련대를 명성황후의 침소인 경복궁 건청궁乾淸宮에 잠입시켜 명성황후를 살해하였다.

1895년 10월 8일, 명성 황후가 시해된 건청궁 곤녕합坤寧閤 옥호루玉壺樓. (출처 : 문화재청 경복궁)

이 일을 모의하고 이끈 미우라 공사는 이 사건을 조선 내부의 권력 다툼으로 위장하기 위해 조선 훈련대를 앞세우고, 일본인 가담자들에게도 조선 옷을 입혔다.[1]

명성황후 살해는 오히려 조선 정부를 러시아에 더욱 가깝게 만들고 반일 감정을 높이는 결과를 초래했다. 전쟁 종결 직후 삼국 간섭으로 일본이 힘의 한계를 노출하자 조선 정부는 친러 정책을 폈다. 특히 1896년 2월, 신변에 위협을 느낀 고종이 러시아 공사관에서 1896년 2월부터 약 1년 동안 머문 아관파천俄館播遷을 감행함으로써 조선 내에서 일본의 위상은 크게 약화되었다.

그 사이 러시아는 친러파 정권을 통해 압록강 연안이나 울릉도 등의 삼림 벌채권을 얻는 것을 비롯하여 인천 등에 저탄소를 두는 등 이권을 획득해 갔다. 조선에서 러시아는 아관파천을 계기로 다른 어떤 나라보다 영향력 있는 나라가 되었다. 결국 일본의 한반도 통제의 정치적 목적은 더 멀어져버렸고, 한반도에서 러시아의 영향력이 급속히 증가하여, 러시아가 정치적·경제적으로 이 지역의 새로운 강자로 등장하였다

그런데 일본과 러시아의

1896년 러시아 공사관. (출처 : 한국 문화유산 답사회, 『답사여행의 길잡이 15』-서울, 돌베게, 2004)

----
1) 한일공통역사교재 제작팀, 『한국과 일본 그 사이의 역사』, Humanist, 2013, 74쪽.

대립은 청나라에서도 마찬가지였다. 두 나라 간의 갈등이 결정적으로 고조된 것은 1899년 청나라에서 발생한 의화단 운동[2] 때문이다. 의화단 운동은 반청 비밀 결사의 하나로 무술을 단련하던 이들의 모임인 의화권이 '부청멸양扶淸滅洋'을 내걸고 서구 열강의 침략에 저항하던 반외세 운동, 이른바 반제국주의 투쟁이다. 그들은 1898년 4월, 로마 가톨릭 교회의 선교 활동이 왕성했던 산둥 서남지역에서 봉기하여, 허베이(河北), 허난(河南), 산시(山西), 윈난(雲南) 등 각지로 세를 확대시켜 가며 서양 문명의 상징인 교회에 불을 지르거나 기독교인들을 살해하는가 하면, 철도나 전신을 파괴하며 대규모 폭동을 일으켰다.

의화단은 1900년 6월에 청 정부의 묵인 아래 20만이 넘는 세력을 앞세워 정치 심장부인 베이징과 톈진으로 쳐들어갔다. 그리고 각국 공사관을 포위하기도 하고 일본과 독일의 외교관을 살해하기까지 하였다. 사태가 이러함에도 불구하고 서태후를 비롯한 청나라 정부의 수구파는 오히려 의화단의 배외 운동을 고무하여 열강에 압력을 가하기 위해 별다른 조치를 취하지 않았다. 그들은 의화단을 오히려 의민義民으로 간주하였다.

당시 프랑스 잡지에 실렸던 독일 선원과 의화단의 전투 삽화. (출처 : J. M. 로버츠 지음, 이은경 옮김,『히스토리카 세계사 8 -유럽의 제국들-』, 이끌리오, 2007)

----
2) 청나라에서는 청일 전쟁 후 삼국 간섭으로 외세에 침탈당하여 토지를 빼앗긴 사람들, 새로 들어온 기독교에 대한 반감을 가진 사람들이 늘어나고 있었다. 엎친 데 덮친 격으로 청나라 북부에서는 가뭄과 병충해가 해마다 계속되고, 식량이 부족한 상황까지 겹쳤다. 이에 외세를 배척하고 기독교를 반대하는 운동이 의화단을 중심으로 일어났다.

이에 열강들이 보고만 있지 않았다. 러시아, 일본, 독일, 영국, 미국, 이탈리아, 오스트리아, 프랑스 8개국은 의화단을 진압하고 공관을 지킨다는 명분을 앞세워 연합군을 조직하였다. 사건은 이제 국제 문제로 비화되었다.

의화단이 베이징과 톈진에서 도시를 유린하는 사이에 연합군은 1900년 6월 17일에 톈진의 다구(大沽)를 점령하였다. 그러자 청나라 정부도 가만히 있지 않았다. 청나라는 열강에 선전포고를 하였다. 그러나 그들의 저항은 그리 오래가지 못했다. 연합군은 1900년 7월 14일에 톈진을, 1달 뒤인 8월 13일에는 베이징을 점령하였다.

이렇게 연합군이 베이징을 점령하고 자금성으로 진격하자 서태후와 광서제는 베이징을 탈출하여 서안(西安)으로 향했다. 연합군은 1901년 9월 신축 조약이 체결되기까지 13개월간 주둔하였는데, 그들은 점령자로서 온갖 만행을 저질렀다. 이로써 청나라는 군사 식민 통

1900년 당시 영국, 미국, 러시아, 영국령 인도, 독일, 오스트리아 헝가리, 이탈리아, 일본 8개국 연합군. (출처 : https://commons.wikimedia.org/wiki/File:BoxerTroops.jpg?uselang=ko)

치를 수용하는 반식민 상태로 빠지고 말았다.

의화단으로 인해 혼란해진 청국을 보자 일본은 딴 마음을 드러냈다. 청나라를 잡아먹겠다는 것이다. 당시 일본은 거류민을 보호한다는 미명하에 연합군의 반을 차지하는, 가장 많은 수인 2만 2천여 명을 파병하였다. 이러한 대규모 파병은 일본군이 이후 수십 년 간 중국 땅에서 계속 주둔할 수 있는 계기였다.

그런데 당시 러시아는 일본의 이런 대규모 파병을 반대했다. 왜냐하면 그때까지 만주를 세력 범위로 하고 한국에도 영향력을 행사하고 있던 러시아에게 일본의 만주와 한반도 진출은 러시아의 이해 관계와 상충하는 것이었기 때문이다. 그러나 의화단이 남만주까지 북상하고, 건설 중이었던 동청 철도 지선과 통신 시설을 파괴하자 러시아도 이를 막기 위해 일본의 출병에 동의할 수밖에 없었다.

러시아는 의화단 운동을 빌미로 20만 명의 군사를 만주로 내려 보냈다. 그러나 미처 군사 작전을 펼치기도 전에 상황이 종료되었다. 의화단 운동이 진압되고 만 것이다. 그렇다면 러시아는 자발적으로 철

자금성 안으로 진입한 8개국 연합군. (출처 : https://commons.wikimedia.org/wiki/File:Foreign_armies_in_Beijing_during_Boxer_Rebellion.jpg?uselang=ko)

수하였을까? 아니었다. 러시아는 오히려 1900년 7월 23일 아이훈을, 8월 30일에 치치하르를, 그리고 10월 1일에 이르러 센양을 점령했다. 사실상 만주 전역을 점령하였다. 러시아는 만주에 있는 자신들의 철도를 보호한다는 미명하에 만주에 군대를 주둔시키면서 이 지역에 대한 세력 확장을 도모하였다. 만주는 사실상 러시아에 의해 점령되었다.

러시아의 만주 점령과 주둔은 주변국에 민감한 사항이었다. 특히 만주로 진출을 꿈꾸던 일본에게 러시아가 먼저 진출하고 자리 잡음은 일본의 만주 진출을 가로막는 것이나 다름없었다. 또한 러시아는 한반도에도 손을 뻗을 것이 분명하였다. 이럴 경우 일본은 그야말로 앞마당에 있는 먹잇감마저 러시아에 강탈당하는 꼴이 된다. 그러니 일본에게 이러한 러시아의 행보는 그냥 넘길 수 있는 일이 절대 아니었다. 일본에서는 러시아와 한판 붙어야 한다는 개전론이 들끓기 시작했다. 청일 전쟁 후 꾸준히 군비를 늘리며 전쟁을 준비해온 일본에서는 러시아군의 만주 주둔을 계기로 전쟁 여론이 후끈 달아오르고 있었다.

그러나 일본이 혼자 러시아를 상대로 전쟁을 하는 것은 무모하였다. 그리하여 일본이 취한 것이 영국에 손을 내미는 것이었다. 영국과 일본은 러시아의 남하 정책에 위기를 의식하면서 1902년 1월에 영일 동맹을 맺었다. 영일 동맹에는 영국이 동아시아에서 세력을 확장하려는 러시아를 자신들 대신에 일본을 내세워 견제하려는 의도가 담겨있다. 한마디로 일본이 러시아를 견제하는 총대를 메고 영국은 군사적·경제적 후원을 하는 것이었다. 어떻든 일본으로서는 영국이라는 큰 후원자, 훈수꾼을 확보한 셈이다.

영일 동맹은 유사시 군사적 개입을 명문화했으며 일본이 조선에 대해 특별한 수준의 이해 관계를 갖는다고 하여 일본의 조선 식민지를 사실상 승인했다. 이러한 영일 동맹의 압력으로 러시아는 1902년 4월 단계적인 만주 철군을 약속했지만 일부만 철수하는데 그쳤다. 1903년에 러시아와 일본은 러일 협상을 진행하며 만주와 조선에 대한 권익을 조정하고자 했다. 그러나 일본 국내에서는 전쟁을 불사할 것을 주장하는 강경론이 확산되었다. 러일 협상이 1903년 말 사실상 결렬되자, 양국 간의 갈등은 전쟁으로 치달았다.[3]

사실 영국도 일본이 러시아와 교섭하는 것을 두려워하여 영일 동맹을 서둘렀다. 당시 중국에서 우위를 과시하던 영국은 만주, 나아가 산시성에도 진출해온 러시아에 대응하지 않을 수 없었다. 그리하여 영일 동맹을 맺고, 이에 따라 영국은 청에, 일본은 만주를 포함한 청과 한국에 대해 특수 권익을 가지는 것을 서로 승인하고, 한 나라가 교전할 경우 다른 한 나라는 중립을 지키며 타국의 참전 방지에 힘쓸 것, 또한 제3국에 참전했을 경우에는 조약국은 참전하여 동맹국을 원조

일본을 앞세워 러시아를 견제하려는 영국. (출처 : http:// detail.chiebukuro.yahoo.co.jp/)

일본에서 만든 영일 동맹 기념 엽서. 큰 몸의 영국 신사와 후리소데(振袖)를 입은 작은 소녀가 악수하는 모습은 당시 영·일의 역학 관계를 잘 보여준다. (출처 : 출처:http://www. takahashistamp.com)

----

3) 일본사학회, 『아틀라스 일본사』, 사계절, 2011, 161쪽.

하기로 했다. 결국 영일 동맹은 일본의 만주 진출, 러시아와의 대결을 부추기는 꼴이 되었다.

일본이 이렇게 영국과 손을 잡았다고 해서 러시아가 완전히 물러설 리가 없었다. 러시아는 1902년 3월 프랑스와 공동 선언을 발표하며 영일 동맹 자체는 승인하지만, 청과 한국에서 러시아와 프랑스 양국의 권익을 유지할 것을 강조했다. 이로써 청과 한국의 권익을 둘러싸고 영·일과 러·프라는 두 개의 동맹이 대립하는 긴장관계에 들어갔다.

러시아는 1903년 5월에 이르러 한국과의 국경 지대에 군사 시설을 구축하고 만주에 대한 독점적 지배를 확립하려는 정책을 추진하였다. 그리하여 7월에 동청 철도를 완성하고 8월에는 만주에 극동 총독부까지 설치하였다. 러시아는 더 나아가 대일 방위선의 확보를 위해 한국 국경으로 진출하였다. 또 1903년 4월 이후 압록강 하구의 용암포를 비롯한 몇몇 곳에 삼림 보호를 목적으로 러시아 병사를 진주시키고, 한국 정부에 강요하여 8월에는 조차 조약을 맺었다. 러시아가 여기에 경편 철도輕便鐵道[4]와 포대, 전보국을 설치하여 군사 기지화를 도모하자 일본 외에 영국과 미국이 항의했고, 이에 따라 조차 조약은 파기되었다. 이 용암포 사건으로 인해 러시아에 대한 일본의 불신감은 점점 커져 간다.[5]

결국 의화단 사건은 일본과 러시아 두 나라만이 아니라 세계의 열강들이 동맹을 바탕으로 이전과는 다른 새로운 구도의 전쟁을 벌이는 계기였다. 특히 만주와 한반도를 두고 동서양의 두 제국주의 국가인 일본과 러시아 사이에는 전례 없는 긴장이 높아져 갔고 전운이 감돌

----
4) 기관차와 차량의 크기가 작고 궤도 폭이 좁은 철도를 말한다.
5) 야마무로 신이치 지음, 정재정 옮김, 『러일 전쟁의 세기』, 소화, 2010, 128-133쪽.

았다.

이처럼 20세기 초기는 제국주의 국가들이 패권 다툼을 하며 동양으로 진출하여 동양에서 혈전을 벌이던 때이다. 이러한 시대 상황과 전개를 증산상제는 이렇게 말하였다.

"이제 동양의 형세가 누란累卵과 같이 위급하므로 내가 붙들지 않으면 영원히 서양으로 넘어가게 되리라."(5:4:6)
"동양 기운이 떠내려간다, 빨리 당겨라! 동양이 서양으로 떠밀려 가느니라."(5:377:2)

동양 사회가 서구 제국주의의 지배를 받게 될 수밖에 없는 위급한 상황이라는 것이다. 그리하여 증산상제는 러일 전쟁을 통해 서양 제국주의를 동양에서 몰아내는 공사를 보았다.

유럽과 아시아 간의 첫 근대적 전쟁, 러일 전쟁

증산상제는 서양 제국주의를 물리치기 위해 먼저 동양에서 제국주의 국가로 발돋움하려는 일본을 서구 제국주의 강국인 러시아와 한판 붙게 하였다.

"이제 만일 서양 사람의 세력을 물리치지 않으면 동양은 영원히 서양에 짓밟게 되리라. 그러므로 서양 세력을 물리치고 동양을 붙잡음이 옳으니 이제 일본 사람을 천지의 큰 일꾼으로 내세우리라."(5:50:4-5)
"내가 너의 화액을 끄르기 위하여 일러 전쟁을 붙여 일본을 도와 러시아를 물리치려 하노라."(5:50:6)

러일 전쟁은 그렇게 해서 청사진이 마련되었다.

러일 전쟁은 바둑판 조선을 중심으로 동양의 강국 일본과 서구 제국주의 국가로 동양으로 손을 뻗은 러시아가 붙은 제국주의 전쟁이다. 그것은 결코 두 나라만의 패권 전쟁이 아니었다. 한반도와 만주가 관련된 동북아 패권 전쟁이었으며, 나아가 제1차 세계 대전으로 가는 디딤돌이었다. 그러므로 러일 전쟁은 세계 대전을 방불케 하는 전쟁이었다.

바둑을 두면 언제나 훈수하는 사람이 있듯이 러일 전쟁에도 일본과 러시아에 대해 훈수를 두는 나라들이 있었다. 편 가르기는 동맹으로 자연스럽게 이루어졌다. 러일 전쟁이 시작되기 전 일본은 영국과 러시아는 프랑스와 각각 영일 동맹과 러프 동맹을 맺었다. 이에 따라 애기판 씨름은 영국과 프랑스가 각각 일본과 러시아에 훈수하는 한 편이 되어 일본과 영국 대 러시아와 프랑스의 대결 구도로 시작되었다.

1903년 일본에서 전쟁 광풍이 휘몰아치는 가운데 일본과 러시아는 한국, 중국의 랴오둥 반도, 뤼순항 해군 기지 소유권 등을 두고 계속 물밑 협상을 진행하고 있었다. 일본의 기본 입장은 한국에서 일본의 권익과 만주에서 러시아의 권익을 상호 인정하자는 것이었다. 특히 일본은 한국 내정에 대한 독점적 관여 및 비상시 군대를 파견할 수 있는 권리 보장을 요구하였다. 그러나 러시아가 이에 고분고분 응할 리 없었다. 러시아는 일본이 만주에 관여할 근거나 권리가 없다고 선을 긋고, 또 일본이 한국을 군사적으로 사용하는 것에 대해서도 계속 거부하였다. 한마디로 협상이 깨졌다.[6]

두 나라간 협상이 결렬되자 일본은 1904년 2월 4일 어전 회의에서 개전을 결정하였고, 이틀 후 구리노 신이치로(栗野愼一郎) 주러 공사는

----
6) 러·일 간의 한·만을 두고 벌인 협상과 개전 외교에 대해서는, 최문형, 『국제 관계로 본 러일 전쟁과 일본의 한국 병합』, 지식산업사, 2004, 201-209쪽을 참조하라.

힘의 정치가 생경하게 느껴지는 러일 전쟁 풍자화

당시 일본은 객관적으로 보아 강대국인 러시아의 싸움감이 되지 못했다. 그래서였을까? 한반도를 사이에 두고 두 나라가 붙는 전쟁을 풍자하는 그림이 많다.[1] 100여년 전 약육강식의 제국주의시대에 횡행하던 '힘의 정치'를 신랄한 풍자와 역사의식으로 담아낸 러일 전쟁 풍자화 몇 가지를 보자.

일본을 뒤에서 밀며 러시아와 싸움을 부추기는 영국. (출처 : http://ueshin.blog60.fc2.com)

'백인과 황인'이라는 제목의 1904년 4월에 나온 이 프랑스 삽화는 러시아 승리를 당연시하는 듯하다. 그도 그럴 것이 상대가 가소롭다는 듯이 뒷짐을 지고 내려다보고 있는 몸집이 큰 백인과 키나 몸집이 작은 황색의 난쟁이 간에는 아예 싸움 자체가 되지 않을 수 있기 때문이다. (출처 : http://www.blue7.net/)

----
1) 석화정, 『풍자화로 보는 러일 전쟁』, 지식산업사, 2012를 참조하라.

영국의 부추김으로 러시아와 맞서는 일본을 풍자한 그림. 영국이 멀찍이 떨어져 "네가 뿔을 잡아 당기면 내가 꼬리를 잡을께"라고 외치고 있다. (출처 : 석화정,『풍자화로 보는 러일 전쟁』, 지식산업사, 2007)

'러일 전쟁'이라고 쓰인 이 독일 엽서에서 러시아 곰은 꼬리에 프랑스라고 적힌 작은 모자를 달고 한반도로 팔을 뻗고 있다. 그 앞에는 기모노를 입고 부채로 얼굴을 살짝 가린 일본 여성, 머리에 전함을 이고 일본 편에 선 영국 남성이 이를 막으려는 듯한 모습으로 서 있다. 이는 곧 러일 전쟁이 일본과 영국, 러시아와 프랑스가 각각 손잡은 국가들 간의 전쟁이었음을 풍자적으로 보여준다. (출처 : http://ocw.mit.edu/)

흰색 북극곰 러시아와 노란 기모노를 입은 일본 천황의 결투. 비수를 손에 든 천황이 조선과 만주를 다리에 쓴 곰이 씨름을 하고 있다. 그 주변에는 이들과 각기 상이한 이해 관계를 갖고 동맹을 맺은 프랑스, 영국, 그리고 미국과 독일이 지켜보고 있다. 러일 전쟁은 본질적으로 제국주의 국가들 간의 대결이었다. (출처 : http://ocw.mit.edu)

교섭 중지와 국교 단절을 러시아 정부에 알렸다. 그것은 사실상 선전 포고나 다름없었다. 러시아와 군사적 대결이라는 비장한 카드를 준비한 일본은 끝내 전쟁을 통해 만주와 요동 반도를 점령한 러시아군을 물리치고, 나아가 조선에서 러시아를 몰아내 조선을 독점적으로 지배하려 하였다.

그런데 사실상 전년 말부터 개전을 준비해 오던 일본은 이날 청국 주재 일본 영사관에서 보낸 특별한 정보를 받았다. 뤼순항에 정박 중인 수십 척의 태평양 함대가 뤼순항을 떠나 서해상으로 출동하였다는 것이다. 전쟁이 시작되면 기습 공격을 통해 전쟁을 조기에 끝낸다는 계획을 세워두고 있던 일본은, 러시아 함대의 이런 움직임을 일본에 대한 선제 공격으로 보았다. 그리하여 다음날 도고 헤이하치로(東鄕平八郞) 제독의 주재아래 긴급 작전 회의를 열었다. 그리고 뤼순과 제물포에 정박하고 있는 러시아 함대를 기습적으로 쳐부수기로 하였다.

2월 6일 일본 연합 함대는 사세보(佐世保)를 출항하였다. 이 가운데 제물포항에 있는 러시아 함정의 처리와 육군의 인천 상륙 명령을 받

러일 전쟁 제물포 해전 때 러시아 함대. 1904년 2월 제물포 앞바다의 방호순양함 '바략(Variag)'(왼쪽)과 '코리에츠(Korietz)'(오른쪽). 바략과 코리에츠는 제물포 해전에서 일본 해군의 아사마, 치요다 등과 교전하다 손상을 입고 폭파 자침하였다. (출처 : http://international.loc.gov/cgi-bin/query/r?intldl/mtfront:@OR(@field(NUMBER+@band(mtfms+m1088)

은 제4 전대가 2월 8일 제물포 앞바다에 도착하였다. 당시 제물포 앞
바다에는 러시아를 비롯하여 일본, 영국, 프랑스, 이탈리아, 미국 등
여러 나라들이 자국 거류민과 공관원 보호를 핑계로 군함을 정박시키
고 있었다. 러시아도 동청 철도 소속 여객선 순가리호를 비롯하여 군
함 바략(Variag)과 코리에츠(Korietz)를 정박시키고 있었다.

2월 8일 오후에 인천에 도착한 일본 함대는 러시아 군함을 기습적
으로 공격하였고, 저녁에는 육군 2,200명을 제물포항에 상륙시켰다.
그리고 러시아 함정을 격파하기 위해 다음날 정오까지 제물포항을 떠
날 것을 요구하였다.

다음날인 2월 9일 정오가 조금 넘어 러시아 함대가 출항하자 전투

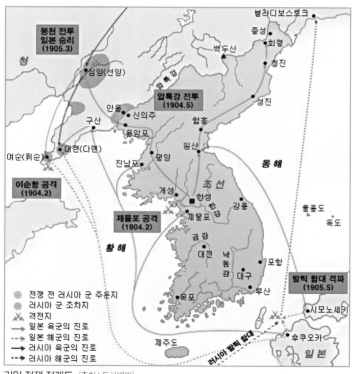

러일 전쟁 전개도. (출처 : 두산백과)

가 벌어졌다. 그러나 2척의 러시아 함대가 일본 함대를 이기기는 불가능하였다. 끝까지 저항하며 항복을 거부하던 두 러시아 함대는 탈출이 불가능해지자 각각 자침하고, 비무장 순가리호는 불태워졌다.

러일 전쟁의 전초전인 제물포 해전과 더불어 일본은 뤼순항 봉쇄 작전도 펼쳤다. 러시아는 1898년에 청으로부터 뤼순항을 조차한 후 이곳을 러시아 태평양 함대의 동계 정박지로 정하고, 여기에 군항 사령부와 정비 시설 등을 마련하여 요새화하였다.

일본은 러일 전쟁의 승패가 이 뤼순 함대의 격멸 또는 봉쇄에 달려 있다고 보고 뤼순항 봉쇄에 나섰다. 2월 8일 저녁 뤼순항 외해에 도착한 일본 연합 함대는 뤼순항을 야습하였다. 2월 8일 제물포와 뤼순의 동시다발 기습 공격과 다음날까지 치른 해상 전투를 통해 기세를 올린 일본은, 2월 10일 러시아에 선전포고를 하였다.

일본 연합 함대의 뤼순항 공격은 주간 포격, 항구 폐색閉塞, 기뢰에 의한 봉쇄, 함대 봉쇄로 이어졌으나 러시아 함대에 큰 피해를 주지는

1904년의 뤼순(여순) 항 전경. 당시는 Port Arthur라 불렸다. (출처 : https://commons.wikimedia.org/wiki/Category:Siege_of_Port_Arthur)

못했다. 수개월동안 봉쇄되었던 러시아 함대는 8월이 되어서야 본격적으로 싸우려고 나섰다. 그 결과 발생한 전투가 황해 해전이다.

일본 육군은 4군 편제로 러시아와 싸울 작전을 폈다. 제1군은 3개 사단으로 구성하여 조선에서 압록강을 건너 주전장 예정지인 만주의 랴오양(遼陽)으로 향할 계획이었다.

일본은 1904년 2월 23일에 한일 의정서를 체결하고 일본군의 군사 행동에 필요한 편의 제공을 인정받았다. 그리고 북상하여 5월에는 압록강에서, 7월에는 모텐링(摩天岭)에서 러시아군을 격파하고 랴오양으로 향했다. 제2군 역시 3개 사단으로 구성하여, 만주 지역에서 랴오양으로 향할 계획이었다. 제2군은 5월에 랴오둥 반도에 상륙, 난산(南山) 격전을 거쳐 6월에 데리사(得利寺), 7월에 다스차오(大石橋)에서 승리하였다.

한편 제3군은 뤼순을 공략한 뒤 랴오양으로 향하고, 6월 30일 2개 사단과 1개 여단으로 편성된 제4군은 랴오양으로 바로 향할 계획이었

압록강을 건너기 위해 평양 부근을 거쳐 의주로 행군하고 있는 일본군 부대. (출처 : 가토 기요후미 지음, 안소영 옮김, 『대일본제국 붕괴 -1945년 일본의 패망과 동아시아-』, 바오출판사, 2010)

다.

각각의 공략 작전을 거쳐 랴오양에 집결할 즈음인 6월 20일, 만주군 총사령부가 편성되어 전장에 도착하였다. 개전한지 반년이 지난 후 랴오양의 전장에는 제3군을 제외한 모든 군이 도착하였다. 그들은 5월초 압록강을 건너 구연성과 봉황성을 함락시킨 다음에 랴오양으로 향하였다. 여기에서 8월 28일부터 일본군과 러시아군 사이에 대 격전이 벌어졌는데, 9월 4일 일본군은 지상 전투에서 승리하고 랴오양을 점령하였다. 일본군 13만, 러시아군 22만 명이 격돌한 전투에서 일본군 사상자 2만 3,500명, 러시아군 사상자 2만 명이 났다.[7]

5월 편성이 결정된 제3군은 해군의 요청에 따라 발틱 함대가 도착하기 이전에 뤼순 요새를 탈취하고 항내의 러시아 함대를 괴멸하는 작전을 폈다. 일본의 뤼순항에 대한 공격은 해군과 육군의 합동 작전으로 진행되었다.

1904년 8월 10일 오전, 오랫동안 뤼순항에 발이 묶여있던 러시아 함대의 뤼순항 탈출이 시작되었다. 순양함 1척과 구축함 8척이 먼저

1904년 뤼순항에서 일본의 함대가 러시아와 교전하고 있다. (출처 : J. M. 로버츠 지음, 이은경 옮김, 『히스토리카 세계사 8 -유럽의 제국들-』, 이끌리오, 2007)

7) 하라다 게이이치 지음, 최석완 옮김, 『청·일, 러·일 전쟁』, 어문학사, 2012, 268쪽; 야마무로 신이치 지음, 정재정 옮김, 『러일 전쟁의 세기』, 소화, 2010, 149-151쪽.

출항하고 이어 전함 6척과 순양함 3척이 출항하였다. 그러나 그것은 성공적이지 못했다. 일본 연합 함대 도고 사령관이 예하 전함을 집결시켜 탈출하는 러시아 함대를 뒤쫓았기 때문이다. 뤼순 함대는 무장 해제를 당하거나 뤼순항으로 돌아올 수밖에 없었다. 이런 뤼순항에 돌아온 함대를 일본 육군이 직접 공격하자면 주변의 고지를 점령하는 것이 중요하였다. 그리하여 일본 육군의 제3군은 5개월 이상에 걸친 공방전 끝에 12월 초에 203고지를 비롯하여 뤼순항 주위의 대부분 고지를 점령하였다.

일본은 이곳에서 항내의 러시아 함정에 대하여 지대함 포격을 시작하였다. 12월 9일이 되자 뤼순 함대는 항내에서 차례로 격침되거나 자침하여 전멸되었다. 제3군 70퍼센트에 가까운 약 6만 명의 사상자 발생이라는 대가를 치른 제3군은 1905년 1월에 뤼순을 점령하였다.

그러나 이것이 러시아군의 완전한 격멸을 의미하지는 않는다. 10월부터는 러시아군의 반격이 있었다. 일본은 사허(沙河)에서 싸워 격퇴하였다. 3월에는 펑톈(奉川)에서 일본군 25만과 러시아군 32만이 전투

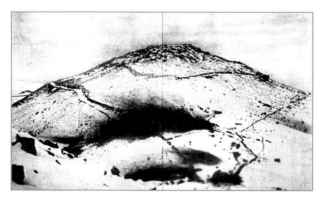

203 고지. 중국 랴오닝 성 다롄 시, 뤼순커우 구에 있는 언덕이다. 러일 전쟁 당시, 1904년-1905년의 여순항 포위 때 가장 격렬한 전투가 벌어졌다. 해발 고도가 203미터이기 때문에 이런 이름이 붙었다. 중국 현지에는 이링산쯔콧山이라고 부르는데, 이는 '영혼이 드러눕는 산'이라는 뜻이다. (출처 : https://commons.wikimedia.org/wiki/File:203_Meter_Hill.jpg?uselang=ko)

뤼순 요새 공격을 준비 중인 일본 보병.(출처:https://commons.wikimedia.org/wiki/File:Port_Arthur_artillery.jpg)

러일 전쟁 때 뤼순 요새로 11인치 포를 발사하고 있는 일본 포병. (출처 : https://commons.wikimedia.org/wiki/File:Port_Arthur_artillery.jpg)

일본군의 공격을 받고 있는 뤼순항 내의 러시아 군함과 불타는 유류고.(출처 : https://commons.wikimedia.org/wiki/Category:Siege_of_Port_Arthur)

봉천 전투. (출처 : https://commons.wikimedia.org/wiki/File:Taburin BattleofMukden.jpg?uselang=ko)

를 벌였다.

러일 전쟁 최대의 이 전투에서 엄청난 희생을 치른 끝에 3월 10일 일본이 봉천을 장악함으로써 일본의 승리로 끝났다.

일본 해군의 초기 승리와 육군의 이러한 승리에도 불구하고 일본이 만주에서 러시아를 완전히 몰아낼 수는 없었다. 전쟁은 지루한 장기 전 양상으로 빠지고 있었다. 러일 전쟁 자체를 종식시킨 것은 이후 벌어진 해전이었다. 러시아와 일본의 운명을 결정한 것은 이후 벌어진 육지가 아닌 해상 전투였다. 바로 쓰시마(對馬島) 해전, 동해 해전이다.

러일 전쟁의 승패를 결정한 신神 바람, 동남풍

태평양 함대 기지인 뤼순항이 함락되기 수개월 전, 러시아는 동북아 해상 전투에서 불리한 전세를 뒤집기 위해 당시 세계 최강의 함대로 알려진 발틱 함대를 이곳에 투입하기로 하였다. 발틱 함대의 전력이 당시 세계에서 가장 강하였으므로, 러시아는 이 발틱 함대의 투입이 곧 러시아에게 당연한 승리를 가져올 것으로 보았다. 그러나 세상사가 어디 그리 마음대로 되겠는가.[8]

1904년 10월 초순, 지노비 로제스트벤스키(Zinovy Petrovich Rozhestvensky, 1848-1909) 제독을 사령관으로 하고 제2 태평양 함대라는 이름으로 북대서양 발틱해의 리바우(Libau)를 출발한 발틱 함대가 뤼순항으로 가는 약 3만킬로미터, 18,000마일의 앞길은 그야말로 험난하였다.

----

8) 아래의 쓰시마 해전은 조덕현, 『전쟁사 속의 해전』, 해군 사관학교, 2011; 이에인 딕키 외 저, 한창호 역, 『해전의 모든 것』, 휴먼 북스, 2010 ; 조지프 커민스 지음, 채인택 옮김, 『별난 전쟁, 특별한 작전』, 플래닛미디어, 2009; 로스뚜노프 외 전사 연구소 편, 김종헌 옮김, 『러일 전쟁사』, 건국대학교 출판부, 2009; 콘스탄틴 플레샤코프 지음, 표완수 외 역, 『짜르의 마지막 함대』, 중심, 2003; 이정수, 『대해전』, 정음사, 1986을 참조·정리하였다.

러시아 발트 함대 사령관이었던 지노비 로제스트벤스키(Zinovi Petrovich Rozhestvenski) 소장. (출처 : https://commons.wikimedia.org/wiki/File:Zinovi_Petrovich_Rozhestvenski.jpg?uselang=ko)

가장 먼저 문제가 된 것은 이동 경로이다. 북대서양에서 동아시아로 가는 빠른 항로는 수에즈 운하를 통과하는 길이었다. 그러나 일본과 영일 동맹을 맺은 영국이 수에즈 운하를 수리중이라며 대형 함대들의 수에즈 운하 통과를 거부하였다. 발틱 함대는 선택의 여지가 없었다. 동북아로 가는 길은 아프리카 남단 희망봉으로 내려간 다음 마다가스카르(Madagascar)를 지나 인도양을 가로질러 태평양으로 들어가는 외길 밖에 없었다. 자연히 항로는 크게 늘었고 시간도 훨씬 많이 걸리는 길이었다. 그것은 그야말로 소모적인 항해였다.

더욱 기막힌 일은 약 3개월 후인 1905년 1월 초순, 희망봉을 지나 동아프리카 마다가스카르 섬을 지날 무렵 발틱 함대는 그들의 목적지인 뤼순항이 함락되었다는 소식을 접하였다. 발틱 함대에게 이 소식은 그들의 출정 목적이 사라졌음을 말한다. 이제 할 것이 없어진 발틱 함대는 안전하게 러시아 항구인 블라디보스톡으로 돌아가는 것을 목표로 삼았다.

발틱 함대가 아프리카 동해안, 인도, 말레이시아, 싱가포르를 거쳐 수개월의 항해를 마치고, 이제 블라디보스톡으로 향하기 위한 마지막 노선은 세 가지 항로가 있었다. 대한 해협(쓰시마 해협), 쓰가루(津輕) 해협, 라페루즈(소야(宗谷)) 해협을 통과하는 항로 중 발틱 함대가 선택한 것은 대한 해협을 가로지르는 길이었다.

가장 짧은 지름길임은 물론 부족한 연료 문제를 생각하면 이 항로가 최선책이었다. 그러나 위험도 도사리고 있었다. 일본과 가깝고 그 어디엔가 일본 함대가 분명히 기다리고 있을 확률이 높았기 때문이다. 그럼에도 불구하고 발틱 함대는 정면 돌파를 선택하였다. 대한 해협을 가로질러 블라디보스톡으로 가기로 한 것이다. 믿건 말건, 당시 일본의 아끼야마 중장은 세 번이나 꿈에 발틱 함대가 대한 해협을 통과하는 모습을 보았다고 한다.

일본의 도고 헤이하치로(東鄕平八郞) 제독은 뤼순항이 함락되었으므로 발틱 함대가 극동의 유일한 러시아 항구인 블라디보스톡으로 갈 것이라고 판단하고 뱃길을 순찰하고 경계하며 만반의 전투 준비를 하고 있었다. 도고는 발틱 함대의 수를 읽고 있었던 것이다.

이때까지 마산만 앞에 진을 치고 기다리던 일본 연합 함대는 발틱 함대가 극동 지방에 접근하고 있을 것이라는 짐작은 하였지만, 도대체 어느 항로를 따라 블라디보스톡으로 향할지 감을 잡을 수 없었다. 하루, 이틀…. 조금 더 기다렸다가 대한 해협에 나타날 기미가 없으면 일본 함대는 방어 기지를 다른 곳으로 옮길 계획이었다.

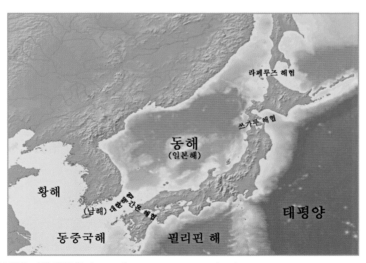

일본의 선택, 대한 해협. (출처 : https://commons.wikimedia.org/wiki/File:Sea_of_Japan_East_Sea_ko.png?uselang=ko)

5월 26일 늦은 밤, 발틱 함대는 속력을 낮추고 무선도 끊은 채 소리 없이 블라디보스톡 향하여 북상을 계속하여 조심조심 대한 해협에 진입하였다. 탐조등과 불을 끄게 한 것은 말할 필요도 없다. 자신들의 접근을 숨기기 위해 일정 구역에서는 연무도 사용했지만 때마침 부는 동남풍으로 인해 효과는 없었다. 그러나 이때까지만 해도 일본에 발각되지 않았으니 발틱 함대의 대한 해협 통과는 성공적인 듯했다.

그러나 이게 무슨 조화일까? 5월 27일 새벽(4시 45분), 일본 정찰선 시나노마루(信濃丸)가 발틱 함대 병원선 오룔(Орёл)호에서 새어 나오는 불빛을 밤바다에서 포착하였다. 이로써 발틱 함대의 위치가 일본에 노출되었다. 이 정보는 곧 도고에게 보고되었다. 다른 순양함은 이 병원선을 미행하여 그 해상 위치를 시시각각 보고했다.

일본 주력 함대는 러시아 함대의 북상을 막기 위해 쓰시마 섬 북쪽으로 즉각 출동하였다. 그리고 마침내 도고 제독은 그의 전함 미까사(三笠)에서 망원경으로 발틱 함대의 마스트(mast) 무리를 잡았다. 이때가 오후 1시 45분 무렵이었다.

쓰시마 해협으로 진입한 발틱 함대는 총 38척이었다. 발틱 함대는 3개 종열진, 즉 복종열진 형태로 북북동으로 항진하고 있었다. 중앙 최전방에 로제스트벤스키가 직접 지휘하는 전함 크냐츠 스보로프(Knyaz Suvorov)를 비롯한 전함들로 이루어진 제1전대가 단종열진을 이루고, 그 좌측에 약간 떨어져서 제2전대와 제3전대가 역시 종열진을 이루었다.

로제스트벤스키의 오른쪽으로는 순양함을 앞세운 구축함 전대 및 보조함 선대가 일렬로 늘어서서 따르고 있었다. 이렇게 러시아 함대가 두 개의 종열을 이루고 달리는 것은 매우 위험한 대형이었다.

도고는 발틱 함대에 대하여 역방향인 남서 침로를 취했을 때 신호를

일본 전함 미카사(三笠). 쓰시마 해전의 함대 사령관 도고 헤이하치로(東鄕 平八郞)의 기함. 영국 비커스(Vickers)사가 건조(1900년)한 일본 함대의 총기함 미카사. 함포 50문, 배수량 15,352톤. (출처 : http://www.futurekorea.co.kr)

이 전함은 복원되어 지금도 미카사 공원에 도고 제독의 동상과 함께 보존되고 있다. (출처 : http://forum.worldofwarships.com/index.php?/topic/1220-battle-of-tsushima/)

러시아 발틱 함대 로제스트벤스키 제독의 기함이었던 전함 '크냐츠 스보로프Knyaz Suvorov(Князь Суворов)'. (출처 : https://en.wikipedia.org/wiki/Russian_battleship_Knyaz_Suvorov)

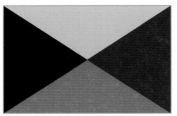

Z기. 이 깃발은 '황국의 흥망이 자네들에게 달려있다. 각자 최선을 다하라'는 뜻을 담고 있어, 함대 결전을 알린다. (출처 : https://commons.wikimedia.org/wiki/File:Zulu_flag.svg?uselang=ko)

보냈다. 기함 미까사의 마스트에 네 가지 색깔을 담은 신호 깃발이 게양되어 강한 바람에 나부꼈다. '제국의 운명이 이 해전에 달렸다. 전원 마지막 힘을 다하라'는 뜻을 담은 'Z'자 기 신호였다.

쓰시마 해전에서 이틀 동안 두 나라 함대는 여러 번 격전을 치렀지만, 그 백미는 도고가 당시 어느 누구도 예상하지 못했던 T자형 전술을 쓴 첫날의 전투이다. 당시 러시아 함대가 복종열을 이루고 북동으로 향하고 있었고 이에 대응하여 일본 함대도 3개의 전대를 이루고 남서를 향하고 있었다. 두 편의 함대는 정면으로 서로를 향해 있었다. 만일 이 방향이 고수되면 두 편은 정면 대결이 불가피하고, 잘못하면 일본 함대가 러시아 함대 사이에 갇혀 양쪽에서 일제 포격을 당할 위험에 처할 게 뻔했다. 그리고 만일 전함들을 동쪽으로 움직인다면 러시아 함대는 쉽사리 도고 함대의 오른쪽으로 빠진 뒤 북쪽을 향해 그들의 은신처가 될 블라디보스톡 항으로 도주할 수 있는 상황이었다.

이런 상황에서 대부분의 지휘관들은 아마도 배를 돌려 일본 전함들을 북쪽으로 러시아 함대와 평행이 되게 배치했을 것이다. 그러나 도고는 달랐다. 그는 자신도 모르게 불과 몇 분 만에 파격적인 결정을 하였다. 그리고 행동에 들어갔다.

오후 2시 약간 지나 두 함대들 간 거리가 가까워지고, 얼마 안 가서 구경 12인치 주포의 유효 사정권까지 줄어든 순간이었다. 남서로 항진하던 도고는 갑자기 전함을 러시아 함대 앞에서 좌현으로 회전하게 하였다. 미까사가 둥근 항적을 남기며 유턴하자 다른 함대들도 뒤를 따랐다.

얼마 후 T자형 대열이 이루어졌다. 접근하는 러시아 함대가 T자의 세로선을 이루고, 일본 함대가 T자 위쪽 가로선을 이룬 전투 대형이 갖추어졌다.

이 전술은 T자의 수평선을 이루며 전진하는 일본 함대에게 절대적으로 유리하였다. 왜냐하면 일본 함대는 종렬진으로 항진하는 러시아 함대의 앞을 가로막아 뱃전으로 바라보면서, 함대의 앞뒤에 있는 주포를 모두 사용하여 공격할 수 있기 때문이다.

반면에 T자의 수직선을 이루고 전진하는 러시아 함대는 절대 불리하다. 러시아 함대는 전방 쪽으로 탑재된 대포만 사용할 수 있고, 그것도 맨 앞쪽에 있는 함선들만 적을 향해 포를 제대로 사용하지 뒤를 따르는 함선들은 앞에 있는 아군 함선 때문에 제대로 포를 사용하기 어렵기 때문이다. T자형으로 적을 가로막으면 수평선을 차지한 쪽이 불과 수 분만에 수직선을 이룬 함대들을 파괴할 가능성이 그만큼 높은 것이다.

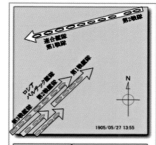
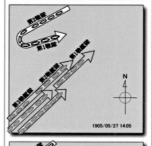

그러나 이 대형을 취하자면 많은 위험도 감수해야한다. 일본 함대들이 U-Turn

쓰시마 해전 당시의 T 전법(Crossing the T). 서양에는 '도고 턴(TURN)'으로 알려진 이 전법은 종대로 진행하는 적 함대 앞을 아군이 횡대로 가로막아 선두에 있는 적함에게 일제 사격하는 전법이다. 이렇게 되면 적함은 선두부터 차례로 피격당할 수밖에 없다. 종대로 늘어서서 마주보며 포격전을 벌이는 종전의 전술을 폐기시킨 혁명적 전술이다. (출처 : http://forum.worldofwarships.com/index.php?/topic/1220-battle-of-tsushima/)

등 방향을 바꾸기 위해서는 특정 지점에 머무는 시간이 필요하다. 이 것은 러시아 함포의 좋은 표적이 될 수 있었다. 일본 함대가 러시아 함 대의 뱃머리라는 좁은 목표만을 겨냥할 수밖에 없는 상황에서 러시아 함대는 회전하는 일본 함선들의 측면에 포격을 가할 수 있기 때문에 매우 위험하였다. 또 일본 함대들이 U-Turn 후 완전한 하나의 대형을 갖추기까지는 시간이 필요하고 이때까지는 러시아 함대에 효과적인 포격을 가하지 못한다는 단점도 있다. 그럼에도 불구하고 도고는 이 전술을 폈다. 일본 함대는 낡고 무거운 러시아 함대에 비해 상대적으 로 기동력이 빨랐기 때문이다.

이를 그저 바라보기만 하던 러시아 함대는 일본 함대와 가까워지자 포문을 열었다. 이로부터 두 나라 함대 간에 포격전이 이루어졌다. 그 러나 어찌된 일인지 러시아 함대에서 쏘는 포탄은 거의 빗나갔다. 도 고 제독이 탔던 기함 미까사에도 러시아 함대가 쏜 포탄이 날라 왔지 만 그 피해도 가벼웠다. 발틱 함대는 일본 함대보다 수적으로 우세하 였지만 일본의 전술에 속수무책이었고, 반격을 하였으나 때마침 불어 오는 강한 동남풍으로 인해 전세를 뒤집기는 어려웠다.

일본인들은 당시의 천우신조와 같은 이 동남풍을 '가미가제(神風)'라 부른다. 당시 도고 제독의 참모로 해전에 참여했던 아끼야마(秋山) 중 장은 발틱 함대가 해상에서 항진하는 모습을 영몽靈夢으로 두 번이나 자세히 계시받아 전쟁을 승리로 이끌 수 있었다고 고백하였다.[9]

함대 간의 쫓고 쫓기는 전투가 이어지자 판세가 서서히 드러났다. 러시아 함대들이 맹포격을 받았다. 일본 함대는 강했고 러시아 함대 는 일본의 공격에 견디지 못했다. 러시아 함대는 치명상을 입었다. 로 제스트벤스키 사령관은 중상을 입었고, 러시아 주력함들이 승조원들

---

9) 안경전, 『증산도의 진리』, 대원출판, 2002, 286쪽.

과 함께 하나 둘 침몰해 갔다.

잠시 소강 상태를 보이던 교전은 저녁 무렵인 오후 6시계 다시 시작되었다. 그러나 발 빠른 일본 함대의 추적과 공격에 러시아 함대는 속수무책이었다. 살아남은 러시아 함대들도 밤사이에 거의 모두 침몰되었다. 남은 것이라곤 오룔호와 노후한 전함 2척 뿐이었다. 그러자 결국 5월 28일 오후 러시아 함대는 백기를 들었다. 항복한 것이다. 유럽의 강대국 러시아와 동북아의 떠오르던 새로운 제국주의 국가 일본이한반도 주변에서 벌인 해상 전투는 이렇게 일본의 승리로 끝났다.

처절한 30여 시간의 격전으로 쓰시마 해협으로 진입한 38척의 러시아 함대 가운데 19척이 격침되고 7척은 항복하고 블라디보스톡으로 탈출한 것은 순양함 1척과 구축함 2척, 보조선 1척 뿐이었다. 순양함 3척은 후방에 있다가 필리핀 쪽으로 도주하였고, 기타 보조 선박 몇척은 상하이 등으로 달아났다.

이 전투에서 발틱 함대의 장병 5,000이 전사하고, 500명이 부상을, 그리고 로제스트벤스키를 포함한 6,100여명이 포로가 되었다. 이에 반해 일본 연합 함대는 비록 손상을 입기는 했으나 격침된 것은 어뢰정 3척뿐이었고, 전사 116명, 부상 570명을 내는데 불과했다. 이날의 전투가 얼마나 감격적이었는지 그 감격을 되살리기 위해 일본은 5월 27일을 해군 기념일로 정했다.

일본이 유럽의 초강대국 러시아를 물리칠 수 있었던 것은 기적이었다. 일본의 승리를 점치는 사람은 없었다. 일본의 승리 배경에는 알 수 없는 힘이 작용하였다.

"일러 전쟁을 붙여 일본을 도와 러시아를 물리치려 하노라(5:50:6)"
"이제 49일 동남풍을 빌어 와야 하리라. 이 동남풍으로 밀려드는 서양의 기세를 물리쳐야 동양을 구할 수 있으리라."하시고 49일 동남풍 공사를 행하시니라."(5:53:3-4)

당시 대본영에 보낸 전문에 의하면 당시 쓰시마 날씨는 바람이 강하고 파도가 높았다[10]고 한다. 이는 어느 한 편에는 날씨가 불리할 수 있음을 말한다. 당시 두 나라 함대의 배치 구도로 보면 발틱 함대가 역풍때문에 매우 불리한 상황에 있었다. 포나 총을 쏘아도 명중률이 낮을 수밖에 없는 조건이었다. 일본은 동남풍이 매서운 북서풍을 몰아내듯 한반도의 북서쪽에서 내려오는 러시아를 물리치기에 유리했다. 이것은 바로 신의 도움이었다. 바로 전주 남고산 만경대에서 증산상제가 본 동남풍 공사에 따른 것이었다.[11]

일본이 발틱 함대를 무너뜨리고 승리하였다는 소식이 타전되자 세계는 발칵 뒤집어졌다. 그것은 곧 러일 전쟁에서 일본의 승리를 의미하였기 때문이다. 누구도 일본의 승리를 예상하지 못했기 때문이다.

그런데 이·신·사 세계관의 맥락에서 보면 이러한 일본의 승리는 우연적인 것이 아니다.

"조선을 서양으로 넘기면 인종이 다르므로 차별과 학대가 심하여 살아날 수 없을 것이요, 청국으로 넘기면 그 민중이 우둔하여 뒷감당을 못할 것이요, 일본은 임진란 후로 도술신명道術神明들 사이에 척이 맺혀 있으니 그들에게 넘겨주어야 척이 풀릴지라. 그러므로 내가 이제 일본을 도와 잠시 천하통일天下統一의 기운과 일월대명日月大明의 기운을 붙여 주어 천하에 역사를 하게 하리라."(5:177:3-6)

----
10) https://ja.wikipedia.org/wiki/%E6%97%A5%E6%9C%AC%E6%B5%B7%E6%B5%B7%E6
%88%A6#.E6.B0. 97.E8.B1.A1
11) 안경전, 『개벽 실제 상황』, 대원출판, 2005, 346쪽.

일본의 승리는 그들에게 맺힌 원한을 풀어주는 차원의 것이기도 하다. 일본 승리의 더욱 중요한 점은 당시 서구 제국주의 국가들이 동양을 침략하여 동양 및 한반도를 지배하면 온갖 문제를 야기하므로 현실적으로 이를 막을 수 있는 유일한 세력인 일본으로 하여금 서구 제국주의를 물리치고 조선을 지키기 위해 승리하도록 공사를 본 결과라는 것이다.

상대적으로 중시하지도 않았고 국운을 걸고 싸우지도 않았던 육상과 해상에서 일본과 치른 전쟁에서 패한 러시아는 당시 국내 사정과 맞물려 전쟁을 강화로 이끌려는 분위기였다. 즉 개전 전부터 빈번하였던 반정부 운동이나 국민들의 불만을 전쟁을 통해 대외 문제로 돌리려고 하였으나 전쟁에서 계속 지는 바람에 오히려 그 역풍이 불어 러시아 혁명 전야 분위기가 조성되어 전쟁을 계속 밀고 갈 수 없었다. 이 쓰시마 해전에서 패함으로써 러시아 로마노프(Romanov) 왕조는 그로부터 10여년 뒤 무너졌다.

전쟁을 더 이상 끌고 가기 어려웠던 것은 일본도 마찬가지였다. 이미 1904년 10월의 사호 전투 단계에서 일본군은 탄약 부족으로 전진 불능의 상태에 빠져 버렸다. 그리하여 일본은 펑톈 전투 이후 러시아에 대한 타진을 의뢰했고, 동해 해전의 승리를 계기로 정식으로 알선을 제의했다. 바로 미국의 루즈벨트 대통령에게.

양국은 루즈벨트 대통령의 중재를 받아들여 1905년 8월 10일부터 미국 뉴햄프셔 주 포츠머스에서 강화 회담을 시작했고, 9월 5일에 포츠머스 조약에 조인했다.

그 중요 내용은 러시아의 일본의 조선에 대한 배타적 지배권 인정, 일본에게 뤼순과 대련의 조차권과 장춘 이남의 철도 부설권 양도를 통한 일본의 만주 지배, 사할린 남부를 일본에게 양도, 동해·오오츠크해·배링해의 어업권을 일본에게 양도하는 것 등이었다.

이 조약을 통해 일본은 그들의 꿈을 이루었다. 조선을 독점적으로 지배할 수 있을 뿐만 아니라 만주에 대한 주도권도 넘겨받음으로써 오랜 소원을 성취했다. 바로 일본 제국주의가 추구하던 대륙 지배의 징검다리가 마련하였다.

한 가지 더 지적할 것은 러일 전쟁으로 인해 동북아의 갈등 무대에 미국이 등장하였다는 점이다. 미국의 등장은 일본이 러시아와의 중재를 루즈벨트 대통령에게 요청함에 따라 자연스럽게 이루어졌다. 그러나 그 속을 들여다보면 미국 역시 동북아에서 자신들의 세력을 확대하려는 목적을 가지고 중재하였다. 당시 루즈벨트는 동북아 갈등의 조정자를 내세웠지만 실제 목적은 미국의 중국 무대 진출이었다. 미국이 이렇게 중국에 진출함으로써 미국은 이제 유럽은 물론이고 태평양 지역까지 진출하여 전 세계 무대에 우뚝 서게 되었다. 일본은 러일 전쟁 후 만주에서 특수 권익을 주장하며 러시아와 공동으로 배타적 정책을 취했기 때문에 이런 미국과 대립하게 되었다. 그런 의미에서 일본의 러일 전쟁에서 승리는 미일 분쟁의 새로운 시작이 되었다.

1905년 포츠머스 회담 당시 러시아와 일본 대표단. (출처 : https://en.wikipedia.org/wiki/ File:Treaty_of_Portsmouth.jpg)

사라예보에 울린 귀신도 곡할 총성

일본이 청과 러시아라는 강대국들에 군사적 승리를 거둠으로써 일본은 이제 국제 사회에서도 제국주의 열강의 일원으로서 지위를 확고히 했다. 일본의 국제적 지위가 격상된데 비해 아시아를 지배하려던 꿈을 잃어버린 러시아는 내부의 불만을 무마시키기 위해 이후 서쪽으로, 즉 터키와 발칸 반도 쪽으로 눈을 돌리게 되었다. 러시아의 이러한 유럽으로의 관심 전환은 발칸 반도를 갈등의 화약고로 만들었고, 마침내 새로운 갈등으로서 제1차 세계 대전을 야기하는 간접적인 작은 실마리가 되었다.

증산상제는 이렇게 동양에서 서양 세력을 몰아내고 약소국들을 건지기 위해 서양에서도 큰 싸움이 일어나게 하였다.

> "이제 동양에서 서양 세력을 몰아내고 누란累卵의 위기에 처한 약소국을 건지려면 서양 열강 사이에 싸움을 일으켜야 하리라. 관운장이 조선에 와서 극진한 공대를 받았으니 그 보답으로 당연히 공사에 진력 협조함이 옳으리라."(5:166:3-4)

러일 전쟁에 이어 유럽에서 제국주의 열강들이 서로 싸우도록 공사를 본 것이다.

러일 전쟁 후 약 10년 동안 세계에서 가장 분쟁 가능성이 높았던 지역은 발칸 반도였다. 당시 발칸 반도는 복잡한 민족 문제와 제국주의 국가 간의 식민지 쟁탈 문제로 복잡하게 얽혀있었다.

당시 화약고와 같았던 유럽에는 두 편의 적대적인 세력이 형성되어 있었다. 영국과 프랑스 및 러시아가 주축을 이루는 삼국 협상(The Triple Entente)과 게르만 민족으로서 독일과 오스트리아-헝가리 제국

그리고 이탈리아가 결합된 삼국 동맹(The Triple Alliance)이 바로 그것이다. 두 국가 집단 세력은 수년간 군비를 늘이고 팽창 정책을 펴며 긴장 관계를 이루고 서로 견제하고 있었다. 그것은 만일 이 국가들 간에 전쟁과 같은 갈등이 일어나기라도 하면 같은 진영에 속한 국가들이 필연적으로 전쟁에 말려들 수밖에 없는 상황이었다.

그런데 19세기 후반에 이르자 발칸 반도를 제배하던 오스트리아-헝가리 제국과 오스만 제국은 힘이 크게 약해졌다. 그러자 두 나라의 소수 민족들이 독립을 위한 민족주의 운동을 펼쳤고, 러일 전쟁 후 이곳으로 눈을 돌렸던 러시아는 범슬라브주의를 표방하며 이 지역에 대한 영향력을 키워나갔다. 이에 맞서 독일과 오스트리아-헝가리 제국은 범게르만주의를 표방하며 러시아에 맞섰다.

발칸 반도는 오랫동안 오스만 제국의 지배를 받았는데, 청년 튀르크당의 혁명으로 오스만 제국이 혼란에 빠지자, 1908년에 오스트리아-헝가리 제국이 슬라브계 소수 민족의 독립을 저지하기 위해 보스니아 헤르체고비나를 병합하는 일이 벌어졌다. 이에 보스니아를 차지하려던 세르비아가 반발하여, 불가리아, 그리스, 몬테네그로 등과 발칸 동맹을 맺어 제1차 발칸 전쟁(1912)을 벌였다. 그러나 이번에는 동맹국 간에 싸움이 벌어졌다. 오스만 제국으로부터 찾은 땅의 분할을 두고

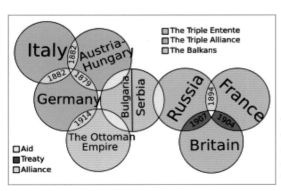

삼국 동맹(The Triple Alliance)과 삼국 협상(The Triple Entente).
(출처 : http://preludetoawar.
wikispaces.com/Triple+Alliance+%26+
Triple+Entente)

동맹국들끼리 제2차 발칸 전쟁(1913)을 하기에 이르렀다. 문제는 여기에 오스트리아-헝가리 제국이 개입한 것이다. 그로 인해 세르비아와 오스트리아-헝가리 제국과 간에는 더욱 갈등이 깊어졌다. 세르비아는 자신들의 앞길을 막는 오스트리아-헝가리 제국에 대해 큰 원한을 맺을 수밖에 없었다.

이러한 긴장 관계는 그 저변에 민족과 같은 변수가 작용한 것이므로 두 나라에만 국한된 것이 아니다. 그것은 유럽 전역과 연결된 위험한 정세의 한 부분에 지나지 않는다. 그러므로 여기서 어떤 일이라도 일어나면 그것은 유럽 전체의 문제로 금방 비화되기에 충분했다. 바이러스처럼 번져가는 민족주의는 군사적 분쟁의 발생 가능성을 고조시키고, 전쟁에 대한 열망을 부채질하기에 충분하였다. 간신히 균형을 유지하고 있지만 여러 변수에 따라 얽힌 유럽이 어느 순간에 어떻게 변할지 알 수 없는 정세였다.

한편 이 시기에는 낡은 질서가 이미 정당성을 상실했지만 새로운 질서는 아직 모습을 드러내지 않았다. 전통에 얽매인 낡은 왕정은 세기 전환기의 사회적·정치적 격변을 더 이상 감당하지 못했다. 그 전형이 다민족 국가 오스트리아-헝가리 제국이다. 프란츠 요제프 황제는 여든 살이 넘은 살아있는 화석과 같은 존재였지만, 강력한 힘도 통치 철학도 없이 11개 민족으로 구성된 거대한 제국을 다스리고 있었다.[12]

이처럼 유럽에는 이미 전역에 도화선이 깔려 있었다. 어떤 조그만 전쟁 불씨라도 하나 생기면 곧 여러 나라들이 자동적으로 개입하게 됨으로써 여러 나라가 동원된, 역사상 없었던 가장 큰 전쟁이 터질 수 있음을 말한다.

----

12) 한스 크리스티안 후프 엮음, 정초일 옮김, 『쿠오 바디스, 역사는 어디로 가는가』1, 푸른숲, 2002, 184-185쪽.

『도전』은 유럽이 발칸 반도를 중심으로 이렇게 불타는 분위기를 조성한 이면에는 증산상제의 천지공사가 있었음을 밝힌다.

"계묘년 3월에 상제님께서 형렬과 여러 성도들에게 이르시기를 "옛적에는 동서양 교통이 없었으므로 신명들이 서로 넘나들지 못하였으나, 이제 기차와 윤선으로 수출입하는 화물의 물표를 따라 서로 통하게 되었나니, 조선 신명을 서양으로 보내어 역사役事케 하리라." 하시니라. 이에 한 성도가 "조선 신명에게 서양을 맡기심은 무슨 까닭입니까?" 하고 여쭈니, 말씀하시기를 "조선 신명을 서양으로 보내어 천지에 전쟁을 붙이는 일꾼으로 쓰려 하노라." 하시고, 이어서 "이제 재주財主를 얻어 길을 틔워야 할지니 재주를 천거하라." 하시거늘, 이 때 마침 김병욱金秉旭이 전주 부호 백남신白南信을 천거하니라."(5:23:1-7)

이는 곧 증산상제가 천지공사를 통해 조선의 신명을 서양에 보내 서양에서 긴장이 조성되고 전운이 돌도록 하였다는 것이다. 그러므로 유럽 발칸 반도를 중심으로 전쟁의 기운이 돈 것은 신도의 손길이 작용하였기 때문으로 볼 수 있다.

전쟁은 그야말로 시간문제일 뿐이었다. 그러던 중 마침내 일이 터졌다. 제1차 세계 대전이 발발한 것이다. 제1차 세계 대전은 1914년 7월 28일 시작되어 1918년 11월 11일까지 약 4년 4개월간 계속되었던 세계 전쟁이다. 제1차 세계 대전은 신무기가 사용되고, 전·후방 국민들이 전쟁에 동원되고, 전시 경제가 도입되고, 비유럽 국가들도 관여한, 그 규모가 세계적으로 확대된 최초의 세계 전쟁이다.

제1차 세계 대전은 또한 인간이 산업 혁명으로 이룬 문명의 이기를 자신을 죽이는 전쟁으로 돌린 비극, 인류가 겪은 가장 비극적인 사건

등의 면에서 의의를 찾을 수도 있겠지만, 더 관심을 끌고 이해할 수 없는 것은 그런 전쟁 발발의 방아쇠 역할을 한 사라예보Sarajevo 사건이다. 울고 싶은 놈 뺨을 때려준 사라예보 사건은 전쟁의 명분이기에 충분했다.

사라예보 사건, 그것은 비록 세르비아의 민족주의자였던 가브릴로 프린치프(Gavrilo Princip)가 오스트리아 황태자 프란츠 페르디난트(Franz Ferdinand)를 저격한 사건이지만, 제1차 세계 대전의 방아쇠를 당긴 사건이다. 낡은 세계를 화염에 휩싸이게 하는 데에는 몇 발의 총알로 족하였다.[13]

1914년 봄, 세르비아에서는 정치적으로 가장 강력한 두 세력이 갈등으로 치닫고 있었다. 그것은 파시치 총리가 이끄는 파와 세르비아군의 정보부장이면서 '검은 손'이라는 조직의 숨은 지도자인 아피스 대령이 이끄는 파 간의 대립이었다. 두 진영 모두 민족주의를 내세우지만 전자가 신중한 민족주의적 성격이 강하다면 후자는 지나친 민족주의적 성격이 강하다. 특히 아피스는 보스니아에 사는 슬라브족 형제들을 얽어매는 합스부르크의 족쇄를 부숴버리는 것을 목표로 삼았다. 마침 황태자가 사라예보에 온다는 정보를 입수한 그들은 황태자를 암살하기로 작정하였다.

1914년 5월 27일 밤, 가브릴로 프린치프와 그의 두 친구는 크라케이체 나탈리예 거

가브릴로 프린치프

---

13) 아래 저격 사건은 프레더릭 모턴 지음, 김지은 옮김, 『석양녘의 왈츠』, 주영사, 2009; 한스 크리스티안 후프 엮음, 정초일 옮김, 『쿠오 바디스, 역사는 어디로 가는가』1, 푸른숲, 2002를 참조하였다.

리의 한 건물 지하에 있는 검은 손의 보스니아 지부로 들어갔다. 세 청년은 거기서 자신들이 할 일을 부여받고 서약문을 복창하는 등 의식을 치렀다. 다음 날 아침, 폭탄, 권총과 총알, 청산가리 캡슐을 몸에 지닌 그들은 베오그라드의 부두에서 증기선을 타고 사바 강을 거슬러 사라예보로 향했다.

　전날까지 오스트리아 령 보스니아 수도인 사라예보 서쪽 외곽, 세르비아 국경에서 80킬로미터 정도 떨어진 곳에서 자신의 단독 지휘아래 이틀 동안 행한 기동 훈련을 마친 오스트리아 황태자는 이 일정에 덧붙여 사라예보를 방문하기로 하였다. 이는 1908년 오스트리아에 합병된 보스니아-헤르체고비나와 합스부르크 왕가의 결속을 강화하기 위한 배려였다.

　1914년 6월 28일 일요일 아침, 사라예보 인근의 휴양지 일리자의 보스나 호텔을 나선 황태자는 기병대장의 예복을 입고 기차를 타고 사라예보로 향했다. 기차는 조금 연착해서 10시 7분에 사라예보 역에 도착했다. 공식 일정이 시작되는 시청 청사까지 가기 위해 황태자 일행은 승용차를 나누어 타고 환호하는 군중들 앞을 통과하였다. 그 사이 예포가 계속 울렸다.

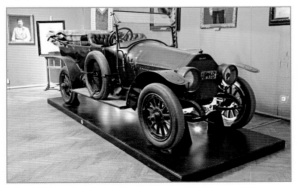

페르디난트 대공 부처가 암살 당시 타고 있던 1911년에 Graf & Stift가 만든 Double Phaeton(마주 보는 보조 의자가 달린 무개차). (출처 : https://europebetweeneastandwest.wordpress.com/)

황태자는 부인 조피 폰 호엔베르크(Herzogin von Hohenberg)와 덮개가 없는 무개차를 타고 셋째로 출발하였다. 그들의 좌석 앞 접의자에는 보스니아-헤르체고비나의 지사 오스카르 포티오레크와 이 차의 주인 하라흐 백작이 앉았고, 운전사 옆에는 시종이 탔다.

주행 노선은 군중의 열렬한 환영을 유도하기 위해 사전에 공개되었다. 아펠크바이 강변로를 타고 밀랴츠카 강을 따라 시청까지 직선으로 뻗은 길이었다. 도로 양편 중 햇볕이 내리쬐는 강 쪽에는 사람들이 거의 없지만 나무 그늘이 드리워진 주택가 쪽에는 제국의 지지자들이 몰려 '지비오! 지비오!(만세! 만세!)'하며 환호성을 올렸다.

그 틈 속에 거사를 일으킬 공모자들은 이미 여기저기 7개 지점에 배치되어 있었다. 황태자를 암살하려는 첫 시도는 차브리노비치에 의해 행해졌다. 10시 26분 무렵, 그는 다가오는 황태자가 탄 차를 향해 수류탄을 던졌다. 그러나 순간 운전사가 신속하게 가속 페달을 밟았다. 수류탄은 차의 개폐식 지붕이 접힌 곳에 떨어졌다가 미끄러져 길 위로 굴러 내렸다. 잠시 후 뒤따르던 차량의 왼쪽 뒷바퀴 옆에서 수류탄이 폭발하였다. 이로 인해 에리히 메리치 중령이 부상을 입고 병원으로 이송되었다. 차브리노비치는 청산가리로 자결하고자 강변 울타리

가두에서 환영을 받는 페르디난트 대공 부처. (출처 : http://www.huffingtonpost.com/)

를 넘어 강으로 뛰어들었다가 체포되었다.

황태자의 차량은 잠깐 망설이다가 시청을 향해 달렸다. 시청에서 일정을 마친 황태자는 일정을 중단하자는 측근의 권유도 받아들이지 않고, 병원으로 이송된 메리치를 만나고 싶었다. 주위에서 상처가 별것 아니라며 만류하였지만 황태자는 자신의 동료이고 자신 때문에 피를 흘린 메리치를 찾아가고자 하였다.

그 길은 구시가로 들어가는 대신, 왔던 길인 강변로를 지나는 노선이었다. 그런데 이번에는 이동 중에 하라흐 백작이 조금 전 폭탄이 날아온 차량 좌측의 승강대에 서서 가기로 했다. 혹시나, 몸으로라도 황태자를 보호하려는 것이었다. 어찌된 일인지 이번에 시종은 타지 않았다.

라틴교 맞은편에 있는 오른쪽으로 구시가 쪽 길이 갈려나가는 모서리에 이르렀을 때 황태자가 타고 있던 차량이 막 우회전을 할 때였다. 순간 지사가 "뭐하는 거야. 차 돌려! 다시 강둑길로! 우린 아펠크바이를 따라 가야 한단 말이야"라며 소리쳤다. 그러자 운전사 레오폴트 소야카가 당황해서 급브레이크를 밟았다. 그리고 잠시 머뭇거리더니 후진하기 시작했다. 10시 50분, 자동차는 아펠 강둑길과 루돌프 거리가 만나는 모퉁이에 있는 실러 델리카테센 가게 앞에 멈추었다. 암살자 가브릴로 프린치프가 서 있는 바로 앞이었다.

믿을 수 없는 일이 일어났다. 귀신도 곡할 노릇이었다. 운전사가 갈 길을 모르고 있었다. 아무도 운전사에게 병원으로 가는 길을 말해주지 않았던 것이다. 운전사는 다친 장교를 보러 육군 병원으로 가는 황태자를 어느 길로 이끌어야 하는지 정확히 지시를 받지 않았다. 이게 말이 되는가? 그리하여 운전사는 길을 잘못 들었다. 예정된 길로 가기 위해 후진하던 중 황태자가 탄 차량이 암살자 프린치프 앞에 선 것

1914년 6월 28일, 사라예보 시청에서 열린 환영회를 마치고 나와 차에 오르는 페르디난트 대공 부처. (출처 : http://muzejsarajeva.ba/)

라틴교와 그 맞은편에 있는 박물관. 라틴교 건너 박물관 앞 흰색 횡단보도 부근이 암살 현장이다. 박물관 외벽에는 암살 관련 내용에 대한 설명과 사진을 전시하고 있다.

이다. 이게 무슨 운명일까? 만일 운전사가 사전에 가는 길을 알았다면 이런 일이 벌어졌을까? 역사는 다르게 흘렀을지 모른다.

프란츠 페르디난트 폰 합스부르크와 가브릴로 프린치프의 사이 1.5 미터에는 투명한 여름날의 공기뿐이었다. 단 한 순간이지만 우편 배달부 아들의 청회색 눈동자가 유럽 13개 왕조의 혈통을 이어받은 황태자의 청회색 눈동자를 들여다봤다. 다음 순간 우편 배달부의 아들은 코트 안에 쥐고 있는 폭탄을 던지지 못한다는 것을 깨달았다. 황태자가 너무 가까이 있었고 군중이 너무 빽빽하게 모여서 손을 빼서 폭탄을 던질 공간이 없었다. 그는 총을 꺼냈다. 그리고 방아쇠를 두 번 당겼다. 탕! 탕! 총알 하나는 황태자의 목에 있는 동맥을 관통하였고, 다른 하나는 부인 조피의 하복부에 박혔다.

프린치프가 자기 머리에 총구를 들이댔지만, 누군가 그의 팔을 비틀어 총을 빼앗았다. 청산가리 캡슐을 꺼내 이 사이에 물었지만, 경찰이 방망이로 머리를 때려 입에 문 것을 뱉어내게 했다. 사라예보의 교회 시계가 아침 11시를 알리는 가운데 프란츠 페르디난트 황태자와 황태자비 조피는 그렇게 하여 약 10분을 간격으로 모두 숨을 거두었다.

사라예보에서 총성이 울리기까지 일어난 일련의 과정, 그것은 여러 모로 상식으로는 이해되지 않는다. 20세기 유럽 최고의 인문주의자 중 한 명인, 오스트리아의 유대계 출신 소설가이자 극작가 겸 평론가였던 슈테판 츠바이크(1881-1942)는 자신의 일생을 회고하는 비망록에서 제1차 세계 대전은 미스터리 그 자체였다고 회고하였다. 즉 "어찌하여 유럽이 1914년 전쟁에 이르게 됐는지를 자문해 본다면 이성에 맞는 단 하나의 이유, 단 하나의 동기도 찾을 수 없다"[14]고 썼다. 이성의 눈으로 보면 도저히 일어날 수 없고, 일어나서도 안 되는 전쟁이 제

----
14) 〈중앙일보〉, 2014. 1. 7. 슈테판 츠바이크 저, 곽복록 역, 『어제의 세계』, 지식공작소, 2001.

1914년 7월 12일 프랑스 Le Petit Journal에 실린 프린치프의 황태자 암살 장면 삽화. (출처 : http://www.pbs.org)

이탈리아 신문에 실린 프린치프의 황태자 암살 장면 삽화.
(출처 : https://europebetweeneastandwest.wordpress.com/)

암살 직후 경찰에 체포된 가브릴로 프린치프. (출처 : http://muzejsarajeva.ba/)

4. 애기판 씨름 단계의 세계 전쟁, 러일 전쟁과 제1차 세계 대전　**149**

1차 세계 대전이었다는 것이다.

우리는 이따금 뭐든지 상식으로 이해되지 않을 때 신이 곡할 노릇이라고 한다. 그렇다. 이 사건에는 신의 손길이 작용하였다. 앞에서 우리는 현실로 일어나는 모든 일은 이에 앞서 신이 개입하여야만 한다는 것을 알았다. 이 신이 곡할 사건도 이를 벗어나지 않는다.

1903년 3월에 증산상제가 본 공사를 보자.

"4월에 신원일을 데리고 태인 관왕묘關王廟 제원祭員 신경원辛京元의 집에 머무르실 때 하루는 원일, 경원과 함께 관왕묘에 가시어 관운장關雲長에게 천명을 내리시며 공사를 행하시니라. 이 때 상제님께서 말씀하시기를 "이제 동양에서 서양 세력을 몰아내고 누란累卵의 위기에 처한 약소국을 건지려면 서양 열강 사이에 싸움을 일으켜야 하리라. 관운장이 조선에 와서 극진한 공대를 받았으니 그 보답으로 당연히 공사에 진력 협조함이 옳으리라." 하시고, 양지에 글을 써서 불사르시며 관운장을 초혼하시니 경원은 처음 보는 일이므로 이상히 생각하니라. 이 때 자못 엄숙한 가운데 상제님께서 세계 대세의 위급함을 설하시고 서양에 가서 대전쟁을 일으키라는 천명을 내리시거늘 관운장이 감히 거역할 수는 없으나 선뜻 마음이 내키지 않아 머뭇거리는지라 상제님께서 노기를 띠시며, "때가 때이니만큼 네가 나서야 하나니 속히 나의 명을 받들라. 네가 언제까지 옥경삼문玉京三門의 수문장 노릇이나 하려느냐!" 하고 엄중히 꾸짖으시니라. 관운장이 그래도 대답을 아니하매 상제님께서 관운장의 수염을 휙 잡아당기시고 옷을 찢어 버리시니 이 때 조상彫像에서 삼각수三角鬚 한 갈래가 바닥에 떨어지니라. 이렇게 하룻밤을 지새시며 '이놈, 저놈' 하고 불호령을 내리시거늘 관운장이 마침내 굴복하고 상제님의 명을 받들어 서양으로 가니라."(5:166:1-12)

이것은 상제가 관운장 신명을 불러 세계 대세의 위급함을 말하고 조선의 신명들과 더불어 서양에 가서 대전쟁을 일으키라는 천명을 내렸다는 것이다. 그 실마리를 우리는『도전』에서 찾을 수 있다.

"조선 신명을 서양으로 보내어 역사役事케 하리라."(5:23:3)
"조선 신명을 서양으로 보내어 천지에 전쟁을 붙이는 일꾼으로 쓰려 하노라."(5:23:5)
"이 지방을 지키는 모든 신명을 서양으로 보내어 큰 전란戰亂을 일으키게 하였나니 이 뒤로는 외국 사람들이 주인 없는 빈집 드나들 듯하리라.(5:25:1-2)
"관운장이 지금 이 지방에 있지 않고 서양에 가서 큰 난리를 일으키고 있나니"(5:401:3)
"이제 동양에서 서양 세력을 몰아내고 누란累卵의 위기에 처한 약소국을 건지려면 서양 열강 사이에 싸움을 일으켜야 하리라. 관운장이 조선에 와서 극진한 공대를 받았으니 그 보답으로 당연히 공사에 진력 협조함이 옳으리라." 하시고 양지에 글을 써서 불사르시며 관운장을 초혼하시니 경원은 처음 보는 일이므로 이상히 생각하니라. 이 때 자못 엄숙한 가운데 상제님께서 세계 대세의 위급함을 설하시고 서양에 가서 대전쟁을 일으키라는 천명을 내리시거늘, 관운장이 감히 거역할 수는 없으나 선뜻 마음이 내키지 않아 머뭇거리는지라, 상제님께서 노기를 띠시며 "때가 때이니만큼 네가 나서야 하나니 속히 나의 명을 받들라. 네가 언제까지 옥경삼문玉京三門의 수문장 노릇이나 하려느냐!" 하고 엄중히 꾸짖으시니라. 관운장이 그래도 대답을 아니하매 상제님께서 관운장의 수염을 휙 잡아당기시고 옷을 찢어 버리시니, 이 때 조상彫像에서 삼각수三角鬚 한 갈래가 바닥에 떨어지니라. 이렇게 하룻밤을 지새시며 '이놈, 저놈' 하고 불호령을 내리시거늘 관운장이 마침내 굴복하고 상제님의 명을 받들어 서양으로 가니라."(5:166:3-11)

신이 곡할 사건의 이면에는 구체적으로는 이런 신도 세계의 움직임, 증산상제의 천지공사에 따른 신도의 손길이 작용하고 있었음을 밝힌 것이다.

그렇다면 왜 하필 관운장이었을까? 왜 관운장을 서양으로 보냈을까? 그 답 역시 『도전』에서 찾을 수 있다.

"관운장이 조선에 와서 극진한 공대를 받았으니 그 보답으로 당연히 공사에 진력 협조함이 옳으리라."(5:166:4)

한마디로 보은의 차원에서 상제는 조선 신명들과 더불어 관운장을 서양으로 보내 전쟁을 일으키게 한 것이다.

관운장은 어떤 인물인가. 증산상제는 관운장을 이렇게 평가하였다.

▲낙양 관림關林에 있는 관우상. (출처 : http://blog.hani.co.kr/)

◀서울 종로구 숭인동 동관왕묘에 모셔진 관우關羽(추정 162-220)상. 관우는 삼국 촉한蜀漢의 장군으로 하동河東 해량解梁, 지금의 산서성 운성시雲城市 상평촌常平村 출신. 자는 운장雲長이며, 충의와 정의의 화신으로 여겨진다.

"관운장關雲長은 병마대권兵馬大權을 맡아 성제군聖帝君의 열列에 서게 되었나니 운장이 오늘과 같이 된 것은 재주와 지략 때문이 아니요 오직 의리 때문이니라. 천지간에 의로움보다 더 크고 중한 것은 없느니라. 하늘이 하지 못할 바가 없지마는 오직 의로운 사람에게만은 못 하는 바가 있느니라. 사람이 의로운 말을 하고 의로운 행동을 하면 천지도 감동하느니라. 그러므로 나는 천지의 모든 보배를 가지지 않은 것이 없으나 의로움을 가장 으뜸가는 보배로 삼느니라. 나는 추상같은 절개와 태양같이 뜨거운 충의忠義를 사랑하노라.(4:15:1-7)

관운장은 의義의 대변자이다. 역사 질서, 정치 질서를 바로잡는 과정은 역사 정의를 바로잡는 과정이다. 그러므로 증산상제는 정의의 화신인 관운장을 택하여 천명을 받게 하였다. 그로 하여금 서양 제국주의의 불의와 오만을 심판하기 위해 서양으로 보내 전쟁을 일으키게 한 것이다.

유럽의 제국주의 전쟁, 제1차 세계 대전

사라예보 사건이 어마어마하고 치명적인 대참사의 서막이 되리라고는 아무도 짐작하지 못했다. 그것은 단지 오페라의 1막이 끝난 것일 뿐이었으며, 곧 이어 한 번도 본 적이 없는 새로운 무대를 여는 신호였다. 프린치프가 황태자의 목에 박은 총알은 단순히 오스트리아 압제자를 응징하는 데서 끝난 것이 아니라 전 세계를 덮칠 대화재에 불을 붙인 것이었다. 이 사건은 세계 대전의 도화선이 되었다.

황태자가 암살당하고 채 24시간도 지나기 전에 세르비아 정부는 애도의 뜻을 비엔나에 전하며, 세르비아는 "… 이미 위태로운 오스트리아-헝가리와의 외교 관계를 해할 목적으로 … 자국의 테두리 내에서 일어나는 어떠한 선동 행위도 용인하지 않겠다는 의지를 증명하기 위해 모든 조치를 취할 것"이라고 맹세했다. 그러나 너무 늦은 맹세였다. 그것으로는 부족했다.

같은 시기에 세르비아 총리는 아피스 대령이 이끄는 검은 손의 이데올로기를 강하게 비난하며 오스트리아를 달래려는 의도를 내비쳤다. 총리의 명령으로 황태자 장례식 날에는 베오그라드의 모든 유흥 시설이 휴업했다. 민족 명절을 기념하는 축제 일정도 모두 취소했다. 그러나 그것으로도 부족했다.

보스니아 전역에서 합스부르크를 지지하는 크로아티아인과 이슬람교도들이 나서서 세르비아인이 운영하는 호텔이나 가게를 엉망으로 만들었다. 보스니아 학교에서는 세르비아계 학생들이 두들겨 맞았다. 비엔나의 세르비아 대사관은 폭도들의 습격이 끊이지 않았다. 세르비아에 대한 반감은 단순한 감정의 차원이 아니라 더욱 확대재생산 되어 갔다. 심지어 암살은 한명의 광신자 소행이 아니라 조직적인 음모의 소행이며, 그것은 나아가 오스트리아-헝가리 제국에 대한 세르비아의 전쟁 선포라는 말까지 나왔다. 그리고 마침내 황태자의 죽음이 정치적으로 이용되기 시작했다.

7월 21일, 세르비아 정부의 목을 조일 문서가 마련되었다. 그것은 세르바아에 보내는 최강의 최후 통첩으로, 이러한 요구를 담고 있다.

첫째, 1914년 7월 26일 발행되는 세르비아 관보에, 세르비아 정부는 오스트리아에 적대적인 공식 혹은 비공식 행위를 유감스럽게 생각하고, 세르비아인이 그런 잘못된 행위에 관여하거나, 국제 예규에 어긋나는 행동을 하는 것을 허용하지 않겠다고 발표하고, 같은 내용을 국왕이 세르비아 군에 '시달'하라.

둘째, 세르비아 정부는 앞으로 오스트리아에 적대적이거나 오스트리아 영토를 보전하는 것에 위협이 되는 어떠한 출판물도 허용하지 말고, 오스트리아에 적대적인 선동이나 폭력 행위에 연관된 모든 단체를 해체하고, 그런 단체가 이름이나 외양을 바꿔 계속 활동하는 것을 막고 …

셋째, 세르비아 정부는 오스트리아에 적대감을 갖게 하는 모든 교육 자료를 즉각 없애고 …

넷째, 세르비아 정부는 오스트리아 정부가 지명하는 인물을 포함해 세르비아군과 세르비아 행정 기관에서 반오스트리아 행위를 저지른 모든 관리를 파면하고, 반오스트리아 선동분자들, 특히 사라예보 사건에 연루된 자들을 진압하고 체포하는 과정에 오스트리아 경찰이 참여하는 것을 수용하고 … 마지막으로, 세르비아 정부는 위 요구 사항을 이행할 뜻을 지체 없이 오스트리아 정부에 알려야 하며 … 1914년 7월 25일 오후 6시까지 상기한 모든 내용에 대한 무조건적 동의 의사를 전달하라.[15]

오스트리아는 세르비아가 자신들의 요구를 거부하기를 기대하였다. 왜냐하면 그런 거부를 통해 오스트리아-헝가리 제국은 세르비아와 모든 외교 관계를 끊고, 그들의 각본대로 전쟁을 할 수 있기 때문이었다. 아니나 다를까. 세르비아는 그 요구를 거절했다. 그러자 오스트리아는 제국을 보전하기 위해, 그들의 절대적인 단호함의 얼굴을 보여주기 위해, 7월 28일 오후 1시에 전보로 세르비아에 선전포고를 하였다. 사라예보 사건이 있은 지 한 달 후, 사라예보 사건이 세르비아 정부와 무관하지 않다며 세르비아에 전쟁을 선포한 것이다.

----

15) 프레더릭 모턴 지음, 김지은 옮김, 『석양녘의 왈츠』, 주영사, 2009, 398-399쪽.

이렇게 시작된 제1차 세계 대전은 이후 중립국을 제외한 대부분의 나라가 연루되어 니편 내편 하며 편을 갈라 싸운 첫 세계 전쟁이었다. 어느 한 지역에서만 전투가 벌어진 것이 아니라 지구 곳곳에서 동시 다발로 치러졌다.

　1914년 7월 29일 오스트리아 육군이 쏜 포탄이 세르비아의 수도 베오그라드에 떨어지기 시작했다. 그러자 가장 먼저 동원령을 내린 것은 러시아였다. 오스트리아가 세르비아에 선전포고를 하자 러시아가 세르비아를 지원하고 나선 것이다. 러시아는 발칸 반도가 절실했고, 피의 일요일 사건 등, 니콜라이 짜르의 무능으로, 짜르 타도와 혁명을 외치고 있던 내부의 사정을 모면하기 위해서라도 전쟁이 절실한 상황이었다.

　그러자 독일이 전쟁을 발칸 반도에 국한시킬 생각으로 러시아에 대해 동원령을 취소하라고 요구했다. 러시아가 그것을 묵살하자, 8월 1일 독일은 러시아에 선전포고를 하였다.

　이는 오스트리아와의 의무 조약에 따라 취해진 독일 측의 결정이었다. 이로써 유럽은 전체가 전쟁터로 급변하였다.

독일이 러시아에 선전포고하며 전쟁을 선언하자 빌헬름 2세와 동맹국 오스트리아의 프란츠 요제프 1세의 초상화를 들고 환호하는 베를린 시민들. (출처 : http://germanhistorydocs.ghi-dc.org/)

한편 조약상 러시아와 공동 보조를 취하기로 한 프랑스 역시 독일에 대적하여 동원령을 내렸다. 이에 독일군 사령부는 즉각 프랑스로 병력을 이동시켰다. 러시아가 병력을 충분히 동원하기 전에 프랑스와 싸움에서 빨리 승리하기 위해서였다. 독일은 8월 3일에 프랑스에 대해 정식으로 선전포고를 하였다.

독일은 8월 2일에 룩셈부르크를 점령하였고, 8월 4일에는 중립 국가인 벨기에에 영토 통과를 요구하였지만 벨기에가 거부하자 선전포고를 하고 점령하였다. 영국은 독일의 벨기에 침공을 계기로 8월 4일 독일에 선전포고를 하였다. 러시아는 8월 6일에 오스트리아와 개전하였으며, 며칠 뒤에는 영국과 프랑스가 오스트리아에 선전포고를 하였다.

이로써 제1차 세계 대전은 비록 그 불씨는 세르비아와 오스트리아를 중심으로 지펴졌지만, 그 뒤에 시작된 전쟁은 이들과 연대를 이룬 여타의 국가들이 서로 손을 잡은 국가 집단 간의 전쟁이었다. 제1차 세계 대전은 독일·오스트리아·이탈리아의 삼국 동맹과 영국·프랑스·러시아의 삼국 협상이라는 대립 구도를 축으로 전개되었다.

미국은 전쟁 중 영국과 독일 간에서 중립적 입장을 취하고 있었다. 그런데 독일이 불리한 전세를 뒤집기 위해 해상에서 선박들에 대한

오스트리아의 세르비아에 대한 선전포고를 필두로 이들과 이해 관계가 얽힌 유럽 국가들의 제1차 세계 대전 참여가 꼬리에 꼬리를 물고 있다. (출처 : http://www.johndclare.net/)

무차별 공격을 가하자 마음을 돌렸다. 미국은 1917년 4월 6일 월슨 대통령이 의회에 독일에 선전포고 할 것을 제의하여 승인받았고, 12월 6일에는 오스트리아에 선전포고를 하였다.

그런데 러시아는 전쟁이 한창이던 1917년에 들어 정치적으로 큰 변화를 겪었다. 2월 혁명과 10월 혁명이 일어난 것이다. 그러자 러시아는 전쟁에서 발을 뺐다. 새로 들어선 사회주의 정권은 전쟁이 끝나면 독일 측과의 강화 조약에 공동 대응하려던 연합국 측의 계획을 거부하고 세계 대전 중임에도 즉각 정전을 선언했다. 그리고 이듬해(1918) 3월 독일과 단독으로 강화 조약을 체결했다.[16]

미국이 독일에 선전포고를 한 이후 연합국은 대반격을 시작했다. 결국 동맹군은 불가리아, 오스만 제국, 오스트리아 순으로 항복했다. 그리고 1918년 11월 11일, 독일이 연합국과 휴전을 맺음으로써 전쟁은 끝났다. 20세기 대참사의 시발점이었던 제1차 세계 대전은 프린치프의 오스트리아 황태자 암살을 계기로 시작되었다. 그리고 자살도 시도했지만 1918년 4월에 수형 생활을 하다 프린치프가 죽은 그해 11월에 제1차 세계 대전은 막을 내렸다. 프린치프로 시작해서 프린치프로 끝났다. 뿌린 자가 거둔 꼴이다.

유럽에서의 돌아가는 상황이 이러했다면 제1차 세계 대전 때 동북아시아에서는 어떤 일이 벌어지고 있었을까? 동북아 국가들은 제1차 세계 대전과 어떤 관계가 있는가?

제1차 세계 대전 초기[베이징 정부]에 위안스카이가 통치하고 있던 중국은 중립적 자세를 취하고 있었다. 그러나 1917년 8월 돤치루이 (段祺瑞) 내각의 베이징 정부에 이르러서는 중국도 미국의 참전에 힘을

----
16) 한중일3국공동역사편찬위원회, 『한중일이 함께 쓴 동아시아 근현대사』1, Humanist, 2012, 149-150쪽.

보태어 협상국의 지지를 얻어내고자 독일과 오스트리아에 선전포고를 하고 전쟁에 뛰어들었다.

한편 이 전쟁에는 일본도 참여하였다. 그 배경은 간단하다. 바로 거대한 땅덩어리인 중국을 차지하기 위해서였다. 1910년 한·일 병합 조약을 통해 대한제국을 강제로 병합한 일본은 한술에 배가 부를 리 없었다. 그런 야욕에 불타던 일본 제국주의는 1914년 제1차 세계 대전이 일어나자 연합국 측에 줄을 섰다. 일본은 8월 23일 독일에 선전포고를 하며 제1차 세계 대전에 뛰어들었다.

일본의 참전은 1902년에 맺은 영일 동맹의 내용, 즉 동맹국이 교전할 때는 참전하여 공동 작전을 편다는 내용에 기인하기도 하지만, 군수 산업 활성화를 통한 경제 발전 기대는 물론이고, 특히 지난날 청일 전쟁 후 러시아 및 영국과 더불어 독일이 행한 삼국 간섭으로 인해 맺힌 일본의 원한도 무시할 수 없다.

그러나 일본이 유럽 전선에까지 군대를 파견한 것은 아니다. 삼국 협상 측이 유럽 전쟁터로 군대 파견을 요청하였으나 일본은 응하지 않았다. 일본은 단지 제국주의 열강의 대열에 동참하며 동아시아에서 독일과 싸우며 독일이 차지하고 있던 이권을 차지하는데 목적을 두고 있었다. 사실 일본은 전쟁 중이던 1914년 대독 선전포고를 한 후, 9월에 산둥성 룽커우(龍口)를 침략하고 칭다오를 점령하여 독일 이권을 접수했다. 그곳이 어떤 곳인가. 1898년 독일과 청나라 사이에 체결된 조약에 따라 독일이 99년 동안 조차권을 얻은 곳이었다. 독일은 이곳에 동양 함대의 기지를 만들고 배후지에는 자오지(膠濟) 철도를 부설하였으며 어촌인 칭다오(靑島)를 근대적인 도시로 발전시켰다. 그런데 일본이 제1차 세계 대전을 통해 이곳을 점령하였으니, 지난날 삼국 간섭으로 맺힌 독일에 대한 원한을 푼 것이다.

한·일 병합 조약*

　일본국 황제 폐하와 한국 황제 폐하는 두 나라 간의 특수하고도 친밀한 관계를 고려해 상호 행복을 증진하며 동양 평화를 영구히 확보하기 위해서는 이 목적을 달성하기 위해 한국을 일본 제국에 병합하는 방법밖에 없다고 확신해, 이에 양국 간에 병합 조약을 체결하기로 결정하니, 이를 위해 일본국 황제 폐하는 통감 자작 데라우치(寺內正毅)를 한국 황제 폐하는 내각 총리대신 이완용을 각기 전권위원으로 임명함에, 아래의 전권위원은 회동 협의해 다음과 같은 제 조항을 협의해 정했다.

　　제1조. 한국 황제 폐하는 한국 전부全部에 관한 일체의 통치권을 완전하고 영구히 일본 황제 폐하에게 양여한다.
　　제2조. 일본국 황제 폐하는 앞 조항에 열거한 양여를 수락하고 한국을 완전히 일본 제국에 병합함을 승낙한다.
　　제3조. 일본국 황제 폐하는 한국 황제 폐하, 태황제 폐하, 황태자 전하, 그 황후, 왕비, 후예로 하여금 각기 지위에 따라 상당한 존칭, 위엄과 명예를 향유하게 하고, 이를 유지하기 위한 충분한 세비를 공급할 것을 약속한다.
　　제4조. 일본국 황제 폐하는 앞의 조항 이외에 한국 황족과 그 후예에 대하여도 각기 상당한 명예와 대우를 향유하게 하며, 이를 유지하는데 필요한 자금을 공여할 것을 약속한다.
　　제5조. 일본국 황제 폐하는 훈공勳功이 있는 한국인으로서 특히 표창을 하는 것이 적당하다고 인정된 자에 대하여 영작榮爵을 수여하고 또 은금恩金을 준다.
　　제6조. 일본국 정부는 앞의 병합의 결과로서 완전히 한국의 시정施政을 담당하고 그곳에서 시행하는 법규를 준수하는 한국인의 신체와 재산에 대해 충분한 보호를 하며 또 그들의 복리 증진을 도모한다.
　　제7조. 일본국 정부는 성의 있고 충실하게 신제도를 존중하는 한국인

----
* 번역은 최덕수 외, 『조약으로 본 한국 근대사』, 열린책들, 2011, 735-736쪽을 따랐다.

으로서 상당한 자격을 가진 자를 사정이 허락하는 범위에서 한국의 제국 관리로 등용한다.

제8조. 본 조약은 일본국 황제 폐하와 한국 황제 폐하의 재가를 받은 것으로 공포일로부터 이를 시행한다.

위의 증거로서 두 전권위원은 본 조약에 이름을 적고 도장을 찍는다.

융희隆熙 4년 8월 22일

내각 총리대신 이완용

메이지(明治) 43년 8월 22일

통감자작 데라우치 마사다케(寺內正毅)

그러나 일본은 보다 큰 꿈을 꾸고 있었다. 그것은 중국 지배였다. 이를 위해 일본은 독일이 조차하고 있던 조차지를 중국에 반환시키기 위해 자신들이 많은 군사비를 들이면서 참전까지 하였으니 그에 상응하는 대가를 명분으로 내세우며, 중국에 21가지의 요구 조건을 제시하였다. 그것은 사실상 일본의 장차 중국 침략과 식민지화를 위한 준비 과정이나 다름없었다. 그러나 아무 힘도 없던 베이징 정부의 위안스카이는 일본의 요구를 거절하기 어려웠다.

 일본의 이런 행동은 유럽에서의 전쟁에 정신이 팔려있던 열강들이 일본의 야욕을 파악하고, 나아가 일본과 열강들 및 열강들 간에 동북아에서 새로운 갈등을 촉발하는 계기가 되었다. 그 결과 동아시아를 무대로 한 열강의 각축전은 전쟁 막바지에 접어들수록 치열하여, 자국의 이해 관계에 따른 합종연횡이 숨가쁘게 추진되었다. 우선 일본은 영국에 자신이 점령한 옛 독일령 중 적도 이북을 일본이, 적도 이남은 영국이 위임 통치하자고 제안했다. 이에 영국은 파리 강화 회의에서 일본을 지지하겠다고 약속했다. 프랑스와 러시아도 일본의 제안에 동의하는 대신 일본에 독일과의 외교 관계를 단절하도록 요구했고, 일본은 이 요구를 수락하는 동시에 베이징 정부의 친일파 군벌인 돤

독일의 흔적이 아직 고스란히 남아 있는 칭다오(靑島).

치루이 내각에 참전을 종용했다. 그리하여 중국은 1917년 8월에 독일과 오스트리아에 선전포고를 하고 제1차 세계 대전에 참여하였다.

한편 미국은 1917년 11월에 랜싱-이시이 협정을 체결하여, 미국은 중국에서 일본의 특수 권익을, 일본은 중국의 독립과 문호 개방, 기회 균등을 존중하기로 각각 약속했다. 일본은 열강과 권익을 교차하는 방법으로 중국에서의 특수권을 확실히 인정받았다.

제1차 세계 대전은 유럽에서 시작되었지만 열강은 동아시아 특히 중국을 둘러싸고 이렇게 경쟁하며 일본대 영국과 미국을 주축으로 갈등 구도를 형성해갔다. 제1차 세계 대전을 거치면서 동아시아에서의 열강의 대립과 갈등은 일본을 주축으로 조정되었고, 모든 협상의 결과는 일본의 입지를 강화하는 방향으로 흘러갔던 것이다. 유럽에서의 제1차 세계 대전이 침략자를 상대로 한 무력전이었다면, 동아시아에서의 제1차 세계 대전은 미국·중국·일본·영국·러시아 사이의 치열한 외교전이었다.[17]

세계 국가들을 하나로 묶을 국제 연맹의 탄생

제1차 세계 대전 이후 세계 정치 질서에는 큰 변화가 일어났다. 전쟁 중이던 1917년에 볼셰비키 혁명으로 러시아 왕정이 붕괴된 것에 이어, 패전국 독일과 오스트리아를 비롯한 많은 왕정 국가가 무너짐으로써 전제 군주제가 공화정이라는 새로운 정치 체제로 바뀌었다. 뿐만 아니라 그동안 오스트리아-헝가리 제국 등의 지배를 받고 있던 많은 약소국들이 독립하거나 민족 운동을 벌였다. 그 배경이 된 것이 현실적으로는 윌슨(Thomas Woodrow Wilson, 1856-1924)의 민족 자결주

---

17) 한중일3국공동역사편찬위원회 지음, 『한중일이 함께 쓴 동아시아 근현대사』1, Humanist, 2012, 146-148쪽.

의 원칙이었다.

윌슨의 14개 조 원칙의 중요 내용은 벨기에의 주권 회복, 점령되었던 프랑스 영토회복, 이탈리아 국경의 민족 문제 스스로 결정, 오스트리아-헝가리 제국 내 여러 민족의 국제적 지위 보장, 루마니아와 세르비아 등 발칸 반도 여러 나라의 독립 보장, 오스만 제국 지배하의 여러 민족의 자치, 폴란드 재건 등이다. 이것으로 보면 윌슨의 민족 자결주의는 발칸 반도 및 동유럽의 패전국 영토에 귀속되어 있던 소수민족들을 대상으로 하는 것이 핵심이었다. 그것은 전 세계 약소민족에 대한 자결 원칙 적용을 의미하지 않는다. 승전국의 식민지에는 전혀 적용되지 않았다. 민족 자결주의는 곧 제1차 세계 대전의 승전국 세력이 오스트리아-헝가리 제국과 오스만 투르크 제국의 광대한 영토를 민족에 따라 여러 국가로 분리해 잠재적인 적대 세력을 무력화하려는 의도가 담겼음을 말한다.

이 세계 대전을 계기로, 유럽의 일부 제국은 몰락의 길로 접어들게 되었다. 러시아 제국이 전쟁 중 공산 혁명으로 무너지고(1917), 독일 제국은 빌헬름 2세가 퇴위하고 바이마르 공화국이 수립되었다(1918).

의회에서 '14개 조항'을 설명하는 윌슨. (출처 : http://www.emersonkent.com/)

그리고 종전과 함께 오스만 터키, 오스트리아-헝가리 같은 제국도 해체되었다. 반면에 인권과 민주주의를 세계에 뿌리 내린다는 새로운 '자유 이념'을 들고 나온 미국은 군사 강국으로 자리를 잡았고, 연합국의 일원으로 참여한 일본도 많은 이익을 챙기며 신생 제국으로서 위상이 확고해졌다.

30개 이상의 나라들이 4년 넘게 치른 제1차 세계 대전으로 희생자만도 5,000만에 이르자 전쟁에 대한 새로운 의식도 형성되었다. 이는 한마디로 다시는 세계 대전과 같은 전쟁이 일어나서는 안 된다는 생각이었다. 세계 평화에 대한 염원이었다.

왕정 폐지를 비롯한 이러한 배경은 전 세계를 한 가족으로 묶는 세계 일가 통일 정권 공사의 바탕이 된다. 국제 연맹은 증산상제가 인류를 한 집안으로 만들고, 세계 일가 통일 정권을 위해 본 아래와 같은 공사와 무관하지 않다.

> "이제 천하의 난국을 당하여 장차 만세萬世의 대도정사大道政事를 세우려면 황극신皇極神을 옮겨 와야 하리니 황극신은 청국 광서제光緒帝에게 응기되어 있느니라."(5:325:2-3)
> "이제 황극신의 길을 틔웠노라. … 상씨름이 넘어간다!" 하고 외치시니 이 때 청국 광서제가 죽으니라. 이로써 세계 일가 통일 정권 공사를 행하시니 성도들을 앞에 엎드리게 하시며 말씀하시기를 "이제 만국 제왕의 기운을 걷어 버리노라."하시고(5:325:8-11)

세계 일가 통일 정권을 열기 위해 천자국이라 자칭하는 중국의 황제 광서제를 죽게 함으로써 그 초석을 마련한 것이다.

세상만사는 신이 들어야 이루어진다. 증산상제는 장차 조선이 세계를 통일하는 대업을 완수할 기반을 만들기 위해 명부공사로써 광서제에게 응기되어 있던 황극신을 한반도로 옮겼다.[18] 그 신명을 부르는 공사를 봄에 따라 광서제가 갑자기 죽음을 맞았다. 1908년 광서제가 원인도 모르게 죽은 다음날 서태후도 세상을 떠났다. 그리하여 만주족이 세운 청조는 몰락하고 4년 뒤인 1912년에 반봉건·반제국주의를 표방한 동아시아 최초의 공화 체제인 중화민국이 들어섰다. 이때부터 지구촌에는 군주 정치(왕정)가 급속히 붕괴되는 대변혁이 일어났다. 군주 정치 대신에 해원을 위한 과도기적 정치 체제인 민주주의가 전면에 등장하기 시작하였다.

국제 연맹(League of Nations), 그것은 증산상제가 천상 조화 정부에서 짜 놓은 세계 일가 통일 정권이 제1차 세계 대전 종결과 함께 지상에 발현된 것이다.[19] 세계 통일의 첫걸음을 내딛은 것이었다. 국제 연맹의 창설은 국제 정치에서 최초로 국제 문제를 관할할 국제 기구를 통해 인류의 평화를 보장하고, 세계를 하나로 통합하려는 노력의 산물이었다. 제1차 세계 대전 이후 세계 정치 질서에서 가장 눈에 띄는 변화는 이런 염원을 담아 최초로 세계 국가들을 하나로 묶는 국제 연맹이 만들어졌다는 점이다.

국제 연맹은 세계의 모든 국가들을 국제 연맹 회원국으로 가입시킴으로써 회원국을 상대로 한 전쟁을 막을 수 있고, 그리하여 세계가 평화를 유지하기 위함이었다. 이는 곧 절대 주권을 가진 개별 국가들을 이들의 결합인 국제 연맹이라는 상위 기구에 가입시킴으로써 자칫 발생할 수 있었던 전쟁을 미연에 방지할 수 있다는 생각에서 비롯하였다. 이에 따라 1920년 1월 10일 42개 회원국(창립 기준)이 스위스 제네바

----

18) 황극신이 넘어오는 이 공사가 현실 역사로 이뤄지면서 삼신상제를 태고로부터 섬긴 한민족 9천년 역사 실체와 인류 태고 문화가 드러난다.
19) 안경전, 『개벽 실제 상황』, 대원출판, 2005, 350쪽.

에 모여 국제 연맹이 발족하였고, 그해 11월 15일에 첫 총회를 가졌다.

국제 연맹의 창설은 당시 국제 환경을 반영하였다. 연맹 규약을 보면 26개 규정 중 거의 절반이 전쟁을 방지하는데 초점을 맞추었다. 그 활동도 집단 안전 보장, 국제 분쟁 중재, 군비 축소, 경제·사회적 국제 협력 증진 등을 주요 내용으로 하는데, 특히 일국에 의한 침략은 국제 연맹의 모든 회원국들에 의해 격퇴되어야 한다는 명제를 명확히 하고 있다.

국제 연맹은 설립 당시 영국과 프랑스, 일본, 이탈리아 등 4개 상임 이사국을 포함하여 42개 회원국으로 출발하였다.[20] 그러나 국제 연맹은 그 시작부터 한계가 있었다. 이를 주도하였던 미국은 오히려 가입

1920년 국제 연맹 첫 회의.
(출처 : http://www.indiana.edu/)

---

20) 원래의 가맹국은 제1차 세계 대전 당시의 연합국과 연맹 가입을 권유받은 중립국을 합쳐 총 42개국으로 구성되었다(국제 연맹 규약 제1조 제1항). 기타 국가나 완전한 자치를 하고 있는 영지領地·식민지는 국제 의무를 성실히 지킨다는 확약과 군비에 관하여 연맹이 결정한 준칙을 수락한다는 전제하에 총회의 3분의 2의 동의를 얻어 가맹국이 될 수 있었으며(동 1조 2항), 이렇게 하여 가맹한 가맹국은 1920년에는 6개국, 1921년에는 3개국, 1923년에는 2개국, 1934년에는 가맹국이 가장 많은 63개국으로 늘어났다. 소련의 가입 등으로 한때 63개국에 달하기도 했으나 이후 탈퇴·제명 등으로 회원국은 감소세로 돌아섰다.

하지 않았던 것이다. 아니, 국내 정치에서 윌슨 대통령과 의회 간의 갈등으로 인해 베르사유 조약이 비준을 받을 수 없어서 가입할 수 없었다. 미국은 윌슨 대통령이 주창한 원칙을 기반으로 출발한 기구임에도 불구하고 먼로주의(Monroe Doctrine)[21]에 맞지 않는다며 당시 공화당이 다수였던 상원의 반대로 가입하지 못했던 것이다. 또 다른 강대국이었던 영국과 프랑스는 국제 연맹에 미적지근한 태도를 보였고, 러시아 혁명 직후의 소련과 패전국인 독일도 가입이 인정되지 않다가, 1926년과 1934년에 가서야 비로소 각각 국제 연맹에 가입했다. 독일과 일본 및 이탈리아는 아예 이 조약을 무시하였다. 한마디로 뜻은 좋았지만 강대국이 비협조적이고 소극적이었다.

또 국제 연맹은 집단 안보를 통해 국제 평화를 유지하려는 목적을 지향해야하지만, 현실적으로 그것은 어려웠다. 물론 국제 연맹은 1920년대 소규모 국제 분쟁을 해결하는 등 창설 10년 동안은 국제 평화와 안전 유지에 효과적으로 기여했다. 그러나 국제 연맹은 1930년대부터는 국제 분쟁(전쟁) 해결에 무능을 드러내기 시작했다. 이를테면 침략 국가에 대해 국제 사회가 공동 대처해야 함에도 불구하고 그 실제는 이루어지지 않았다. 일본의 만주 사변(1931)과 중일 전쟁(1937), 이탈리아의 에티오피아 침공(1935)을 비롯한 독일, 소련 등의 침략 행위에 대해 아무런 조치를 취하지 못할 정도로 힘이 없었다. 국제 연맹은 말처럼 기능적이지 못하였다. 그러니 제2차 세계 대전이야 말할 것도 없었다. 국제 연맹은 무늬만 국제 기구였다.

국제 연맹이 무능해지자 1935년부터 1939년 사이에 여러 회원국이 탈퇴하였다. 2차 대전을 막는 데도 아무런 역할을 하지 못했다. 1939년 12월 이사회에서 핀란드 침략을 이유로 소련을 제명하는 것

----
21) 미국의 유럽에 대한 불간섭 원칙. 유럽의 일은 간섭하지 않는다는 전통.

국제 연맹의 무능. 1938년 11월 11일 영국 <Evening Standard>에 실린 데이비드 로우(David Low)의 '국제 연맹'을 풍자화. 두 사람이 "League of Nations. Foundation stone of a New Order, laid 1918. Peace hath her sacrifices"이 새겨진 금이 간 돌 위에 등을 맞대고 앉아있다. (출처 : http://www.johnd clare.net/)

이 풍자화는 미국이 국제 연맹 가입을 거부하는 모습을 보여준다. 이 그림은 다리 사이에는 갭이 있는데, 다리가 완성되자면 필요한 나라가 있음을 보여준다. 이것은 곧 미국이 국제연맹에 가입할 필요가 있음을 의미한다. 미국의 국제 연맹 미가입은 국제 연맹이 실패하게 된 한 원인이었다. (출처 : http://kelly pierce21.yolasite.com/)

당시의 강대국들이 빠진 국제 연맹은 그야말로 힘없는 나약한 조직에 지나지 않았다. 국제 갈등을 중재할 수 있는 실질적 힘이 없었다. (출처 : http://louise6.yolasite.com/)

을 마지막으로 이사회 총회는 활동을 중단했다.

이 모든 문제는 파리 강화 회의 후 조인된 베르사유 조약 그 자체의 문제에 기인한다.

당시 전후 처리 문제를 해결하기 위해 모인 승전국들은 베르사유 조약을 통해 온갖 책임과 부담을 패전국에만 돌리고 자신들의 제국주의적 행위에 대해서는 반성을 하지 않았다. 이는 곧 이전부터 그들이 추진한 식민지 지배나 세계 분할 정책을 밀고 나간다는 것이다. 베르사유 조약은 단지 패전국에 대한 일방적 명령과 지시 사항으로 가득하다. 그러니 국제 연맹과 같은 기구가 만들어졌지만 승전국, 강대국들이 국제 연맹의 압력을 받거나 눈치를 볼 리가 없었다. 그리하여 국제 연맹은 오래 지속될 수 없었다. 결국 1945년 10월 24일 유엔이 창설되자 1946년 4월에 열린 제21차 총회에서 국제 연맹은 투표를 통해 국제 연맹의 해체와 국제 연합에 자산을 이양하기로 결정하였다. 또한 국제 사법 재판소와 국제 노동 기구도 국제 연합에 인수되었다. 창설 1년 만에 국제 연맹은 역사의 뒤안길로 사라졌다.

지난 20세기 초기는 서양 제국주의 국가들이 헤게모니 쟁탈을 벌이며 동양으로 진출하던 때이다. 증산상제는 동양으로 몰려든 이들 서구 제국주의 국가들을 몰아내기 위해 공사를 집행하였다.

"이 때 상제님께서 여러 성도들에게 말씀하시기를 "이 지방을 지키는 모든 신명을 서양으로 보내어 큰 전란戰亂을 일으키게 하였나니 이 뒤로는 외국 사람들이 주인 없는 빈집 드나들 듯하리라. 그러나 그 신명들이 일을 다 마치고 돌아오면 제 집 일은 제가 다시 주장하게 되리라." 하시니라."(5:25)

"이 때 상제님께서 말씀하시기를 "이제 동양에서 서양 세력을 몰아

1919년 6월 28일에 베르사유 궁전 거울의 방에서 베르사유 조약이 체결되던 모습. (J. M. 로버츠 지음, 이은경 옮김, 『히스토리카 세계사 8 −유럽의 제국들−』, 이끌리오, 2007). (출처 : http://kellypierce21.yolasite.com/)

베르사이유 조약 체결 현장. (출처 : http://timetree.zum.com/)

내고 누란累卵의 위기에 처한 약소국을 건지려면 서양 열강 사이에 싸움을 일으켜야 하리라. … 이 때 자못 엄숙한 가운데 상제님께서 세계 대세의 위급함을 설하시고 서양에 가서 대전쟁을 일으키라는 천명을 내리시거늘"(5:166:3, 6)

그것이 러일 전쟁과 제1차 세계 대전이었다. 증산상제는 이 애기판에 조선 신명들을 서양으로 보내 역사케 하였다. 이 전쟁 과정은 온갖 신명은 물론 인간들로 하여금 자기 하고 싶은 것을 마음대로 하게 하여 지난날 맺혔던 온갖 원한을 푸는 과정이었다. 전후 동양에서 서구 열강이 물러나고 세계 여러 곳에서 약소 민족이 독립한 것이나, 세계 통일의 기반이 되는 첫 모델로서 국제 연맹이 만들어진 것은 모두 그러한 맥락에서 새로운 세계를 여는 준비 과정이었다.

5. 총각판 씨름 단계의 세계 전쟁, 중일 전쟁과 제2차 세계 대전

총각판 씨름 환경은 세계 대공황 이후 식민지를 확대·재편성하여 세계 제국을 이루려던 제국주의 국가들이 등장하면서 조성되었다. 그 중심을 이루는 대표적 세력이 일본, 독일, 이탈리아이다. 이들은 세계 각지에서 팽창 정책을 펴며 침략을 감행하였다.

세계가 전쟁의 소용돌이로 빠진 결정적 계기는 1939년 8월 31일 늦은 오후, 독일의 폴란드 침략이었다. 몇 달 전부터 전쟁을 준비해오던 히틀러가 선전포고도 없이 폴란드를 공격한 것이다. 그러자 위기를 온몸으로 느낀 영국·프랑스는 독일에 선전포고를 하였고, 9월 중순에는 소련도 독소 불가침 조약의 비밀 협정에 따라 폴란드를 동쪽에서 공격하였다. 이로써 탐욕적 제국주의 국가들이 대립하는 유럽 전쟁, 즉 제2차 세계 대전이 본격화되었다.

총각판 씨름의 또 다른 한 축인 일본은 이보다 먼저 동아시아 여러 나라를 침략하며 제국의 꿈을 키우고 있었다. 일본은 1931년에 만주 사변을 일으키더니, 1937년에 중일 전쟁을 일으킴으로써 동아시아를 세계 강대국들의 격전지로 만들어갔다. 뿐만이 아니다. 일본은 1940년 9월에 독일·이탈리아와 삼국 동맹을 체결하고, 1941년 12월에는 하와이의 진주만을 기습 공격함으로써 태평양 전쟁을 일으켰다. 문제는 일본의 진주만 공격이 그것만으로 단순히 끝나는 것이 아니라는 점이다. 일본과 삼국 동맹을 맺은 독일·이탈리아도 자동적으로 미국에 선전포고를 하게 만들었다. 이로 인해 태평양 전쟁은 바야흐로 세계 대전으로 확대되었다.

동아시아, 유럽, 태평양이라는 세 전장에서 펼쳐지면서 전지구촌을 달군 총각판 씨름, 제2차 세계 대전은 당시까지 인류 역사상 가장 큰 전쟁, 인류 역사상 처음으로 전 세계를 싸움터로 하였던 전쟁이었다.

첫 총각판 씨름의 대결 구도가 어떻게 이루어졌는지, 독일과 일본 및 러시아와 중국이 어떻게 손을 잡았는지, 이들의 갈등 구도에서 한반도는 어떤 상태에 있었는지에 관심을 가지며, 이제 그 현장을 들여다보자.

일본 제국주의의 망령, 중일 전쟁

동양에서 총각판 씨름은 애기판 씨름에서 러시아를 물리치고 한반도를 차지하였던 일본이 이번에는 상대를 바꿔 중국과 힘겨루기를 함으로써 시작되었다.

20세기 들어 일본은 아시아에서 주도적인 산업 국가로 성장하였다. 청일 전쟁으로 일본은 조선과 대만에 영향력을 행사하고 중국 본토의 일부를 할양받았다. 일본은 또한 러일 전쟁에서 아시아에서는 처음으로 유럽 국가를 굴복시켰고, 제1차 세계 대전에서는 연합국 측에 가담하여 태평양상의 독일 식민지를 지배[1]하였을 뿐만 아니라 독일 조차지였던 칭다오(靑島)도 차지했다.

1920년대 말에 시작된 대공황은 일본의 대외 침략을 부추겼다. 새로운 해외 시장과 자원 확보를 위해 제국주의 본성을 되살아나게 한 것이다. 그 영향으로 일본에서는 군부의 힘이 강화되었다.

----
1) 마틴 폴리 지음, 박일송 외 옮김, 『제2차 세계 대전』, 생각의 나무, 2011, 16쪽.

1930년대 일본은 군부가 중심이 되어 대공황의 위기를 침략 전쟁으로 해결하려고 하였다. 이를 위하여 국가 전체를 거대한 병영으로 만들어 국민들을 통제하였고, 백인들의 침략에 맞서 아시아인의 세상을 건설하자는 명분을 내세웠다.

군부의 힘이 커지는 가운데, 청일 전쟁, 러일 전쟁, 그리고 제1차 세계 대전에서 승리의 단맛을 본 일본은 거대한 땅 중국에 대한 미련을 버릴 수 없었다. 사실 이런 전쟁에서 승승장구한 일본은 이제 중국이 자신만만하게 여겨졌다. 그리하여 일본 군부는 행동으로 나섰다. 1931년 9월 18일, 일본은 만주 사변을 일으켰다. 일본 관동군은 펑톈 북부 교외 류타오후(柳條湖)의 남만주 철도 일부 구간을 폭파하고는 이를 중국군의 소행이라 모함하며, 이를 구실로 동북군 주둔지와 펑톈성에 대한 군사 행동을 개시하여 만주 지배 야욕을 드러냈다. 만주 사변 이후 수개월 동안, 산하이관(山海關)에서 헤이룽장(黑龍江)까지 일본 국토의 세 배에 해당하는 110만 제곱킬로미터의 중국 영토, 즉 만주의 대부분을 점령한 일본은, 만주를 수탈하기 위해, 이듬해인 1932년 3월 1일에 관동군의 지배아래 청의 마지막 황제였던 선통제宣統帝 아

이신쥐뤄 푸이(愛新覺羅 溥儀)를 내세워 '만주국滿洲國'이라는 꼭두각시 정부를 수립했다. 일이 이렇게 되어서야 세계는 일본의 야욕을 알아차렸다. 그러나 때는 이미 늦었다.

이즈음 중국은 거의 무정부상태였다.

만주국 황제 때의 푸이(溥儀)(1906~1967). (출처 : https://
ja.wikipedia.org/wiki/%E3%83%95%E3%82%A1%E3%82%A4%E
3%83%AB:Puyi-Manchukuo.jpg)

장제스(蔣介石)가 이끄는 국민당 정부가 있었지만 대부분의 지방은 군벌들이 지배하고 있었다. 장제스는 점점 세력을 넓히고 있는 공산당과 맞서기 위해 분주하였다. 만주 사변이 일어나자 국제 연맹이 즉각 조사를 실시하였지만 일본에 강한 제재를 가하지는 못했다. 오히려 이에 대한 반발로 일본은 국제 연맹에서 탈퇴하였다.

일본은 1934년 말부터 1936년 초까지 워싱턴 군축 조약과 런던 해군 군축 조약을 차례로 탈퇴하면서 영국과 미국에 대한 적대적 태도를 점차 분명히 했다. 그리고 영·미에 맞서기 위해 일본은 독일과 이탈리아를 새로운 협력 동반자로 선택했다.

나치 정권을 수립한 독일은 1936년에 재무장을 선포하고 비무장지대인 라인란트로 진군했다. 이탈리아는 1935년 에티오피아를 침략했다. 독일과 이탈리아는 제1차 세계 대전 이후 형성된 국제 질서를 파괴하려고 하였다.

1936년 11월 일본과 독일은 실질적으로 소련을 가상의 적으로 두고 '소련이 양국 어느 한쪽을 침공했을 때, 공격당하는 나라에 불리한 행동을 취하지 않는다'는 방공 협정 비밀 부속 협정을 체결했다. 이듬해 말 일본과 이탈리아는 일본의 만주국 승인과 이탈리아의 에티오피아 병합 승인을 전제로 접근하기 시작했다.

소련군에 잡힌 푸이. (출처: 가토 기요후미 지음,『안소영 옮김, 대일본제국 붕괴 -1945년 일본의 패망과 동아시아-』, 바오출판사, 2010)

    1937년 11월 이탈리아는 일·독 방공 협정에 가입하고, 12월에 국제 연맹 탈퇴를 선포하면서 만주국 승인을 선언했다. 이로써 새로운 세계 질서를 구축하기 위한 일본, 독일, 이탈리아의 파시즘 진영이 형성되었다.[2]

    만주 사변 이후 일본의 중국에 대한 노골적인 침략 야욕은 그치지 않았다. 이제는 꿈으로만 꾸었던 중국 본토까지 잡아먹고자 하였다. 1937년 7월 7일, 마침내 큰 일이 터졌다. 그동안 중·일이 이따금 교전을 하였으나 전면전의 불씨는 없었다. 그런데 중일 전쟁을 불사르는 그야말로 우발적인 사건이 생긴 것이다. 일본군들이 베이징 교외의 루거우차오(蘆溝橋, 마르코 폴로 다리) 북쪽 완핑(宛平)성 부근에서 야간 훈련 중 이등병 한 명이 실종되었다.

루거우차오(蘆溝橋) 전경. 루거우차오는 베이징 중심가에서 약 15킬로미터 떨어진 펑타이 구를 흐르는 루거우허(현재는 융딩허)에 있다. 금나라 때인 12세기에 처음 만들어졌고, 1980년대에 복원된 이 다리는 길이가 266.5미터이고, 11개의 아치로 이루어진 석조 다리이다. 다리 위에는 485마리의 사자상이 조각되어 있는데, 그 건너편이 북경의 관문인 완핑성(宛平城)이 있다. 마르코 폴로가 이 다리를 보고 동방견문록에서 극찬한 이후, 서양에서는 이 다리를 마르코 폴로 다리(Marco Polo Bridge)라고 한다. (출처 : http://hljxinwen.dbw.cn/)

----
2) 한중일3국공동역사편찬위원회 지음, 『한중일이 함께 쓴 동아시아 근현대사』1, Humanist, 2012, 190-191쪽.

당시 일본군은 이것이 중국의 소행이라고 생각했다. 병사를 찾기 위해 일본군은 중국군이 주둔하고 있는 완핑성으로 들어가려 하였다. 그러나 거부되었다. 이에 실종 병사가 복귀하였음에도 불구하고[3] 일본은 8일 새벽에 완핑성을 포격하였다. 이후 두 나라는 사태를 더 이상 확대하지 않고 현지에서 해결하려고 교섭 및 정전을 하기도 했다. 그러나 7월 11일, 일본 내각이 중국 파병을 결정함으로써 전쟁은 피할 수 없었다. 이 파병 결정은 전쟁 확대의 결정적 요인이었다. 마침내 7월 28일 일본군은 베이징을 총공격하였고, 약 1주 만에 베이징, 톈진을 점령하였다.

중일 전쟁이 발생하자 중국은 1937년 9월 국제 연맹에 일본을 제소하는 등 국제사회에 일본 침략 저지를 호소하였다. 그러나 일본은 이미 국제 연맹을 탈퇴하였다. 그리하여 어떤 효과적인 조치도 취할 수 없었다. 또한 나치 독일의 득세로 유럽 정세가 날로 급박해지자 영국, 프랑스 등이 일본 제재에 소극적임에 따라 일본은 침략국으로 규정되지도, 어떤 제재를 받지도 않았다.

일본은 베이징 점령 이후 톈진을 비롯하여 화북 주요 도시들을 점령하고, 수개월의 공습을 통해 난징은 물론 상하이, 항저우, 광저우 등 화중과 화남의 60여 개 도시에 폭격을 가했다. 일본군이 난징을 점령하자 일본은 그야말로 축제 분위기였다.

일본 정부는 경축식을 열고 국민들은 거리로 뛰쳐나와 승리의 기쁨을 나누었다. 그러나 난징을 점령한 일본군은 이른바 '난징 대학살'을 자행했다. 일본군은 난징에서 대규모 학살은 물론 강간, 방화, 약탈 등

----

3) 행방불명되었던 병사는 집합 20분 뒤인 7일 오후 11시 무렵 무사히 돌아왔다. 그가 길을 잃어 중국군 진지에 접근했기 때문에 발포하게 된 것이 사건의 계기였다. 江口圭一,『十五年戰爭小史』, 청림서점, 2009, 117-118쪽. 최문형,『일본의 만주 침략과 태평양 전쟁으로 가는 길』, 지식산업사, 2013, 221쪽 재인용.

온갖 범죄를 저질렀다.

난징이 점령되었으니 이제 중국은 일본에 항복할 것처럼 보였다. 그러나 예상은 보기 좋게 빗나갔다. 1937년 9월 국공 합작이 이루어지면서 항일 민족 통일 전선이 구축되는 등 중국은 오히려 항일 의지를 불태웠다. 국민당 군대는 최전선의 정규전을, 공산당이 이끄는 군대는 적 후방 작전을 맡아 역할 분담을 하면서 힘을 모아 함께 항일전을 벌여 나갔다. 그러나 일본의 중국 점령 범위가 확대됨에 따라 중일 전쟁은 점차 교착 상태에 빠졌다. 승승장구하던 일본은 주춤거리기 시작한 것이다.

1938년 11월, 일본은 전쟁 목적이 동아시아의 신질서 건설이라는 내용의 '동아 신질서' 성명(제2차 고노에 성명)을 발표하였다. 이에 영국, 미국 등의 대일 감정은 악화되었다. 한편 일본에서는 중국이 굴복하지 않는 것은 영국, 미국, 프랑스 등이 중국을 배후에서 지원하기 때문이며, 배후의 적을 타도하지 않는다면 중일 전쟁을 끝낼 수 없을 뿐 아니라, 영미에 맞서기 위해서는 독일과 군사 동맹을 맺어야 한다는 여론이 형성되었다. 그러나 강대국들은 각기 자신들의 이익을 위해 전쟁을 이용하는데 열중하였다. 독일은 1938년 2월 만주국을 승인하고 4월 중국에 대한 무기와 군수 물자 수출을 금지하는 명령을 내렸다. 7월에는 중국에 파견했던 군사 고문단과 주중 대사를 소환했다. 또 소련은 중국이 항전을 통해 일본의 북진을 늦추거나 저지하기를 기대하며 중국에 여러 실질적인 원조를 제공하였다.

1937년 8월 21일 중·소 상호 불가침 조약을 체결한 소련은 다음 해 3월과 7월 중국에 차관을 제공하고, 군수 물자를 대거 공급하기 시작했다. 또한 항공 지원대를 파견하여 직접 중국 항전을 원조했다. 일본의 동아 신질서 성명에 반대한 미국은 1938년 말 대중국 차관을 결정

1938년 1월 4일, 난징으로 들어가는 일본군. (출처 : https://timeglobalspin.files.wordpress.com)

난징 대학살, 아시아 홀로코스트. 현재 난징시에는 난징 학살 기념관이 세워져 있는데 입구엔 30만의 희생, 피해자를 기리는 명패가 새겨져 있다. (출처 : http://www.ohmynews.com/)

일본의 잔학 행위. 생매장된 사람들. (출처 : http://ahrp.org/)

1937년 12월 13일 도쿄니치니치(東京日日) 신문에 보도 된 100인 참수 경쟁 기사. "100인 목베기, 기록 초과", "무카이 106명-노다 105명", "두 장교 연장전 돌입". 일본군 무카이 도시아키(向井敏明) 소위와 노다 쓰요시(野田毅) 소위가 일본도日本刀로 누가 먼저 100인을 참살斬殺시키는지를 겨뤘다는 사실을 보도하고 있다. 이 사진은 1937년 12월 12일, Changzhou에서 Shinju Sato가 찍은 것이다. (출처 : https://commons.wikimedia.org/wiki/File:Contest_To_Cut_Down_100_People.jpg?uselang=ko)

난징 대학살 때 중국 사람들이 일본 군인들에 의해 생매장되고 있다. (출처 : https://commons.wikimedia.org/wiki/File:Chinese_people_being_buried_alive_by_Japanese_soldiers,_Nanking_Massacre.gif?uselang=ko)

하고 중국 원조에 착수하였고, 영국 역시 1939년 3월 대중국 차관을 시작했다. 이렇게 1938년에 중일 전쟁을 둘러싼 일본과 영국, 미국, 프랑스의 적대 관계가 격화되면서 전쟁은 한층 국제화되었다.

일본은 1939년 6월 톈진의 영국 조계를 봉쇄하고, 영국이 중국을 원조하는데 이용하던 미얀마 루트를 봉쇄하라며 영국을 압박했다. 영국은 7월 일본을 방해하는 행위를 하지 않는다는 방침을 표명했다. 영국이 중국 문제에 대해 일본에 굴복할 것을 우려한 미국은 7월 26일 일본에 미일 통상 항해 조약 폐지를 통고하면서 일본을 저지하려는 태도를 보였다.

당시 일본과 소련 사이에도 군사적인 긴장이 빚어졌다. 만주국과 소련의 국경 분쟁에서 비롯된 첫 번째 충돌은 1938년 7월 말 만·한 국경선 북쪽 가까이에 있는 장구펑(張鼓峰)에서 일어났다. 두 번째 충돌은 1939년 여름 만주국과 외몽골 사이의 할하 강변에 있는 노몬한[4]에서 발생했다. 노몬한 전투에서 진 일본은 소련과의 확전을 피하기 위해 정전 협정을 맺었다.[5]

1937년부터 1941년까지 중국의 항일 행위는 주로 단독으로 이루어졌다. 그러나 일본이 진주만 공격을 하면서 중일 전쟁은 더 이상 지역적인 전쟁이 아니었다. 유럽에서 독일과 소련이 전쟁을 벌이자 중국이 미국, 영국, 소련과 손을 잡음으로써 중일 전쟁은 세계 전쟁으로 확대되었다. 일본의 진주만 공격은 제2차 세계 대전의 불길을 태평양으로 확대한 계기였다. 중일 전쟁은 더 큰 규모의 전쟁, 즉 제2차 세계 대전의 한 부분이다. 이 중일 전쟁과 1941년 12월 8일 일본제국 해군 연합 함대가 미국 하와이의 진주만을 기습공격 함으로써 일어난 태평

----
4) '노몬한'은 노(소련), 몬(몽골)간 국경선 일대의 벌판을 한자식으로 표기한 것이다.
5) 한중일3국공동역사편찬위원회 지음, 『한중일이 함께 쓴 동아시아 근현대사』1, Humanist, 2012, 200-201쪽.

양 전쟁, 그리고 1939년 9월 독일의 폴란드 침공으로 시작된 유럽 전쟁이 바로 제2차 세계 대전의 실체이다.

일본은 이 중일 전쟁에서 육군 38만 명과 해군 7,600명을 잃었으며, 전쟁이 끝난 후의 희생자 45,000명을 합치면 총 44만 6,000명의 인명을 잃었다. 그것은 러일 전쟁 당시의 희생자 42,000명에 비하면 10배 이상이나 된다. 그것은 일본의 야욕에 대한 인과응보라고 할 수 있다.[6]

애기판 싸움을 붙여 동양에서 서양 세력을 몰아낸 상제는 서양으로 보낸 조선 신명에게 한 차원 더 큰 대규모 전쟁을 일으키도록 하였다.

> "하루는 상제님께서 말씀하시기를 "장차 일청전쟁이 두 번 일어나리니 첫 번째에는 청국이 패하고 말 것이요."(5:405:1)

러일 전쟁에서 승리한 일본은 대륙 침략의 야욕을 더욱 불태우며 만주를 침공했다(1931) 이것이 첫 번째 전쟁 청일 전쟁이었다. 그 후 일

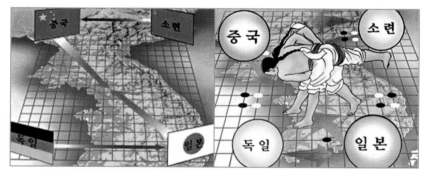

총각판 오선위기. 애기판 씨름에서 승리한 일본이 대륙 진출을 꾀하기 위해 벌인 전쟁이 중일 전쟁이다. 오선위기로 보면 독일이 일본을, 소련이 중국을 훈수했는데, 제2차 세계 대전으로 확대된 이 전쟁은 일본의 참혹한 패망으로 막을 내렸다.

----

6) 김진영, 『한국인의 눈으로 본 제2차 세계 대전』, 가람기획, 2009, 285쪽.

본은 1936년(병자), 1937년(정축)년부터 본격적인 중국 공략에 나섰다. 1937년에 결국 두 번째 전쟁, 중일 전쟁이 일어났다. 당시 일본은 중국을 침략하기에 앞서 독일과 방공 협정을 맺었으며, 중국은 중일 전쟁 발발 직후 중소 불가침 조약을 체결하였다.[7] 그리하여 중일 전쟁의 총각판 씨름은 중국과 일본이 주연을 맡고 소련과 독일이 각기 중국과 일본에 훈수를 두는 조연을 맡아, 중국과 소련 대 일본과 독일의 대결 구도로 이루어졌다.

탐욕적 제국주의의 대립, 유럽 전쟁

일본이 아시아에서 세력을 확장할 당시, 나치 독일은 유럽에서 무력으로 국제 질서를 바꾸기 시작했다. 중일 전쟁에서 일본을 도와 훈수하던 독일은 1938년 3월 오스트리아 병합에 이어, 1939년 3월에 체코를 점령하고, 9월 1일에 폴란드를 전격 침공하였다. 이에 영국과 프랑스가 즉각 반응하였다. 9월 3일 영국과 프랑스가 독일에 선전포고를 한 것이다. 이로써 제2차 세계 대전이 유럽에서 총체적으로 시작되

폴란드 국경을 돌파해 들어가는 독일군. (출처 : http://m.blog.daum.net/_blog/_m/articleView.do?blogid=0qkBb&articleno=3010#)

----
7) 안경전,『개벽 실제 상황』, 대원출판, 2005, 351쪽.

었다. 유럽이 전쟁의 포화로 뒤덮이게 되었다. 세계가 본격적인 총각판 씨름의 포화 속으로 빠져 든 것이다.

1939년 9월 1일. 히틀러는 대병력을 동원하여 폴란드에 전면 공격을 감행하였다.

독일이 얼마나 맹렬하게 공습하였는지 채 1주일도 되지 않아 전세는 독일 쪽으로 완전히 기울어졌다. 그 와중에 9월 17일에는 동쪽에서 소련이 마치 썩은 고기에 덤벼드는 하이에나처럼, 독일과의 약속에 따라, 폴란드를 공격하였다. 결국 9월 말에 사실상 폴란드의 숨통은 끊어졌다. 폴란드가 양쪽에서 찌른 칼날에 숨통이 끊어지는 동안 영국과 프랑스는 아무것도 하지 않았다. 비록 독일에게 영국과 프랑스가 선전포고를 했지만 그것뿐이었다. 영국과 프랑스는 폴란드의 종말을 지켜볼 뿐 먼저 전쟁을 일으킬 생각이 없었다. 독일은 1940년 4

아돌프 히틀러(앞줄 왼쪽에서 네번째)가 1940년 6월 프랑스 침공을 성공적으로 마치고 난 뒤 나치 수뇌부를 이끌고 에펠탑 주변을 둘러보고 있다. (출처: <한국일보>)

삼국 동맹. 1940년 9월 삼국 동맹 조약 체결을 기념하기 위해 베를린 주재 일본 대사관에 내걸린 세 나라의 국기. (출처 : https://ko.wikipedia.org/wiki/%EC%82%BC%EA%B5%AD_%EB%8F%99%EB%A7%B9_%EC%A1%B0%EC%95%BD)

월까지 북유럽과 독일 서쪽의 여러 국가들을 침공하고 6월에는 프랑스마저 함락시켰다. 유럽이 파시즘의 손아귀에 들어간 것이다.

그런 가운데 일본은 독일, 이탈리아와의 관계를 강화하여 전쟁을 통해 세계를 재분할하고자 하였다. 1937년에 중일 전쟁을 벌이고, 열강의 중국 원조를 둘러싸고 영국·미국·프랑스 및 소련과 적대 관계가 된 일본은, 1940년 9월에 프랑스령 인도차이나 북부로 진격하고, 독일과 이탈리아와는 삼국 동맹을 맺었다.

1941년 여름 들어 전쟁은 새로운 양상으로 돌입했다. 독일이 1939년에 소련과 맺은 독소 불가침 조약을 무시하고 독일군 300만을 앞세우고 발트해에서 흑해에 이르는 전선에서 소련을 침략한 것이다. 그러자 독일·이탈리아·일본의 삼국 동맹에 맞서 소련은 미국·영국·프랑스와 손을 잡고 연합국을 이루었다. 1941년 겨울, 소련은 독일의 공격에 맞서 모스크바를 방어하였고, 특히 소련의 스탈린그라드 전투 승리는 전쟁의 판세를 전환시키는데 결정적이었다. 당시 스탈린그라드 정복을 눈앞에 두었던 독일군은, 그러나 먹거리와 날씨 때문에 소련군의 대반격에 무릎을 꿇고 말았다.

얼어붙은 동토에서 독일군을 뒤쫓고 있는 소련군. (출처 : http://blog.naver.com/mirejet?Redirect=Log&logNo=220205073166)

얼마나 극심한 굶주림에 시달렸던지, 죽은 말이나 노새의 시체는 눈 깜짝할 사이에 사라졌고, 오래지 않아 쥐조차 보기 힘들게 되면서 누군가 시체를 먹는다는 소문까지 퍼졌다. 여기에 12월이 되자 기온이 낮에도 영하 20도까지 떨어졌고, 아사자에 이어 동사자의 시체까지 즐비하게 늘어섰지만 그들을 위한 무덤조차 팔 수 없을 만큼 땅은 얼어붙었다.[8]

유럽 전쟁에 중립을 선포하였던 미국이 1941년 12월 8일, 일본의 진주만 폭격이 있자 전쟁에 나서자 히틀러는 미국에 선전포고를 함으로써 미국도 마침내 독일과의 전쟁에도 발을 담그게 되었다. 이러한 미국의 개입은 소련에게 날개를 달아주는 꼴이었다. 많은 전쟁 무기를 지원받은 소련은 더 이상 지난날의 소련이 아니었다. 1943년 말에 이르자 독일은 땅에서도 바다에서도 패배를 거듭하였다. 소련군은 지난날 독일이 점령했던 땅의 3분의 2 이상을 되찾았고, 영·미 연합군은 이탈리아에서 로마를 점령함으로써 전세를 완전히 장악하였다. 그러나 히틀러는 항복할 뜻이 없었다.

붉은 깃발을 흔들며 스탈린그라드 탈환을 반기는 소련군 병사. (출처 : http://blog.naver.com/mirejet?Redirect=Log&logNo=220205073166)

----
8) 김진영,『한국인의 눈으로 본 제2차 세계 대전』, 가람기획, 2009, 115쪽.

그러자 대대적인 반격을 펼치던 연합군은 1944년 6월, 암호명 '절대 군주', 노르망디 상륙 작전을 벌여 서부 전선에서 독일을 공격하였다. 두 달에 걸친 싸움에서 양군 50만 이상의 사상자가 나온 가운데, 8월 26일 마침내 파리가 해방되었다.

그리고 1945년 4월 29일, 소련군이 히틀러의 베를린 지하 전용 대피소와 국회 의사당을 비롯한 주요 시설이 들어선 지역을 일제히 공격하였다. 필사적으로 저항하던 독일군도 국회 의사당을 점령해 그곳에 소련 깃발을 거는 자에게 소연방 영웅의 칭호가 주어진다는 뉴스를 듣고 죽을 각오로 덤비는 소련군을 당할 수는 없었다. 10시간의 전투 끝에 국회 회의사당은 소련군의 손으로 넘어갔다. 이는 곧 독일의 수도 베를린이 점령되었음을 말한다.

4월 30일 새벽 3시 30분, 아직도 국회 의사당에서 격전이 벌어지던 바로 그 무렵, 히틀러는 권총으로 스스로 목숨을 끊었다(?)고 한다. 불과 하루 전에 결혼한 아내 에바 브라운과 함께. 히틀러의 시체는 바깥에서 가솔린을 끼얹고 불태워졌고 …. 히틀러의 죽음과 함께 사실상

2차 대전 때 파리 해방 후 개선문을 통해 진주하는 연합군을 환영하는 파리 시민들. (출처 : http://blog. daum.net/)

나치 독일은 무너졌다.[9]

유럽에서의 전쟁은 아무도 상상치 못한 엄청난 희생을 동반했다. 독일은 550만이 목숨을 잃었고, 폴란드는 무려 인구의 18%인 600만 명을 잃었다. 그러나 가장 많은 희생자는 소련에서 나왔다. 무려 2,100만에서 2,400만에 이르는 희생자가 발생하였다.

핵전쟁의 서곡, 아시아·태평양 전쟁

자원 확보를 위해 전쟁을 치르던 일본은 중국에서의 싸움이 교착상태에 빠지자, 자원 부족 문제를 해결하기 위해 유럽 강대국이 점령하고 있던 남쪽으로 눈을 돌렸다. 일본의 남진 전략은 말레이 반도의 고무, 주석, 쌀, 네덜란드령 동인도 제도의 석유, 오스트레일리아의 철광석과 석탄, 밀, 양모 등 자국에서 부족한 전략적 자원의 약탈과, 새로운 전쟁을 통해 대중국 전쟁의 교착 국면을 벗어나려는데 목적이 있었다.[10] 동남아로 전선을 확대한 것이다. 사실 1941년 후반기 무렵 일본은 동남아에서 서양 세력을 물리침으로써 자원 확보를 하기에 유리한 환경을 맞고 있었다. 그도 그럴 것이 이곳의 터줏대감으로 군림하던 프랑스와 네덜란드가 1941년에 독일의 발아래 놓인 패전국이 되어 무력해졌고, 영국은 연일 계속된 독일의 맹폭격에 생존하기도 힘들어 아시아로 눈을 돌릴 틈이 없었다. 미 해군도 상당수의 해군력을 태평양에서 대서양으로 옮긴 상태였다.

1941년 7월 말, 일본군은 인도차이나 반도로 진격하여 남쪽으로의 공격 발판을 마련했다. 그러자 미국과 영국 등이 가만히 있지 않았다. 루즈벨트는 미국 내의 일본 자산을 동결하고 이후 전면 수출 금지 조

---

9) 김진영, 『한국인의 눈으로 본 제2차 세계 대전』, 가람기획, 2009, 313-316쪽.
10) 한중일3국공동역사편찬위원회 지음, 『한중일이 함께 쓴 동아시아 근현대사』1, Humanist, 2012, 205-206쪽.

치로 확대하였다. 미국은 일본이 중국에서 철수하지 않으면 이 조치를 풀지 않으려 하였다. 나아가 1941년 8월에 루즈벨트와 처칠은 일본에 강경 태도를 취하여 말레이 반도와 동인도 제도에 있는 주요 자원을 확보하지 못하게 하는 정책에 합의했다.

일본이 미국과 긴장 관계에 놓이자 일본이 독일, 이탈리아와 삼국 동맹을 맺은 것에 대항하여 미·영·중·소도 연합국 동맹을 맺었다.

연합국과 추축국 두 진영이 갖추어졌다는 것은 우리와 그들, 나와 너, 아군과 적군이 드러났다는 것이다. 그것은 곧 전쟁이 가까워졌음을 말한다. 이제 전쟁은 피할 수 없는 상황으로 나아갔다.

일본은 지난 1931년부터 이후 약 10여 년 동안 전투력을 엄청나게 강화하였다. 육군은 정규군만도 50개 이상의 사단, 70만 명이 넘는 병력을 보유했고, 해군도 크게 현대화되어 서양 열강에 버금가는 전투력을 갖게 되었다. 그리고 육군과 해군에는 약 5천여 대의 항공기도 있었다. 그러나 일본의 가장 큰 무기는 군국주의적 희생 정신이었다. 이렇게 물적·정신적으로 자신감을 갖게 된 일본은 조기 개전으로 방향을 잡았다. 11월에 일본 정부는 전쟁을 결의하고 일본 천황은 12월 1일에 남방 공격 명령을 승인했다. 그리고 12월 7일, 일본 남방군은 필리핀과 말레이 반도를 공격했다.

그런데 당시 일본의 이익을 방해하는 요인이 있었다. 일본의 앞길을 가로막는 방해꾼이 있었다. 바로 미국이었다. 미국은 일본의 야욕을 알고 중요 자원의 교역을 중지했다. 일본이 나아가는 길을 가로막는 세력은 미국뿐이었다. 일본은 이런 미국과 전쟁이 불가피하다면 초전 박살을 내어 앞길을 훤히 트고자 했다. 그리하여 택한 것이 하와이 시간으로 1941년 12월 7일 새벽, 미국의 태평양 전력이 집중되어 있는 하와이 진주만 급습이다.

당시 진주만은 여느 때와 다름없이 싱그러운 해풍 냄새를 풍기며 촉촉한 고요함이 흐르고 있었다. 항간에 퍼진 풍문에 전쟁이 일어날 조짐이 있다고 했고, 특히 육해군의 각급 부대는 전쟁 돌발의 경고까지 내려지고 있었다. 그렇지만 주말을 맞이한 장병들의 마음은 느슨한 해방감과 위락慰樂의 즐거움으로 가득 차 있었다.

8시 미사를 알리는 종소리가 울려 퍼지는 가운데 진주만에는 70척의 전투 함정과 24척을 헤아리는 보조 함선이 정박 중이었다. 군함의 승조원들은 함 내 식당에서 아침을 먹거나 외출 준비를 하고 있었다. 대부분의 시민과 장병들은 주말 밤의 환희로 말미암아 늦잠을 즐기고 있는 시간이었다.

청천벽력靑天霹靂! 여기저기 폭파의 섬광이 시뻘겋게 퍼지면서 굉렬한 파열음이 귓전을 때렸다. 줄폭발이 온 항내를 순식간에 뒤엎어 놓고 말았다. 화염 덩어리와 함께 기름 섞인 검은 연기가 마구 치솟아 오르며 진주만은 미치고 말았다.

07시 40분, 오아후 섬 북녘 상공으로 진격한 항공기 공격대 지휘자인 후치다 미츠오(淵田美津雄) 해군 중령은 예하 기습 공격대의 전개를 지시하고 이어서 10분 후에는 '도·도·도'를 연속적으로 타전했다. 전군 돌격하라는 신호였다. 이어서 수분 후에는 '도라·도라·도라'라고 무전을 발신했다. '기습에 성공'이라는 암호 전문을 연합 함대 산하 제1 항공 함대 지휘관인 나구모 주이치(南雲忠一)에게 보고하는 내용이었다.[11]

일본이 미국을 기습하여 태평양 전쟁을 일으킨 것이다. 그것은 태평양 함대를 무력화함으로써 일본이 동남아 일대를 쉽게 장악하기 위한 전략이었다. 총 450대의 항공기를 실은 6척의 항공 모함에서 출격한

----
11) 이정수, 『대해전』, 정음사, 1986, 243쪽.

일본 전투기가 하와이 진주만에 정박 중인 미 태평양 함대를 동남아 공격과 같은 날 폭격하였다.

그것은 어느 누구도 예상치 못한 일이었다. 기습 공격을 받은 태평양 함대는 한나절도 채 되지 않아 박살났다. 정박해 있던 미국 전함 대부분이 격침되거나 손상을 입었고, 한번 날아보지도 못하고 맥도 못춘 채 지상에서 파괴되거나 손상된 전투기가 수백 대에 이르렀다. 그야말로 일본의 성공적인 기습이었다.

그래서였을까? 동남아에서 일본의 계획은 착착 이루어졌다. 미국에 대한 선제 공격에 이어 일본은 태평양에 위치한 유럽 열강들의 식민지도 공격하였다. 미국령 필리핀, 영국령 미얀마, 네덜란드령 인도차이나를 점령하였다.

그런데 일본이 시작한 진주만 공격은 미국에 대한 공격으로 끝나지

화염에 휩싸인 채 침몰하는 미국 태평양 함대 애리조나호. (출처: http://blog.naver.com/mirejet?Redirect=Log&logNo=220205073166)

미국 하와이 연안에 있는 USS 애리조나호 추모관(가운데 직사각형 형태의 건물). 추모관 아래 희미하게 보이는 물체가 1941년 일본의 진주만 공습 때 폭격으로 침몰한 애리조나호 선체이다. (출처:https://en.wikipedia.org/wiki/USS_Arizona_Memorial)

않았다. 일본이 미국과 개전을 선포하자, 이튿날 미국과 영국이 차례로 일본에 개전을 선포하였다.

이어 프랑스, 오스트레일리아, 뉴질랜드, 캐나다, 네덜란드 등 20여 개 나라가 일본에 선전포고를 함으로써 아시아·태평양에서 큰 새로운 전장이 열렸다.

일본 연합 함대의 진주만 해군 기지 폭격으로 미국은 이제 일본과 전쟁의 소용돌이에 빠져들었다. 미국은 곧바로 연합국의 일원으로 전쟁에 참여한 가운데, 12월 11일에는 히틀러가 미국에 선전포고를 함으로써 미국은 독일과의 전쟁에도 발을 담그게 되었다. 전쟁은 이제 진정한 의미의 세계 대전이 되었다.

그런 가운데 1942년 1월 1일, 미·영·소 등 26개국이 서명한 국제 연합 선언이 발표되었다. 국제 연합 선언은 연합국의 통일 전선 형성과 함께 중국을 주축으로 한 항일 전쟁의 세계 대전 편입을 의미했다. 연합국은 1월 3일, 장제스를 최고사령관으로 하는 중국 전선 성립을 공식적으로 선포하고, 중·미·영은 연합 작전을 개시했다.

중국과 함께 일본에 맞서기 위해 영국과 미국은 1942년 10월, 중국에 있는 치외법권과 관련 권익을 즉각 포기하고, 새로운 평등 조약 체결을 희망한다고 중국 정부에 통보했다. 즉 독일, 이탈리아, 일본 삼국

백악관에서 일본과의 선전포고 문서에 결재하고 있는 루즈벨트 대통령. 상하원의 의원들과 부통령이 지켜보고 있다. (출처 : http://i.imgur.com/)

동맹에 대항하기 위하여 미국과 영국은 중국 및 소련 등과 세계 반파시즘 동맹을 구축하고 중국과 맺었던 불평등 조약을 폐지한 것이다. 중국의 국제적 지위가 뚜렷이 상승되었다.

한편 유럽에서는 1943년부터 전세가 바뀌면서 연합국의 전략적 공세가 시작되었다. 1943년 2월 스탈린그라드 전투에서 소련군의 승리는 독소 전쟁의 전환점이 되었다. 5월 아프리카 전선에서 승리한 영미 연합군은 9월 이탈리아에 상륙하여 항복을 받아냈다.

전세가 연합국에 유리해지자 1943년 10월 루즈벨트 대통령은 미국의 글로벌 전략을 고려한 전후 세계 안전 보장 계획을 제안하였다. 이에 미국, 영국, 소련, 중국이 서명하였다. 중국은 서명국으로서 국제적 지위가 크게 재고되었으며, 전후 국제 연합 상임 이사국의 기반을 닦았다.

이후 아시아·태평양 전쟁에서 전략적 주도권을 차지한 미국은 전쟁의 조속한 종결 방안과 전후 세계의 정치 판도를 협의하고자 영국, 소련, 중국과 논의하였고, 1943년 12월 1일에는 카이로 선언문을 발표하였다. 여기에는 일본의 무조건 항복과 점령한 중국 영토 반환 및 조선의 독립에 대한 내용이 담겨있다.

1944년 소련군이 유럽 동부 전선에서 반격을 시작했고, 같은 해 6월 영·미 연합군이 유럽 서부 전선 노르망디에 상륙했다.

태평양 전선에서는 미군이 1944년 7월 사이판 섬을 함락시키고, 동아시아에서는 일본군이 미얀마에서 인도로 공격해 들어가려다 임팔 전투에서 참패하면서 패색이 짙어졌다. 11월 미군이 마리아나 제도에서 일본 본토에 대한 폭격을 시작했다. 중국 전선에서 중국군과 연합군은 윈난 서부와 미얀마 북부에서 반격하여 승리를 하였다.

유럽 전선의 승리가 예상되자 루즈벨트와 처칠, 스탈린은 1945년 2

노르망디 상륙 작전(1944. 6. 6). 연합군의 병력 15만 6천명, 항공기 1만대, 함선 1천 2백척, 수송선 804척이 오마하 해안과 수평선을 메우고 있다. (출처 : http://navercast.naver.com/)

얄타 회담에 참석한 영국의 처칠, 미국의 루즈벨트, 소련의 스탈린. (출처 : http://www.britannica.com/)

월 크리미아 반도의 얄타에서 만나 전후 세계 질서 등에 관해 협의했다.

그런데 소련을 대일 작전에 참여하도록 만들기 위해, 영·미 양국은 중국의 동의 없이 중국의 주권을 거래 카드로 삼아 소련의 만주에 대한 이권 요구를 받아들였다. 중국이 몇 년 동안 악전고투 끝에 항일 전쟁 승리를 눈앞에 둔 시점에서 소련과 미국은 손을 잡고 중국의 주권을 심각하게 침해하는 불평등 조약을 중국에게 강요한 것이다.

1945년 5월 8일 독일이 연합국에 투항하자 일본은 고립무원의 상태가 되었다. 같은 해 7월 26일, 독일 브란덴부르크 주의 주도州都인 포츠담에서는 연합국의 수뇌들이 모여 2차 세계 대전과 태평양 전쟁, 중일 전쟁의 종결을 위한 회담이 열렸다.[12]

그리고 일본의 무조건 항복을 포함한 포츠담 선언을 발표하였다. 그러나 일본은 이 요구안을 일언지하에 거절하였다.[13]

일본의 패배가 예견되는 상황에서, 미국은 위협 능력을 과시하고 전쟁을 조속히 끝내기 위해 소련 참전 전에 일본에 원자 폭탄을 투하하기로 결정했다. 제2차 세계 대전은 히로시마와 나가사키에 원자 폭탄이 떨어지면서 끝났다. 우리는 흔히 일본이 원자 폭탄을 맞아 항복했고, 그래서 조선도 해방될 수 있었다는 단편적인 역사 인식에 익숙하다. 그러나 이러한 원폭 투하 이면에는 불편한 진실이 숨어있다. 미국의 원폭 투하는 바로 전쟁을 끝내기 위한 불가피한 선택이 아니라 미국의 소련을 겨냥한 무력시위였다[14]는 사실이. 원폭 투하에는 미소의

----

12) 이 때 참석한 수뇌는 미국의 트루먼 대통령, 소련의 스탈린 원수, 영국의 처칠수상 및 중국의 장제스 대표였는데 처칠은 본국에서의 총선거패배로 수상직을 잃어 급히 귀국해 대신 신임 수상인 클레멘트 애틀리가 출석했으며 장제스는 포츠담에 참석할 수 없어 무선으로 이를 대신해 최종적으로 트루먼, 스탈린, 애틀리에 의해 포츠담 선언이 결의되어 포고되었다.
13) 한중일3국공동역사편찬위원회 지음, 『한중일이 함께 쓴 동아시아 근현대사』1, Humanist, 2012, 207-218쪽.
14) 정욱식, 『핵의 세계사』, 아카이브, 2012, 17쪽.

포츠담 회의. 독일이 항복한 직후, 1945년 7월 17일부터 8월 2일까지 베를린 교외의 포츠담에서 미국, 영국, 소련 3개국 정상이 모여 제2차 세계 대전 전후 처리를 결정하기 위한 회담을 하고 있다. 처음에는 미국 대통령 트루먼, 영국 총리 처칠, 중국 총통 장제스가 참가하였으나 소련이 대일 선전포고를 하게 되어 소련 공산당 서기장 스탈린도 8월에 참가하고 선언문에 함께 서명하였다. (출처 : http://totallyhistory.com/potsdam-conference/)

포츠담에 모인 3국 수뇌. 처칠, 트루먼, 스탈린. (출처 : 가토 기요후미 지음, 안소영 옮김, 『대일본제국 붕괴 -1945년 일본의 패망과 동아시아-』, 바오출판사, 2010)

5. 총각판 씨름 단계의 세계 전쟁, 중일 전쟁과 제2차 세계 대전 **197**

대결 구도가 담겨 있다. 제2차 세계 대전 후 세계는 이 미소를 중심으로 새로운 대결 구도를 형성하게 된다.

이처럼 총각판 씨름은 1931년 일본의 만주 침략을 계기로 1937년 일본의 중국 본토 침략, 아시아·태평양 전쟁으로 이어지는 한 축의 전쟁과, 1939년 독일의 폴란드 침공을 계기로 유럽 지역에서 벌어진 다른 한 축의 전쟁에 세계 열강들이 모두 얽히고설킨 가운데 벌어졌다. 이 총각판 씨름에서는 중국과 일본이 주연을 맡고, 소련과 독일이 각각 중국과 일본에 훈수하며 조연을 맡은 형국이었다.[15]

총각판 씨름이 이전의 애기판에서 벌어진 전쟁과 가장 다른 점은 바로 핵무기라는 새로운 무기가 사용되었다는 점이다. 제2차 세계 대전에서는 세계 인구의 20퍼센트가 전쟁에 동원되었고, 상상할 수 없을 만큼 많은 무기가 전쟁동안 문명을 파괴하였다. 희생자가 5,000만 명에 이르렀으며, 그 중 민간인 사망자는 군인의 2배가 넘었다. 여기에는 인류 최초의 대규모 핵무기 희생자도 있었다.

세계 패권의 절대 반지, 핵무기

핵무기, 그것은 핵반응(핵분열 및 핵융합)으로 발생하는 에너지를 대량 파괴에 이용할 목적으로 만든 무기이다. 이런 핵무기를 가장 먼저 만든 나라는 두말할 것도 없이 미국이다.

미국은 1939년부터 맨해튼 프로젝트(Manhattan Project)라는 이름으로 핵폭탄 개발에 나섰다. 그리하여 '가제트(Gadget)'라는 실험용 핵폭탄과 '꼬마(Little boy)'라는 이름의 우라늄 핵폭탄, '뚱보(Fat man)'라는 이름의 플루토늄 핵폭탄을 만들었다. 그리고 1945년 7월 16일 새벽 5시 30분에 미국 뉴멕시코의 소코로(Socorro) 남동부 사막에서 '트리

---

15) 안경전, 『이것이 개벽이다』하, 상생출판, 2013, 251쪽.

니티(Trinity)'[16]라는 작전명으로 핵실험을 하였다. "가제트"로 불린 실험용 핵폭탄이 폭발하자 20킬로톤의 TNT와 맞먹는 수준의 폭발이 일어나 직경 76미터의 크레이터를 만들었고, 충격파는 반경 160킬로미터에 달했다. 그것은 성공적인 핵실험이었다.

미국의 핵무기 보유는 세계 핵무기 시대를 열었다는데 의미가 있다. 그러나 가장 획기적인 변화 양상은 독점적 핵 보유를 앞세운 미국의 자세였다. 미국이 핵무기에 대한 무한 신뢰로 힘의 외교, 강압 외교를 펼친 것이다. 그 대표적인 예가 일본에 대해서 항복을 권고하고 제2차 세계 대전 이후 일본에 대한 처리 문제를 논의하기 위해 연합국이 모였던(1945. 7) 포츠담 회담이다.

핵무기 개발 이전까지 미국은 일본을 제압하기 위해서 소련의 지원이 절실히 필요했다. 그러나 7월 16일 핵실험에 성공했다는 보고를 접한 트루먼은 핵무기 개발 성공으로 소련의 개입 없이도 승리할 수 있다고 자신했다. 7월 24일 트루먼은 스탈린에게 "미국은 전례 없는 파괴력을 갖춘 새로운 무기를 갖게 되었습니다"며 마스터 카드를 꺼내들었다. 그것은 미국이 핵무기라는 절대 반지를 가지게 되었다며 소련을 압박하는 시위였다.

트루먼은 여기에 그치지 않았다. 실제 핵 사용을 통한 무력 시위에 나섰다. 핵무기의 위력을 직접 보여줌으로써 소련을 더욱 압박하고 견제하기 위한 전략이었다. 그러나 무력 시위의 대상이 된 것은 소련이 아니었다. 그 먹이가 된 것은 바로 기울어가는 전세戰勢임에도 불구하고 결사 항전 의지를 굽히지 않는 일본이었다. 일본의 명줄을 완전히 끊기 위해 미국은 히로시마(廣島) 등에 원자 폭탄을 투하하기로 하였다.

----

16) 아마 맨해튼 프로젝트를 완성하게 한 세 개의 사이트를 상징하는 것이었을 것이다. 아니면 이 최초의 핵폭탄 실험에서 삼위일체 하나님의 마음을 읽어보려는 냉소적인 생각에서 그렇게 이름을 붙였는지도 모른다. 안준호, 『핵무기와 국제 정치』, 열린책들, 2011, 83쪽.

1945년 8월 6일 월요일 오전 2시 45분, 폴 티베츠(Paul Warfield Tibbets, Jr.) 대령이 조종하는 미 공군 B-29 폭격기 에놀라 게이(ENOLA GAY)[17]가 '꼬마'를 탑재하고 태평양 사이판 위에 있는 티니안(Tinian) 섬을 이륙하여 투하 목표 지점인 일본 히로시마로 향했다. 몇 시간이 지난 오전 8시 15분 17초, 마침내 무게 약 4.4톤의 핵폭탄 '꼬마'가 9,300미터 비행 고도에서 투하 지점인 T자형 아이오이(相生) 다리[橋]를 향해 투하되었다. '꼬마'는 이 다리를 200여 미터 벗어난 지점의 약 550미터 상공에서 폭발했다.

　　꼬마는 히로시마를 초토화하였다. 그 위력이 얼마나 컸던지, 폭격 4시간 뒤에 촬영한 그림에 의하면, 히로시마 시내에는 그야말로 아무것도 남지 않았다. 폭발 때 화염 온도가 6,000도가 되어 주변 1킬로미터 안에 있던 사람들의 오장육부가 증발되어 버렸다. 당연히 많은 사상자가 발생했다. 몇 초 만에 사망한 사람만도 7만 명 이상이나 되었다.

　　그러나 일본이 즉시 항복하지는 않았다. '만약 지금도 우리의 요구(무조건 항복)를 거절한다면 이 지구상에서 볼 수 없었던, 파멸의 비를 공중으로부터 받게 될 것'이라는 트루먼의 촉구에도 일본은 아무런 반응을 보이지 않았다.

　　그런데 히로시마 피폭 사흘 후인 8월 9일 새벽, 소련이 일본에 선전 포고를 하고 만주 일본군에 대한 공격을 개시하였다. 이는 소련의 개입 없이 태평양 전쟁을 끝내려던 미국에게도 큰 영향을 미쳤다. 그래서였을까? 8월 9일, 플루토늄 핵폭탄 '뚱보'를 실은 미 공군의 B-29 폭격기 복스카(Bockscar)가 괌과 사이판 사이에 있는 티니안 섬의 미 공군 기지를 이륙하여 원폭 투하 목적지인 일본 북큐슈의 고쿠라(小倉)를 향했다. 그러나 구름으로 뒤덮인 나쁜 날씨 때문이었을까? 미 공군

----

17) 에놀라 게이는 B-29 폭격기를 조종한 티베츠 대령 어머니의 이름이다.

히로시마에 원자 폭탄을 투하할 때 사용된 폭격기 에놀라 게이(ENOLA GAY) 앞에 선 기장 폴 티베츠 대령(중앙)과 동료들. (출처 : https://en.wikipedia.org/wiki/File:B-29_Enola_Gay_w_ Crews.jpg)

히로시마 투하에 사용된 길이 3.12미터, 무게 5톤의 원자 폭탄 리틀 보이. (출처 : https:// commons.wikimedia.org/wiki/File:Little_boy.jpg?uselang=ko)

①동심원 중앙이 폭탄 투하 예정지인 아이오이 다리가 있는 장소다. (출처 : http://blog.naver.com/mirejet?R
edirect=Log&logNo=220205073166)
②상생교. (출처 : http://www.hiroshima-navi.or.jp/)
③히로시마에 투하된 원자 폭탄의 폭발 후 모습. (출처 : https://en.wikipedia.org/wiki/File:Atomic_
bombing_of_Japan.jpg)
④원폭 투하 후 완전히 폐허가 된 히로시마 시내. (출처 : http://egloos.zum.com/)

나가사키에 투하된 무게가 4,670킬로그램, 길이 3.66미터의 원폭 팻 맨. (출처 : https://commons.wikimedia.org/wiki/File:Fat_man.jpg?uselang=ko)

복스카에서 공중 촬영한 나가사키에 투하된 팻 맨의 폭발 직후 생겨난 거대한 버섯 구름. (출처 : https://en.wikipedia.org/wiki/File:Atomic_bombing_of_Japan.jpg)

원폭 투하 후 허허벌판이 된 나가사키 시 우라카미 일대. 중앙의 건물이 우라카미 천주당이다. (출처 : http://blog.naver.com/mirejet?Redirect=Log&logNo=220205073166)

이 쏜 소이탄 연기 때문이었을까? 일본 전투기와 대공포 공격에 조종사가 겁을 먹었기 때문이었을까? 아니면… 이도 저도 아니면 신의 조화였을까? 폭탄을 떨어뜨리기 위하여 고쿠라 상공을 선회하면서 투하 기회를 노렸지만 그럴 수 없었다. 찰스 스위니 소령은 기수를 예비 목표지인 나가사키(長崎)로 돌렸다.

오전 11시 2분. 조종사는 무게 4.5톤의 '뚱보'를 목표물인 나가사키의 미쓰비시 조선소를 향해 낙하시켰다. 그러나 폭탄은 빗나가 동양에서 가장 큰 우라카미(浦上) 성당 상공 약 470미터에서 폭발했다. 이로 인해 핵폭발 이후 6개월 동안 약 14만 명이 목숨을 잃었다.

미국은 일본에 원폭을 투하하여 소련 없이도 일본을 패망시킬 수 있음을 보여주고, 냉전 질서에서 경쟁자가 될 소련에 대한 우위를 점하기 위해 원폭을 투하했다. 핵무기를 대소 봉쇄 정책의 유력한 수단으로 삼은 미국은 핵무기 보유고를 크게 늘려 1949년에는 무려 200개에 달했다. 그러나 큰 싸움에 일방 통행은 없는 법. 소련은 이러한 미국의 움직임에 대하여 핵무기 개발에 박차를 가했다. 장군에 명군으로 답한 것이다.

그러면 소련은 핵무기를 언제 개발하였는가? 히로시마 피폭 직후 스탈린은 "히로시마가 세계를 뒤흔들었다. 균형이 깨졌다. 핵폭탄을 만들어라. 그것은 우리로부터 거대한 위험을 제거해줄 것이다"라며 핵무기 개발에 박차를 가할 것을 지시했다. 또한 미국의 핵사용을 소련의 양보를 강제하기 위한 협박 외교로 규정하고, "우리가 협박에 굴복하기 시작하면 아무것도 이룰 수 없다"고 말했다. 이처럼 트루먼의 무력 시위는 노련한 독재자 스탈린을 위축시키기 보다는 핵무기를 개발해 미국에 맞서야 한다는 생각을 더욱 강하게 만들었다.[18]

----

18) 정욱식, 『핵의 세계사』, 아카이브, 2012, 66쪽.

결국 미국의 핵 독점은 그리 오래가지 않았다. 1949년 8월 29일 소련은 카자흐스탄 사막 세미팔라틴스크(Semipalatinsk)-21에서 핵실험에 성공했다.

이는 미국이 나가사키에 투하한 플루토늄 핵폭탄 뚱보와 흡사한 것인데, 소련이 1950년대 중반에야 핵 개발에 성공할 것이라는 미국의 판단보다 훨씬 앞선 것이었다.

소련이 예상보다 빨리 핵실험을 하자 미국은 또 발빠르게 움직였다. 대대적인 군비 증강 계획에 착수한 것이다. 그리하여 세 가지 조치를 단행했다. 첫째는 유럽에서 소련의 재래식 군사력에 대한 열세를 만회하기 위한 영구적인 미군 주둔 및 재래식 군비 증강이었다. 둘째는 소련에 대한 핵 우위를 유지하기 위해 원자 폭탄의 양과 질을 크게 늘렸다. 셋째는 원폭의 수십 배 파괴력을 가진, 그래서 당시 슈퍼 폭탄으로 불렸던 수소 폭탄 개발 승인이었다.[19]

지금 세계에는 핵무기를 보유한 나라들이 많다. 미국이 1945년 맨해튼 프로젝트를 통해 비밀리에 핵무기를 개발하고, 소련이 1949년 시베리아에서 핵실험에 성공하자 다른 나라들에서도 앞 다투어 핵실험을 하였다. 1952년 10월 영국이 핵실험에 성공했고 1960년 드

1949년 소련의 첫 핵실험, RDS-1 혹은 '뻬르바야 몰니야(Первая молния: 첫 번개)'. (출처 : http://chungwoo.egloos.com/)

---

19) 정욱식, 『핵의 세계사』, 아카이브, 2012, 71쪽.

골 대통령의 주도하에 핵 개발을 추진했던 프랑스는 사하라 사막에서 핵실험에 성공했다. 1964년에는 중국이 핵실험에 성공했고, 인도도 1974년에 핵실험에 성공하였다. 1999년에 핵실험에 성공한 파키스탄을 비롯해 이스라엘과 남아프리카공화국은 이미 오래전부터 핵무기를 보유한 것으로 알려졌다. 최근에는 북한도 핵무기를 보유하였다. 그리고 시리아를 비롯한 아르헨티나, 브라질, 이라크, 리비아, 남한, 대만, 일본 등은 핵무기 개발 능력을 가지고 있다.[20]

스톡홀름 국제 평화 연구소(SIPRI)는 미국, 중국 등 세계 핵 보유 국가들이 2012년 초 현재 핵탄두 1만 9천개를 보유하고 있는 것으로 집계했다. 이렇게 핵무기를 보유한 나라가 많다는 것은 그 가능성이 아무리 적더라도 핵전쟁의 가능성이 있음을 말한다. 인류가 핵무기를 무서워하는 것은 비록 핵전쟁 가능성이 낮지만 가능성이 아주 없는

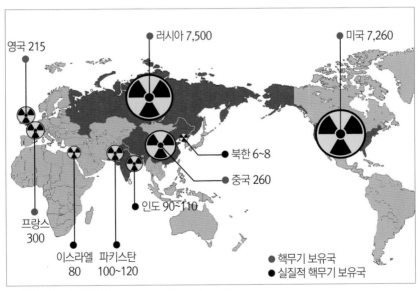

세계 핵무기 보유 현황. (자료:스톡홀름국제평화연구소, 2014년 기준)

----

20) 유현석, 『국제 정세의 이해』, 한울 아카데미, 2009, 176쪽.

한국의 핵 개발 노력

사실 한국에서도 핵 개발 노력이 없었던 것은 아니다. 한국은 박정희 정권 당시 핵무기 개발을 추진하였다. 당시의 국제 정세는 닉슨 대통령이 닉슨 독트린을 발표하고 이에 따라 1970년 미 7사단이 한국에서 철수했는데, 이 시기는 북한의 군사력이 한국을 능가한다는 판단이 내려지던 상황이었다. 박대통령은 자주 국방의 필요성을 인식하고 핵무기를 생산할 수 있는 능력을 갖겠다는 계획을 추진하게 된다. 1972년 핵무기 원료인 플루토늄 제조용 재처리 공장을 건설하기 위해 미국 몰래 프랑스와 접촉했다. 1974년에는 한불 협력의 결과 연 20킬로그램의 플루토늄을 생산할 수 있는 공장의 기술 설계도가 완성되었다. 이 정도의 양은 미국이 히로시마에 투하한 것과 마찬가지의 위력을 지닌 핵폭탄 2기를 만들 수 있는 양이었다.

그런데 1974년 인도가 핵실험에 성공하면서 미국은 핵 확산 문제의 심각성을 인식하게 되었다. 이에 미국 정보 당국은 핵무기 개발 관련 물질에 대한 각국의 수입 자료를 검토하기 시작했고, 한국의 핵무기 개발 착수에 대한 확증을 얻었다. 처음에 미국은 프랑스로 하여금 핵기술을 판매하지 않도록 하는 간접적인 방식으로 한국의 핵 개발을 저지하려 했다. 그러나 프랑스가 이를 거절하자 미국은 한국에 직접적 압력을 가하기 시작했다. 미국은 한국이 핵무기 개발을 고집하면 미국은 안보와 경제문제를 포함해 한국과의 모든 관계를 재검토할 것이라고 경고했다. 이러한 반대에 부딪힌 박 대통령은 결국 프랑스와 계약을 취소하게 된다.

그러나 핵 개발이 완전히 취소된 것은 아니었다. 한국은 1978년 프랑스와 재처리시설에 대한 협의를 재개했다. 미국은 이번에는 카터 대통령이 직접 나서서 발레리 지스카르 데스탱(Valery Giscard dEstaing) 프랑스 대통령과 담판을 지었다. 그러나 박대통령이 사망함에 따라 핵 개발은 완전히 중단되었다.

이후 노태우 대통령은 1992년 한반도 비핵화 선언을 통해 한국은 핵 개발의 포기는 물론 핵무기의 실험·제조·생산·접수·보유·저장·배치·사용을 하지 않고 핵 재처리 시설과 우라늄 농축 시설을 보유하지 않는다고 천명함으로써 한국의 핵 주권을 완전히 포기하게 된다. 2009년 북한의 핵실험 이후 한국에서는 핵 주권을 회복하자는 목소리가 다시 커지고 있다. 그러나 주변 국가들의 핵무장 유발 가능성 때문에 미국이 강하게 반대하고 있는 실정이다.*

----
* 유현석, 『국제 정세의 이해』, 한울아카데미, 2009, 184-186쪽.

것이 아니기 때문이다.

배사율背師律을 범한 일본의 패망

그렇다면 왜 일본은 패망할 수밖에 없었을까? 외형적으로는 미국의 힘에 굴복할 수밖에 없었기 때문이다. 그러나 그 이면에는 일본의 무도無道, 비례非禮가 있다.

'예禮', 그것은 한마디로 사람이 마땅히 지켜야할 도리를 말한다. 사람이 더불어 살아가면서 무엇을·어떻게 해야 하는지, 어떤 것이 인간의 마땅한 도리인지, 그 행위 규범을 예라고 한다. 『예기』「예운禮運」에 의하면, 예는 천지가 갈라지기 이전부터 이미 있었으며, 이를 잃으면 죽고 얻으면 산다. 천리天理인 예를 저버리는 것, 천리에 어긋나는 삶, 그것은 무도이자 비례이다.

그런데 사람이 지켜야 할 도리, 인간 세계의 질서에서 지켜야 할 규범의 하나가 스승의 은혜에 보은하는 것, 스승을 저버리지 않는 것이다. 그것이 얼마나 중요한지는 증산상제의 이런 가르침에 잘 나타난다.

> "밥을 한 그릇만 먹어도 잊지 말고 반 그릇만 먹어도 잊지 말라. '일반지덕一飯之德을 필보必報하라.'는 말이 있으나 나는 '반반지은半飯之恩도 필보하라.' 하노라. '배은망덕만사신背恩忘德萬死身'이니라."(2:28:2-4)

밥 반 그릇에 대한 은혜라도 반드시 갚아야 하며, 은혜를 저버리고 덕행을 망각하면 만 번 죽어 마땅한 몸이라는 것이다. 하물며 스승의 은혜에 대하여야 무슨 말이 더 필요하겠는가. 그런데 일본은 그런 짓을 했다. 일본은 일찍이 자신들에게 문화를 전해준 스승의 나라를 침탈하고 그 오랫동안 갖은 패악을 저질렀다. 또한 그들에게 근대 문명을 열어준 미국을 침공하기도 하였다. 1941년에 진주만을 공격하였다. 이로써 일본은 죄 없는 수많은 생명을 고통에 빠뜨리고 희생시켰다. 이것은 배사율背師律을 범한 행위이다. 문제는 개인이든 사회든 국가든, 배사율을 범하면 천지도 가만히 있지 않는다는 것이다.

> "조선은 원래 일본을 지도하던 선생국이었나니 배은망덕背恩忘德은 신도神道에서 허락하지 않으므로 저희들에게 일시의 영유領有는 될지언정 영원히 영유하지는 못하리라."(5:117:1-2)
> "서양 사람에게서 재주를 배워 다시 그들에게 대항하는 것은 배은망덕줄에 걸리나니 …" "일본 사람이 미국과 싸우는 것은 배사율背師律을 범하는 것이므로 장광長廣 팔십 리가 불바다가 되어 참혹히 망하리라."(5:119:1,3)
> "일꾼이 주인의 집을 빼앗으려 하므로 마침내는 크게 패망할 것이니 일본 사람은 나한테 품삯도 못 받는 일꾼이니라." 하시니라."(5:21:7)

일본은 아시아·태평양 전쟁에서 자살돌격대인 가미가제까지 동원하여 서양의 스승인 미국을 공격하였다. 당시 살아 돌아올 가능성이 0.001퍼센트도 없는 작전에 명령이라는 미명하에 젊은이들을 강제 동원하면서까지 전투에 임했다. 일본은 신도에서 결코 용서하지 않는 배사율을 범하였기 때문에, 즉 동양의 스승인 조선과 서양의 스승인 미국이라는 스승에 대한 은혜를 저버리고 배반하였기 때문에 하늘도 가만히 있지 않았다. 1945년 8월 장광, 즉 나가사키(長崎)와 히로시마(廣島)에 원자폭탄 세례를 받은 것은 그런 맥락으로 볼 수 있다.

꼬마와 뚱보 2발의 핵폭탄은 일본의 전쟁 의지를 완전히 무너뜨렸다. 소련마저 선전포고를 하고 이렇게 두 발의 원폭으로 초토화가 되자 일본에게는 더 이상 희망이 없었다. 결국 일본은 8월 10일 포츠담 선언을 수락한다는 문서에 서명함으로써 항복을 결정하였다.

1945년 8월 14일 밤, 일본 내각이 항복 조서의 초안을 작성하여 일왕에게 제출하고, 히로히토(裕仁)의 무조건 항복 성명이 11시 30분부터 녹음되었다. 78회전 SP판 두 장 분량의 이 녹음은 청취율이 가장 높은 15일 정오에 방송하기로 결정되어 황후궁 사무관실 금고 안에 보관되었다.[21] 8월의 태양이 머리 위에 걸릴 무렵인 15일 정오, 시보에 이어 가미가요가 흘러나왔다. 그리고 히로히토의 목소리가 라디오 방송을 통해 흘러나왔다. 무조건 항복을 고하는 종전終戰 조서[일왕 항복 선언문]가 방송되기 시작한 것이다.

일본의 무조건 항복 공식 조인식은 1945년 9월 2일, 도쿄 만 30킬로미터 앞바다에 정박한 미 해군 미주리함에서 이루어졌다.

그것은 많은 시간이 필요하지도 않았다. 3년 8개월 동안 지속된 전쟁을 공식적으로 끝내는데 아침 9시부터 고작 4분이면 충분하였다. 1941년 12월 7일 일본의 진주만 기습으로 시작하여 3년 8개월 동안 온갖 고통과 희생을 초래한 태평양 전쟁은 일본이 항복 문서에 서명함으로써 완전히 끝났다. 이로써 중일 전쟁, 유럽 전쟁, 아시아·태평양 전쟁 등 세 전선에 걸쳐 벌어진 제2차 세계 대전은 끝났다. 총각판 씨름이 막을 내린 것이다.

이 총각판 씨름도 천지공사의 일환이었다.

"장차 일청 전쟁이 두 번 일어나리니 첫 번째에는 청국이 패하고 말 것이요 두 번째 일어나는 싸움이 10년을 가리니 그 끝에 일본은 패하여 쫓겨 들어가고 호병胡兵이 침노하리라. 그러나 한강 이남은 범치

---

21) 심은식 지음, 『한국인의 눈으로 본 태평양 전쟁』2, 가람기획, 2006, 261쪽.

종전終戰 조서

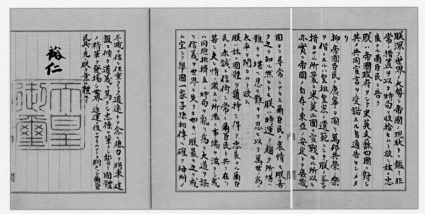

히로히토 종전 조서. (출처 : 가토 기요후미 지음, 안소영 옮김, 『대일본제국 붕괴 -1945년 일본의 패망과 동아시아』, 바오출판사, 2010)

"짐은 깊이 세계의 대세와 제국의 현 상황을 감안하여 비상 조치로서 시국을 수습하고자 충성스럽고 선량한 그대들 신민에게 고하노라.

짐은 제국 정부로 하여금 미·영·중·소 4국에 대하여 그 공동 선언을 수락한다는 뜻을 통고하게 하였다. 무릇 제국 신민의 안녕을 도모하고 세계 만방이 공영의 즐거움을 같이 함은 예로부터 황실 조상이 남긴 법도로서 짐이 마음에 깊이 새겨 잊지 않고 간직하는 바이다. 전일에 미·영 두 나라에 선전포고한 까닭도 또한 실로 제국의 자존과 동아시아의 안전을 바람에 불과하고 타국의 주권을 배제하고 영토를 침범함은 처음부터 짐의 뜻이 아니었다.

그러나 교전이 이미 4년이라는 세월을 지났다. 짐의 육·해군 장병의 용감한 싸움, 짐의 만조백관의 마음을 가다듬고 성의껏 힘씀[勵精], 짐의 1억 뭇 사람들의 나라를 위해 일함[奉公]이 각각 최선을 다하였음에도 불구하고 전쟁 국면이 반드시 호전되지 않았으며 세계의 대세가 또한 우리에게 불리하다.

뿐만 아니라 적은 새로이 잔학한 폭탄을 사용하여 번번히 무고한 백성을 살상하였으며 그 참혹한 해는 미치는 바 참으로 잴 수 없게 되었다. 이 이상 교전을 계속하게 된다면 결국 우리 민족의 멸망을 초래할뿐더러 나아가서는 인류 문명까지도 파괴하게 될 것이다.

이와 같이 되면 짐은 어찌 많은 백성을 보호하고 황실의 신령에게 사죄할 수 있겠는가. 이것이 짐이 제국 정부로 하여금 공동 선언에 응하게 한 까닭이다.

짐은 제국과 함께 처음부터 끝까지 동아시아 해방에 노력한 여러 맹방에 대하여 유감의 뜻을 표하지 않을 수 없다.

제국 신민으로서 전쟁터에서 죽고 맡은 바 일을 하다가 죽고 비명횡사한 자 및 그 유족을 생각하면 오장육부가 찢어지는 듯하다. 전쟁에서 부상을 입거나 재난을 당하거나 가업을 잃어버린 사람들의 후생厚生에 대해서는 짐이 깊이 염려하는 바이다. 생각해보면 앞으로 제국이 받을 고난은 물론 심상치 않다. 그대들 신민의 충정은 짐이 잘 아는 바이나, 짐은 시운의 돌아가는바 난감함을 견디고 고통스러움을 참아서 만세를 위해서 태평한 세상을 열고자 한다.

짐은 이에 국체國體를 보호 유지할 수 있을 것이며, 충량한 그대들 신민의 정성을 믿고 의지하며 항상 그대들 신민과 함께 할 것이다. 만약 격한 감정을 이기지 못하여 함부로 사단을 일으키거나 혹은 동포들끼리 서로 배척하여 시국을 어지럽게 함으로써 대도를 그르치게 하여 세계의 신의를 잃게 함은 짐이 가장 크게 경계하는 바이다.

아무쪼록 온 국민이 하나로 뭉쳐 대대손손 이어갈 신주神州[일본]의 불멸을 크게 믿고 각자 책임이 중하고 갈 길이 멀다는 것을 유념하라. 총력을 장래의 건설에 쏟을 것이며 도의를 두텁게 하고 지조를 굳게 함으로써 국체의 정화를 발양하고 세계의 진운進運에 뒤지지 않도록 하라. 그대들 신민은 짐의 뜻을 받들어라."

못하리라." (5:495:1-3)

여기서 첫 번째 청일 전쟁은 1931년 만주 사변을, 두 번째 것은 1937년 일본의 승리로 막을 내린 중일 전쟁을 말한다. 두 번째 전쟁은 일본의 아시아 지배 야욕을 드러낸 태평양 전쟁과 연계되는데, 일본은 태평양 전쟁에서 미국의 핵 공격으로 인해 항복하였고, 그 결과 중국과 한반도는 일본의 손아귀에서 벗어날 수 있었다.

일본은 조선의 지배를 통해 그들에게 맺힌 원한·척을 풀었다. 그러나 일본의 역할은 그것까지이다. 일본은 대한의 일꾼에 지나지 않는다. 그리고 갈 때는 품삯도 못 받고 빈손으로 돌아갔다.

총각판 씨름은 이렇게 동양의 제국주의 세력인 일본을 무너뜨렸을 뿐만 아니라 중국에도 큰 정치적 변화를 가져왔다. 중국은 일본 제국주의에 저항하며 한 때 국공 합작하더니 공산당이 지배하면서 사회주

일본 항복 조인식. 1945년 9월 2일, 미국의 미주리호에서 일본의 항복 서명식이 열리고 있다. 항복 문서에 서명하고 있는 일본 외무장관 시게미츠 마모루. (출처 : https://commons.wikimedia.org/wiki/File:Shigemitsu-signs-surrender.jpg)

항복 문서에 서명중인 맥아더 사령관. (출처:http://www.koreatimes.com/article/937080)

의·공산주의 국가가 되었다. 이러한 중국의 공산주의화는 남한에게 훈수하는 미국과 일본 대 북한에게 훈수하는 소련과 중국이라는 상씨름 오선위기 구도를 더욱 강화하는 계기였다.

제2차 세계 대전은 인류 역사상 가장 파괴적인 전쟁이었다. 전쟁에 의한 직접 피해로 사망한 사람만도 민간과 군인을 합하여 6천만 명에 이른다. 또한 사실상 세계 거의 모든 국가들이 직간접적으로 관련이 있는 가장 광범한 전쟁이었다. 전쟁은 유럽과 아프리카를 포함하는 전구戰區, 아시아·태평양 전구로 나뉘어 치러졌지만, 유럽 전쟁, 중일 전쟁, 태평양 전쟁 등에서 알 수 있듯이, 제2차 세계 대전은 사실상 지구촌 전체를 뒤덮었던 가장 큰 규모의 전쟁이었다.

제2차 세계 대전은 오선위기 도수의 총각판 씨름에 해당한다. 총각판 씨름의 시작은 1937년 7월 시작된 중일 전쟁이었다. 중일 전쟁의 구도는 일본과 중국이 싸우는데 독일이 일본의 편이 되어 훈수를 두고, 일본과 긴장 관계를 유지하던 소련이 중국에 붙어 훈수하는 형국이었다. 당시 일본의 동아 신질서 구상에 반대하던 미국이나 영국은 중국을 원조하며 일본을 경계하고 있었다.

중국과 일본 사이에 전쟁이 일어나자 소련은 중소 불가침 조약(1937)을 체결하고 일본에 대항하여 중국에 훈수하였다. 그리고 이탈리아와 베를린 로마 주축(1936)을 형성하며 이미 전쟁 준비를 하고 있던 독일은 소련에 대항하여 일본과 방공 협정(반 코민테른 협정, 1936)을 맺고 일본에 훈수하기 시작했다. 이처럼 1936년부터 이미 두 번째 오선위기 판(1936-1945)의 틀이 형성되기 시작했다.

제2차 세계 대전의 다른 전선은 유럽에서 형성되었다. 1939년 9월 독일이 폴란드를 침공하자 이에 영국과 프랑스가 독일에 선전포고를 하면서 시작된 유럽에서의 전쟁은 독일·이탈리아·일본이 손을 잡은 파시스트 추축국과 미국·영국·중국·소련이 연대한 연합국 간의 대결이었다. 중일 전쟁이 그 여세를 타고 독일의 폴란드 침공(1939)으로 비화되어 마침내 제2차 세계 대전(1939-1945)으로 확대된 것이다.

그런데 1941년 12월 8일, 미국의 일련의 행위에 불만을 가졌던 일본이 하와이 진주만의 미국 해군 기지를 기습하였다. 그러자 다음날 미국과 영국이 일본에 선전포고를 하였고, 그 사흘 뒤 독일과 이탈리아가 미국에 선전포고를 하였다. 이후 20여개 국가들이 일본에 선전포고를 함으로써 아시아·태평양 전쟁은 세계 전쟁으로 확대되었다.

그러나 아시아·태평양 전쟁은 인류 역사상 처음으로 히로시마와 나가사키에 원자폭탄이 투하됨으로써 일본의 항복으로 끝났다. 유럽 전쟁에서 1945년 4월 독일의 수도 베를린이 점령당하고 히틀러가 자살하자 독일이 무조건 항복한데 이어, 일본이 아시아·태평양 전쟁에서 무조건 항복함으로써 제2차 세계 대전은 연합국의 승리로 마감되었다.

세계 일가 통일 정권으로 나아가는 길, 국제 연합

제2차 세계 대전 이후 세계 각처에서는 식민지의 독립 요구를 주장하는 목소리가 널리 울렸다. 제국주의 식민 체계가 거의 붕괴되고 여러 약소 국가들이 자립할 수 있는 기회를 맞이한 것이다.

그러나 제2차 세계 대전 후 인류는 새로운 위기, 새로운 위협을 맞이해야만 했다. 60여 개 나라가 참여하여 약 6,000만 명 이상이 목숨을 잃은 것도 모자라, 인류는 핵이라는 가공할만한 무기에 노출됨으로써 새로운 위험에도 대처해야 했다. 그런 가운데 사람들은 인류를 절멸시킬 수도 있는 핵전쟁이나 대규모 전쟁이 다시 일어나서는 안 된다는 의식을 키워나갔다. 특히 세계 지도자들은 세계 전쟁과 같은 사건이 더 이상 발생하지 않도록 하기 위해서는, 비록 제1차 세계 대전 후 조직되었으나 제 기능을 하지 못했던 국제 연맹보다 더 강력한, 새로운 세계적인 조직·기구가 필요하다고 보았다. 그리하여 만들어진 것이 국제 연합(United Nations)이다.

국제 연맹이 아닌 새로운 강력한 국제 기구의 필요성은 이미 제2차 세계 대전 중에 공공연하게 제기되었다. 그 필요성은 특히 루즈벨트 미국 대통령과 처칠 영국 수상이 이루어낸 1941년 8월의 대서양 선언에서 감지된다. 경제 문제와 영구적인 안보 협력을 촉구하는 이 대서양 선언은 유엔 창설의 기초가 되었다. 1942년 1월 1일, 추축국樞軸國에 대항해 싸운 26개 나라가 워싱턴에 모여 대서양 헌장의 원칙을 승인하고, 국제 연맹을 대신할 새 기구의 창설에 동의했다. 미국, 영국, 중국, 소련 등 4개국은 1943년 10월 30일 모스크바 외상 회의에서 일반적 국제 기구의 조기 설립 필요성에 합의했다. 또 1944년 8월-10월 미국 워싱턴 교외 덤버턴 오크스(Dumbarton Oaks) 회의에서는 국제 연

미국 뉴욕에 있는 유엔 본부의 총회장. (출처:http://www.unmultimedia.org/photo/detail.jsp?id=680/680600&key=89&query=*&lang=en&sf=)

합의 목적, 원칙 및 구성 등에 합의하고 전문 12장의 유엔 헌장 초안을 마련했다.

1945년 4월 25일 50개 나라 대표들이 미국 샌프란시스코에 모여 유엔 헌장을 작성하고, 10월 24일 미국, 영국, 프랑스, 소련, 중화민국 등 46개 나라가 헌장 비준서에 동의함으로써 유엔은 공식 출범하였다. 51개 회원국이 모두 참석한 제1차 유엔 총회는 1946년 1월 런던에서 열렸다. 무엇보다 미국을 비롯한 여러 강대국들이 가입하지 않았던 국제 연맹과는 달리, 국제 연합은 국제 연맹에 가입하지 않았던 미국, 소극적이었던 영국과 프랑스, 추방되었던 소련 등 강대국들이 가입함으로써 국제 연맹보다 힘을 발휘할 수 있었다.

국제 연합의 가장 큰 특징은 군사력을 동원할 수 있는 등 세계적으로 행사할 수 있는 힘을 가지고 있다는 측면에서 국제 연맹과는 크게 차이가 있다. 국제 연합은 1950년 한국 전쟁에 개입했다. 북한이 남한을 침략한 직후 안보리는 이를 침략 행위로 규정하고 즉각 철수를 요구한데 이어, 처음으로 국제 연합군을 결성하여 참전하였다. 국제 연합은 이후 집단 안보의 행사나 평화 유지 활동, 국제 제재, 평화 조성 및 예방 외교도 활발하게 벌였다.

그러나 세계 평화와 안전을 유지하려는 국제 연합이 정말 기능적인지 비판의 목소리도 높다. 왜냐하면 국제 연합이 기능적이려면 그 핵심인 안보리가 원활하게 움직여야하는데, 현실적으로는 그렇지 못한 면이 없지 않기 때문이다. 지난날 서구 중심의 안보리 구조, 양분화된 국가 이념 구조, 가장 크게는 자국의 이해 관계를 가장 중시하는 의사 결정 등으로 인해 유엔은 유엔의 기능을 원만하게 수행하지 못하는 경우도 많았다. 냉전시대 국제 연합이 세계 평화를 말하면서도 별다른 힘을 쓰지 못한 것도 바로 이런 이유에서였다. 안보리의 5대 강국

중 한 나라가 거부권을 행사해도 평화를 위한 실천일지라도 행동으로 옮길 수는 없었다. 국제 연합은 세계의 문제를 논의하고 해결하기 위한 마당이 아니라 강대국들의 이해가 판치고 대립하는 장으로서의 모습이 더 현실적인 듯하다. 지난 2003년 미국은 이라크가 대량 살상 무기를 보유하고 있다며 이라크를 공격할 것을 국제 연합에 호소했다. 그러나 미국은 유엔의 승인이 없어도 영국과 함께 이라크를 공격했다. 이를 비판하는 유엔 사무총장은 미국과 갈등을 야기하기도 했다.

애기판 싸움을 붙여 동양에서 서양 세력을 몰아낸 증산상제는 서양으로 보낸 조선신명들에게 더 큰 규모의 전쟁을 일으키도록 하였다. 그것이 중일 전쟁, 제2차 세계 대전이었다. 중국과 러시아가 손잡고 일본과 독일이 손잡은 대결 구도로 이루어진 중일 전쟁은 독일이 폴란드를 침공함으로써 판이 더욱 커져 2차 세계 대전으로 확대되었다. 인류 역사상 첫 지구촌 전면전의 성격을 띤 총각판 싸움은 배사율을 범한 일본이 불바다로 변함으로써 막을 내렸다.

애기판과 총각판을 거치며 서구 제국주의 국가들의 힘이 많이 약화되어 그동안 기울었던 동서양 세력도 균형을 잡게 되었고, 많은 약소국들은 해방을 하고 독립을 하기도 하였다. 전후에는 끔찍한 세계 전쟁을 막기 위한 목적으로 국제 연맹을 보다 강화한 국제 연합이 만들어졌다. 국제 연합은 이전의 국제 연맹처럼 세계 일가 통일 정권을 열기 위해 나아가는 또 하나의 과정이다.

6. 상씨름 초반전, 한국 전쟁

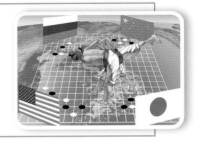

세 판의 씨름 중 마지막 씨름은 상씨름이다. 상씨름은 더 이상이 없는 끝판 씨름이다. 세 판의 씨름 중 세 번째 판인 상씨름을 증산상제는 한반도에서 남북이 38선을 경계로 대결하도록 공사보았다.

"씨름판대는 조선의 삼팔선에 두고 세계 상씨름판을 붙이리라."(5:7:3)

상씨름은 분단된 남·북, 즉 바둑판의 주인끼리 붙는 씨름이다.

한국 전쟁은 바로 이런 상씨름의 초반전이었다. 3년 동안 치러진 1950년 6월에 시작된 상씨름은 아직 끝나지 않았다. 지금도 휴전상태이다. 상씨름 전쟁의 재개는 장차 천지에 대변화를 동반하면서 세계 정치 질서에도 큰 변화를 초래한다. 이제 그 초반전이었던 한국 전쟁에 대하여 알아보자.

한반도의 분단과 세계 냉전冷戰 질서

1945년 8월 15일, 일본 천황은 라디오를 통해 일본의 무조건 항복을 만방에 알렸다. 조선이 일본 제국주의의 36년 식민 지배에서 벗어나는 순간이었다. 그러나 세상사가 어디 그렇게 순탄하게만 풀리던가. 사전 합의에 의한 것이지만, 일본군을 무장 해제시킨다는 명분을 앞세워 미국과 소련이 한반도로 들어와, 이른바 새로운 파워 게임을 시작했기 때문이다. 1945년 8월, 소련이 만주를 거쳐 한반도로 들어와 북한을 점령하였다. 한반도를 모두 소련이 차지하는 상황을 눈뜨고 보고만 있을 수 없던 미국도 9월 초(9일)에 남한에 진주하였다. "일본은 동양 머슴이요, 미국은 서양 머슴이니라. 장차 일본이 나가고 서양이 들어오느니라"(5:336:6)는 증산상제의 말처럼, 일본이 한반도에서 물러나고 미국과 소련, 즉 서양 세력이 한반도에 들어왔다. 1945년, 두 나라는 합의한 대로 하나인 한반도를 38도선을 기준으로 분할 점령한 것이다.

남북이 이렇게 미국과 소련에 의해 분할 점령되자 해외에 있던 정치 세력들이 자신들이 지지하는 곳으로 귀국하였다. 가장 먼저 김일성의 동북 항일 연군 세력이 소련과 함께 평양으로 귀국하였다. 그리고 중국에서 중국 공산당과 연계를 맺고 활동하던 조선 독립 동맹 세력도 평양으로 향했다. 반면에 미국에서 활동하던 이승만과 중국에서 활동하던 김구의 임시 정부 세력은 서울로 입성하였다.

이들 귀국 세력들 중 38선 이남에서는 이승만이 정국의 새로운 중심으로 주목받았다. 이승만은 상해 임시 정부의 초대 대통령이었고, 일제의 패망 직전 '미국의 소리(VOA)'를 통해 국내에 반일 방송을 함으로써 지명도가 꽤 높았다. 미국에 오래 거주한 그는 철저한 반공주의자였다. 그러나 귀국하였을 때 기반이 약하였던 그는 세력을 강화하는 과정에서 막강한 자금과 조직력을 가진 친일 세력을 많이 끄려들었다. 그러다 보니 이승만 주변에는 북

1948. 4.19, 38선상의 김구 선생 일행. (출처 : 백범 김구 기념 사업회)

한에서 월남한 사람들이 대거 참여한 반공 단체, 친일 혐의를 받는 사람, 미군정에 참여한 우익 인사들이 많았다.

뒤늦게 귀국한 김구의 대한민국 임시 정부 세력은 임시 정부의 정통성을 주장하며 이승만과 합작에 소극적이었다. 그리하여 우파 조직은 이승만과 김구 양대 세력이 주를 이루었다. 반면 북측의 공산당 세력은 김일성을 중심으로 권력을 장악해 나갔다.

좌우 정치 세력들은 1945년 12월, 모스크바에서 열린 미·영·소 3국 외상 회의에서 결정된 임시 정부 수립과 신탁 통치 문제를 둘러싸고 치열한 대립을 하였다. 미국은 남쪽에 반공 국가·친미 국가를 세우려고 하였고, 소련은 북쪽에 사회주의 국가·친소 국가를 들이려고 하였다. 좌우가 대립하는 가운데 통일 정부 수립을 위해 미·소 공동 위원회가 열렸지만 회담은 결렬되었다. 중국에서 공산당의 세력이 커지고 소련도 한반도에서 양보 의사를 보이지 않자, 미국은 38도선 남쪽만이라도 확보하여 반공 국가를 세우고 싶었다.

미소가 한반도 문제를 둘러싼 합의를 이루지 못하자 한국 문제는 1947년 9월에 유엔으로 넘겨졌다. 미소 양군의 동시 철군과 한국인 스스로의 해결을 제안하며 국제 연합의 개입을 반대했던 소련의 안을 제치고, 국제 연합 총회는 미국이 제안한 대로 신탁 통치를 거치지 않는 한국 독립과 국제 연합 감시하의 남북한 총선거를 통한 한반도 통일 방안을 의결했다. 그리고 1948년 2월 국제 연합 총회는 남한지역만의 총선거 실시를 결의하였다. 5월 10일 남한에서 총선거가 실시되었는데 미국의 지지를 얻은 이승만이 초대 대통령으로 선출되었고, 8월 15일 대한민국 정부를 세웠다.

그러자 북쪽에서도 김일성이 9월 9일, 조선 민주주의 인민 공화국을 세웠다.

서로 다른 이데올로기, 자국의 이해관계를 바탕으로 하는 미국과 소련이 각각 남·북한의 아랫목을 차지하며 주인 행세를 함은 남북이 필연적으로 분단되는 결과를 가져올 수밖에 없었다. 그러나 당시 어느 누가 이 분할선이 두 개의 국가를 만들어내고, 급기야 같은 민족끼리 총부리를 들이대는 상황으로 그렇게 오래 지속될 것이라 예상이나 할 수 있었을까? 한국인의 의사와는 무관하게 미국과 소련에 의해 그어진 38선은 한반도 분단의 시작이었고, 한반도가 미소 양 진영의 협력과 대립, 냉전과 열전의 장이 되어감에 따라 한반도는 물론 동아시아 냉전의 경계선이 되었다.[1]

　이쯤에서 한 가지 중요한 점을 기억할 필요가 있다. 바로 중국에 공산 정권이 들어서자 미국이 취한 행동이다. 중국 땅에는 1949년 10월 1일 마오쩌둥을 주석으로 하고 저우언라이를 수상으로 하는 중화인민공화국이 들어섰다. 공산당이 중심이 된 국가의 성립은 동북아에

대한민국 정부 수립 선포식. 중앙청 앞에 모여든 군중들이 손을 들어 '만세'를 외치고 있다. (출처 : http://contents.history.go.kr/front/ti/view.do?treeId=07030&levelId=ti_030_0180)

1) 한중일3국공동역사편찬위원회 지음, 『한중일이 함께 쓴 동아시아 근현대사』1, Humanist, 2012, 248쪽.

서 공산주의의 움직임이 장차 어떻게 될지 뻔하였다. 이에 미국이 취한 행동이 일본을 전면에 내세워 동북아에서 반공 정책을 펴는 것이었다. 미국은 중국 대륙이 공산화하자 태평양 전쟁을 일으킨 전범국인 일본을 동북아 동맹 국가로 그야말로 파격적으로 격상시켜 반공의 보루로 삼고자 하였다. 이를 위해 미국은 일본의 민주화 정책을 후퇴시키는 대신 경제적으로는 자립을, 정치 사회적으로는 보수 우익 중심의 구조를 만들어가고, 일본과 각종 조약을 맺고 일본을 세계 무대에 복귀시켜 나갔다. 그야말로 미국과 일본은 동북아에서 반공의 주요 파트너가 되었다. 일본은 한국 전쟁뿐만 아니라 미국의 동북아 여러 나라에서 반공 활동의 전진 기지였고 지금까지도 그렇다.

이로써 상씨름 판의 기본 구도가 갖추어졌다. 남북을 두고 미국과 일본, 소련과 중국이 각기 한편이 되어 대결하는 가장 큰 전쟁 구도가 형성되었다.

그것은 곧 냉전 질서로 나아가는 길목이었다. 잠시 냉전 질서의 형성 배경을 살펴보자.

제2차 세계 대전 이후 전후 세계의 문제를 해결하려던 가장 적극적

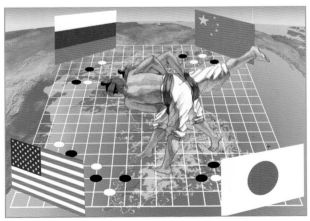

상씨름 오선위기

인 주체는 미국과 소련이었다. 제2차 세계 대전 이전의 세계 질서는 영국이 패권적 지위를 확보하며 세계를 지배한 맹주였다. 그러나 전쟁으로 심각한 피해를 입은 영국은 더 이상 지난날의 영국, 세계 패권국일 수 없었다. 전후 이런 지위를 차지한 것은 연합국을 이루며 제2차 세계 대전에서 큰 역할을 한, 떠오르는 강대국인 미국과 소련이었다.

두 나라는 제2차 세계 대전에서 연합국이었지만 전후 세계 질서 재편 논의로부터 약 50여년에 걸쳐 세계 정치를 둘러싸고 전쟁을 벌이며 갈등 관계가 되었다. 이렇게 1945년 이후 1989년까지 미국을 중심으로 하는 자유 민주주의 국가·자본주의 국가들과 소련을 중심으로 하는 사회주의 국가·공산주의 국가들이 양극 체제를 형성하며 대립하고 갈등하던 상황이 냉전(cold war)이다.

냉전 질서가 형성되기 시작한 것은 전후 처리 문제를 두고 보인 미국과 소련의 상이한 이해 관계, 상호 불신과 견제에 기인한다. 전후 소련은 종전에도 불구하고 자신들이 점령한 동유럽에서 군대를 철수하지 않고 오히려 여러 나라들을 소련의 위성국으로 만들었다. 미국이 이런 소련에 대해 견제하며 대항마로서 모습을 드러낸 것은 1946년 그리스를 비롯하여 터키에서 일어난 내전이 계기였다. 당시 그리스에서 공산 게릴라들이 내전을 일으키자 미국은 그 배후에 소련이 있다고 보았다. 이에 1947년 3월 미국의 트루먼 대통령은 트루먼 독트린(Truman Doctrine)을 발표하여, 앞으로 미국은 공산 세력의 확대를 막기 위한 모든 활동을 하겠다는 의지를 보였다. 미국은 나아가 트루먼 독트린에 따라 소련을 비롯한 유럽의 국가들이 원한다면 경제 원조도 아끼지 않겠다는 마셜 플랜(Marshall Plan)도 세웠다. 트루먼 독트린은 곧 미국이 소련의 팽창을 막고 소련 봉쇄 정책을 펴겠다는 의지의 천명이자, 유럽에 민주주의와 자본주의 체제를 건설하겠다는 선언이었다.

그러자 소련도 가만히 있지 않았다. 동구권에서 공산주의가 소련의 영향력으로부터 벗어날 것을 두려워한 스탈린은 친미 세력을 차단하고 동구권 국가들이 마셜 계획의 지원을 받지 못하게 막는가 하면, 위성국의 경제 부흥에 대한 계획을 담은, 소위 몰로토프 계획(Molotov Plan)을 마셜 플랜의 대안으로 마련하였다. 나아가 소련은 1947년 9월 반소反蘇·반공산주의 공세에 대항하고 공산주의 세력의 연대를 강화하기 위해 소련 공산당 주도로 소련, 폴란드, 체코슬로바키아, 헝가리, 루마니아, 불가리아, 유고슬라비아, 프랑스, 이탈리아 등 9개국의 공산당·노동자당 대표가 폴란드의 바르샤바에 모인 가운데 코민포름(Cominform, Communist Information Bureau)을 결성하였다.

소련 및 동구 공산국가들이 이렇게 결속하자 미국은 공산주의에 대항하며 자본주의 세력을 강화하기 위한 군사 동맹을 결성하였다. 미국은 서유럽 제국(벨기에, 캐나다, 덴마크, 아이슬란드, 이탈리아, 룩셈부르크, 네덜란드, 노르웨이, 포르투갈, 영국, 프랑스)과 지역적 집단 안전 보장 기구로 나토(NATO), 즉 북대서양 조약 기구(North Atlantic Treaty Organization)를 1949년 4월에 조직하였다. 한편 소련을 비롯한 동구권 8개국(소련, 폴란드, 동독, 헝가리, 루마니아, 불가리아, 알바니아, 체코슬로바키아)은 이런 나토에 대응하며 사회주의 국가 간의 동맹을 강화하기 위해 1955년 5월 폴란드 바르샤바에 모여 바르샤바 조약 기구(Warsaw Treaty Organization)라는 군사 동맹 조약 기구를 만들었다.

냉전속의 열전, 한국 전쟁

일제로부터 해방 이후, 남북한의 독자적 국가 수립으로 한반도에는 하나가 아닌 상이한 이데올로기를 바탕으로 하는 두 나라가 38선을 가운데 두고 마주하게 되었다.

그러나 알고 보면 한반도가 38선을 기준으로 남북으로 갈라진 것은 우연이 아니다.

> "하루는 상제님께서 말씀하시기를 "현하 대세가 씨름판과 같으니 애기판과 총각판이 지난 뒤에 상씨름으로 판을 마치리라." 하시고 종이에 태극 형상의 선을 그리시며 "이것이 삼팔선이니라." 하시니라. 또 말씀하시기를 "씨름판대는 조선의 삼팔선에 두고 세계 상씨름판을 붙이리라."(5:6:1-3)

이에 따르면 바둑판에 해당하는 한반도가 38선을 기준으로 나뉘어 양분된 것은 천명에 의한 것이다. 증산상제의 앞으로 새로운 세계 정치 질서를 열기위한 공사의 한 부분에 의해서였다. 세계 정치 질서는 바둑판 한반도가 38선을 경계로 양분되고, 장차 남한과 손을 잡는 미국과 일본 대 북한 편을 드는 소련과 중국 두 진영으로 편을 가르는 세계 상씨름판 대결 구도를 이루며 열려나가게 한 것이다. 남북 분단은 한반도에서 서로 대립하는 동맹 체제를 구축하는 계기였다. 즉 남북이 갈라짐으로써 남한을 중심으로 미국과 일본이 결합한 삼국 동맹, 북한을 중심으로 소련과 중국이 결합한 삼국 동맹이 형성된 것이다.

1950년 6월 25일에 일어난 한국 전쟁, 그것은 증산상제의 천지공사의 맥락에서 보면 앞으로 새로운 문명, 한반도를 중심으로 새로운 세계 정치 질서를 여는 세계 전쟁의 출발점이다. 그런데 브루스 커밍스(Bruce Cumings)와 같은 사람들은 1949년 여름과 가을에 걸쳐 38선 부근에서 남한이 많은 도발과 그해 8월 옹진·개성·철원 등지에서 남북 간 군사적 충돌이 격화된 점 등을 들며 한국 전쟁을 내전으로 본다. 그러나 총각판 씨름 이후 한국 전쟁의 발생과 전개 과정을 총체적으로 보면 한국 전쟁은 결코 단순한 내전이 아니다. 그것은 미국과 소련 및 중국, 그리고 유엔까지 개입한 세계 전쟁으로, 상씨름의 불씨, 상씨름의 초반전이었다.

앞에서 지적하였듯이 제2차 세계 대전 후 공동의 적이 사라진 후 미국과 소련은 협조적 관계에서 경쟁 관계로 바뀌었다. 특히 소련이 동유럽의 여러 나라를 자신들의 손아귀에 넣고 그 세력을 팽창시키자 미국은 소련과 협력 관계를 청산하고 1947년 무렵부터 냉전 체제를 이루었다. 1948년 8월과 9월, 한반도에는 25일을 간격으로 두 정권이 들어섰다. 남북에 각기 새로운 정부가 수립되자 미군과 소련군이 철수한 가운데 한반도에서는 전쟁의 기운이 싹트고 있었다. 특히 북한의 김일성은 남북 통일을 위한 전쟁을 적극 추진하기 시작했다.

북한의 김일성은 남침 1년 전부터 한반도 통일을 위해 소련과 접촉하였다. 그는 남침 이전인 1949년부터 여러 차례 스탈린에게 남침 허락을 요구했다. 박헌영을 스탈린에게 보내 전면적 남침을 허가해 달라고 요청하기도 했다. 그러나 돌아오는 답은 뻔하였다. 그러자 이번에는 김일성이 직접 나섰다. 1949년 3월 5일, 김일성은 박헌영을 대동하고 정권 수립 후 처음으로 소련으로 스탈린을 찾아갔다. 그리고 무력을 통한 통일 계획안을 설명했다.

1949년 3월, 김일성은 스탈린을 만나기 위해 소련에 갔다. 모스크바 역에 도착한 김일성이 성명을 발표하고 있다. (출처: http://www.econotalking.kr/)

김일성은 지금이 한반도를 통일할 수 있는 좋은 기회라며, 남한을 공격하는데 필요한 무기는 물론 정치적 후원, 나아가 경제적 지원을 해 줄 것도 요구했다. 그러나 스탈린은 냉철했다. 그는 북한군의 군사적 취약성, 38도선 유지에 대한 미·소 협정, 남한 내 공산주의자 게릴라 활동의 상대적 미약성, 그리고 무엇보다도 미국이 군사적으로 개입하여 제3차 세계 대전이 일어날 수 있다는 등의 이유로 이 요청을 거부했다. 김일성은 스탈린에게 남한 침략 허가를 요청했지만 퇴짜를 맞은 것이다.

　김일성의 계획에 대한 거부는 중국도 마찬가지였다. 1949년 5월, 김일성은 베이징에 특사를 파견하여 빠른 시일 내에 한반도를 통일하겠다는 뜻을 전하며 중국의 지지를 바랬다. 그러나 당시 중국에는 할 일이 많았다. 마오쩌둥 앞에는 정권을 공고히 하는 것뿐만 아니라 경제를 회복해야하는 어려운 과제도 놓여 있었다. 게다가 타이완을 공격해서 중국의 통일을 완성하는 일은 더욱 어려운 임무였다. 마오쩌둥은 한반도의 정세 변화가 중국에서 자신의 정치적 포석에 영향을 주는 것을 원치 않았다. 따라서 마오쩌둥은 북한이 일단 공격하면 지지하고 중국 군대 중 세 개의 조선인 부대와 무기를 북한에 넘겨주기로 했다. 그러나 다른 한편으로는 김일성에게 당분간 남한을 공격하지 말라고 권했다.[2]

　스탈린과 마오쩌둥이 이렇게 소극적으로 나오자 김일성도 어쩔 수 없었다. 계속되는 남침 허락과 지원 요구에도 불구하고 소련과 중국이 밀어주지 않는 상황에서 김일성이 홀로 남침할 수는 없었다. 그러나 김일성은 포기하지 않았다.

　1950년 1월 17일, 평양에서 김일성과 북한 주재 소련 대사 스티코

----

2) 왕단 저, 송인재 역, 『왕단의 중국 현대사』, 동아시아, 2013, 53-54쪽.

스탈린과 김일성의 밀담 1

김일성이 스탈린과 만나 나눈 밀담을 들어보자.

김일성 스탈린 동무, 현재의 정세에 비추어 볼 때 군사적 수단을 통하여 전국을 해방하는 것은 필연적이고 또 가능하다고 우리는 믿습니다. 남반부의 반동 세력들은 평화 통일에 결코 동의하지 않을 것이며, 북침하기에 충분할 정도로 강하다고 스스로 판단할 때까지 조국의 영구 분단을 획책할 것입니다. 현재 우리는 주도권을 장악할 수 있는 최선의 기회를 맞고 있습니다. 우리 군대가 더 강하며, 또한 우리는 남반부 내의 강력한 빨치산으로부터 지원을 받고 있습니다. 친미 정권을 경멸하는 남쪽 주민들도 분명 우리를 도울 것입니다.

스탈린 남쪽으로 진격해서는 안 됩니다. 우선 조선 인민군은 남측 군에 대하여 압도적 우위를 확보하고 있지 못합니다. 본인이 알고 있는 한, 수적인 면에서 인민군은 오히려 그들에게 뒤져 있습니다. 둘째, 남반부에 미군이 여전히 존재하고 있어 적대적 행위가 발생하는 경우 개입할 것입니다. 셋째, 38도선에 관한 미·소 간 협정이 유효하다는 사실을 잊어서는 안 됩니다. 그 협정이 우리 측에 의해 파기된다면, 미국이 간섭할 이유가 더욱 증대할 것입니다.

김일성 그것은 가까운 장래에 조선을 통일할 기회가 없다는 의미인가요? 우리 인민들은 다시 합쳐지기를, 그리고 반동 정권 및 미국 주인의 멍에로부터 벗어나기를 매우 열망하고 있습니다.

스탈린 적이 공격 의도를 갖고 있다면 조만간 공격을 시작할 것입니다. 공격에 대응하여 반격할 좋은 기회를 갖게 될 것입니다.*

----
* 예프게니 바자노프, 『소련의 자료로 본 한국 전쟁의 전말』, 27-28쪽: 북한 정부 대표단과 스탈린간의 대화록(1949. 3. 7). 김경헌, 『중국의 한국 전쟁 개입 전말』, 육군사관학교 화랑대 연구소, 2008, 88쪽 재인용.

프 등이 만난 만찬이 열렸다. 이곳에서 김일성은 스티코프에게 남침과 관련한 많은 이야기, 스탈린이 자신을 허락하지 않은 것에 대한 불만 등에 대해 유감을 표했다. 그리고 스탈린 면담도 요청했다.

스티코프가 김일성이 한 말을 스탈린에게 자세히 보고하자, 보고 11일 만인 1월 30일, 스탈린이 서명한 전보가 평양으로 타전되었다. 스탈린은 전문에서 김일성의 불만은 이해가 되나 '큰 일'에 관해 치밀한 준비를 해야 하며, 이를 실현하기 위해 지나친 모험을 해서는 안 된다는 점을 이해해야 한다고 언급했다. 나아가 김일성을 접견해 이 문제를 논의할 준비가 돼 있고 그를 지원할 용의가 있다고 밝혔다. 이는 스탈린이 김일성의 계획에 동의한다는 것이었다.

결국 스탈린의 초청으로 김일성은 3월 30일부터 4월 25일까지 박헌영과 함께 대규모 방소단을 거느리고 모스크바로 향해 평양을 출발했다. 김일성은 귀국한 4월 25일까지 약 1개월간 머무르며 3회에 걸쳐 스탈린과 회담했다.

이때 두 사람은 전쟁 계획을 깊이 논의하였고, 김일성은 스탈린으로부터 자신의 남침 계획을 승인받았다. 미국의 개입 가능성이 낮다고 판단한 두 사람은 전쟁을 결정한 것이다. 그러나 스탈린은 그 이전에 이미 김일성의 남침을 본격적으로 준비하고 있었다. 스탈린이 북한에 약 5천만 달러에 달하는 소련제 무기와 장비를 구입할 수 있도록 1951년에 제공키로 되어있던 차관을 앞당겨 1950년 전쟁 직전에 사용할 수 있게 한 점이나, 독·소전쟁의 영웅인 바실리예프 장군을 북한에 고문으로 파견하여 전쟁 계획을 수립하도록 한 점이 이를 뒷받침한다.[3]

----

3) 『한국 전쟁 관련 러시아 외교 문서』, 1950년 2월 9일, 24일. 김영호, 『한국 전쟁의 기원과 전개 과정』, 성신여자대학교 출판부, 2006, 137쪽 재인용.

스탈린과 김일성의 밀담 2

스탈린과 김일성이 만나 나눈 밀담의 일부를 들어보자.

스탈린 국제적 측면에서 중국 공산당이 승리를 거둠으로써 조선에서 행동을 취하기 위한 환경이 개선되었습니다. 중국은 더 이상 내부 투쟁으로 바쁘지 않을 것이고 조선을 원조하는 일에 관심과 에너지를 쏟을 수 있게 되었습니다. 중국은 이제 필요하다면 자기 군대를 무리 없이 조선에 파병할 수 있습니다. 중국이 소련과 동맹 조약을 체결했기 때문에 미국은 아시아의 공산주의에 대한 도전을 더 주저할 것입니다. 입수한 정보에 의하면 미국 내의 지배적인 분위기는 조선 문제에 간섭하지 않는다는 것입니다. 소련이 원자탄을 보유함으로써 이러한 분위기는 더욱 심화되고 있습니다. 하지만 우리는 조선의 해방에 관한 찬반 의견을 다시 한 번 신중하게 고려해야 합니다. 첫째, 미국이 결국 개입할지 여부를 검토해야 하고, 둘째, 중국 지도부가 이를 찬성할 때만 시작할 수 있는 것입니다.

김일성 소련과 중국이 뒤에 있고 조선을 원조할 능력이 있다는 것을 알고 있으므로 미국은 대규모 전쟁의 위험을 무릅쓰지 않을 것입니다. 마오쩌둥 동무는 중국 혁명이 완수된 후 조선을 도울 것이며, 필요하다면 병력을 제공하겠다고 여러 차례 언급하였습니다.

스탈린 철저한 전쟁 준비가 필수적입니다. 우선 군대의 준비 태세를 보다 높은 수준으로 올려야 합니다. 그 다음 구체적인 공격 계획이 수립되어야 합니다. 기본적으로 이것은 3단계로 구성할 필요성이 있습니다. 첫째, 38도선에 인접한 특정 지역으로 병력 집중 배치, 둘째, 새로운 평화 통일 방안 제시. 분명 이 제안은 남조선이 거부할 것입니다. 거부하면 반드시 반박하여야 합니다. 셋째, 속전속결을 지향하여 남조선과 미국이 정신을 차릴 틈을 주어서는 안 됩니다. 소련이 직접 전쟁에 참여할 것으로 기대하지 마세요. 특히 미군이 군대를 파견하더라도 소련은 개입하지 않을 것입니다. 그리고 이 문제는 반드시 마오쩌둥과 상의하세요.

김일성 우리의 공격은 신속히 전개되어 3일 내에 승리를 거둘 것입니다.

그리고 남조선 내의 빨치산 활동이 보다 강력해질 것이며 대규모의 봉기가 기대됩니다. 북조선 군대의 동원을 여름까지 완료하고 소련 고문관의 도움을 받아 조선군 참모들이 구체적인 계획을 수립할 것입니다.*

* 예프게니 바자노프, 『소련의 자료로 본 한국 전쟁의 전말』, 52-55쪽: 소련 공산당 중앙 위원회 국제부의 김일성 방소에 관한 보고서. 김경헌, 『중국의 한국 전쟁 개입 전말』, 육군사관학교 화랑대 연구소, 2008, 97쪽 재인용.

그러나 한 가지 조건이 있었다. 바로 스탈린은 김일성에게 마오쩌둥의 동의도 받아야 한다고 하였다. 스탈린은 자신은 남침을 허용하지만, 최종적인 결정에는 중국의 의사를 반영하도록 하였다. 중국이 반대할 경우에는 새로운 논의가 이루어질 때 까지 남침하지 못하게 하였다. 왜 그랬을까? 스탈린이 김일성에게 마오쩌둥과 논의하고 그의 동의를 받도록 한 이유는 무엇일까? 그것은 일종의 보험을 든 것이었다. 스탈린은 혹시 미국이 개입하면 중국을 한국 전쟁에 끌어들이기 위함이었다.

　김일성은 5월 13일부터 16일까지 비밀리에 베이징(北京)을 방문했다.

　5월 13일, 김일성은 마오쩌둥을 만나 스탈린과 모스크바 회담에서 오고간 이야기를 마오쩌둥에게 전했다. 핵심적인 것은 스탈린이 이미 자신의 계획에 동의하였다는 것이었다. 마오쩌둥이 판단하기에 판은 이미 기울어졌다. 마오쩌둥도 어쩔 도리가 없었다. 내심 아주 불만스러웠지만 마오쩌둥은 그것이 참인지 스탈린에게 직접 확인하고 싶었다. 밤 11시 반, 마오쩌둥은 스탈린이 정말로 전쟁을 승인했는지 확인하기 위해 주중 소련대사 로신을 급하게 호출하여 확인을 요청하는 전문을 보내게 했다. 그러자 안드레이 비신스키 소련 외교장관이 스

1950년 5월, 김일성과 마오쩌둥(毛澤東)의 만남. (출처 : http://www.econotalking.kr/)

탈린의 답신을 로신 대사에게 5월 14일 이렇게 보냈다.

"마오쩌둥 동무. 조선 동무들과의 회담에서 필리포프(philippov, 스탈린의 암호명)와 그의 동지들은 변화된 국제 정세를 감안하여 통일 과업을 개시하자는 조선인들의 제안에 동의했습니다. 이와 함께 중국 및 조선 동무들에 의해 공동으로 이 문제에 관한 최종 결정이 내려져야 한다고 합의하였습니다. 중국 동무들이 동의하지 않는 경우, 새로운 논의가 있을 때까지 그 결정은 연기되어야 할 것입니다. 조선 동무들이 회담의 구체적인 내용에 관해 귀하에게 알려드릴 것입니다."[4]

김일성의 말처럼 스탈린이 남침을 허락했다는 것이었다. 그날 밤 마오쩌둥은 잠을 이루지 못했고, 다음날 태도를 결정하였다 김일성의 계획을 받아들이기로 한 것이다. 마오쩌둥 역시 북한이 남침한다 해도 미국은 중국 내전에서처럼 개입하지 않을 것이라고 판단하였다. 그리하여 마오쩌둥은 북한의 남침에 동의한 후, 만약 미군이 참전한다면 중국도 병력을 파견하여 돕겠다는 뜻을 김일성에게 말하였다. 스탈린은 한국 전쟁 이전에 이미 중국의 개입을 약속받은 것이나 다름없었다. 스탈린은 미국의 개입을 대비하여 중국의 참전을 보장받아 놓았다.

그렇다면 스탈린은 왜 그동안 거부하던 전쟁을 갑자기 태도를 바꾸어 김일성의 뜻에 동의하였을까? 소련의 한국 전쟁 개입 의도는 무엇이었을까? 그 가장 기본적인 배경은 소련이 핵실험을 통해 미국과 맞서 전쟁을 벌일 수 있는 결정적인 무기 조건을 갖추었기 때문일 것이다. 1949년 8월 29일, 카자흐스탄 사막의 세미팔라틴스크에서 행한

----

4) 김경현, 『중국의 한국 전쟁 개입 전말』, 육군사관학교 화랑대 연구소, 2008, 100쪽.

핵실험 성공 이후, 스탈린의 태도가 바뀐 것이다. 당시까지만 해도 미국이 핵무기를 독점하고 있었으나, 소련이 핵실험에 성공하면서 다핵 시대가 열리면서였다. 지금까지 미국의 핵 독점 보유에 눌려 큰 소리를 못 내던 소련이 핵무기를 갖게 되자 미국과의 경쟁에서 자신감을 얻게 되었다. 소련의 지도자 스탈린은 지금까지 뾰족한 수 없이 미국에 밀리던 처지를 벗어나 이제는 미국의 기를 꺾고 미국을 이길 수 있다는 자신감까지 생겼다. 이제 스탈린은 미국과 한 판 붙어보고 싶었는지도 모른다.

이런 배경도 고려할 만하다. 혹시나 소련은 한반도에서 전쟁이 일어나도 미국이 개입하지 않을지도 모른다는 판단을 하지는 않았을까? 소련은 한편으로는 북한이 먼저 남침하면 미국이 개입할 빌미를 제공할 것이었기 때문에 두려움도 있었다. 그런데 미국이 개입하지 않을 수도 있다는 것이었다. 그러한 판단의 계기가 된 것은 중국 내전이다. 중국 내전은 1949년 10월, 공산당의 승리로 막을 내렸다. 그런데 이 내전에서 미국은 한 때 자신이 밀었던 국민당 정부가 패배하는 것을 보고도 방관하였다. 당연히 개입할 줄 알았던 미국이 못 본 채 한 것이다. 결과적으로 국민당은 대륙에서 쫓겨나고 말았다. 바로 이러한 점을 고려하여 소련은 북한이 밀고 내려가도 미국이 개입하지 않을 것이라고 판단했을지도 모른다.

소련이 김일성의 전쟁 의지를 받아들인 배경에는 중국을 염두에 둔면도 있다. 즉 중국에서 국공 내전을 벌인 결과 공산당이 승리하고 중화인민공화국이 성립(1949. 10. 1)된 것도 스탈린이 한반도에서 전쟁을 허락한 것과 무관하지 않다. 스탈린은 전쟁을 벌이지 못해 안달인 김일성의 조선 인민군에게 대리전을 먼저 수행토록 하고, 만에 하나 미군이 참전할 경우에는 중화인민공화국을 수립한 중국 인민 해방군에게 지원을 맡긴다는 심산이었다. 중국의 참전을 요구하여 참전하면 소련군의 직접 참전을 피할 수 있다는 계산이었다.

6월 16일 슈티코프가 스탈린에게 타전한 남침 계획은 이러하였다.

"세부 계획에 의하면, 6월 25일 이른 새벽에 공격이 개시될 것임. 공격의 첫 단계에서 조선 인민군 부대들은 옹진 반도에서 국지 작전처럼 행동을 개시한 다음, 주공격 방향을 서해안을 따라 남쪽으로 옮겨 갈 것임. 두 번째 단계에서 서울을 점령하고 한강을 장악할 것임. 동시에 동부 전선에서 춘천과 강릉을 해방할 것임. 그 결과 남조선군의 주력이 서울 주변에서 포위되고 제거되어야 함. 세 번째 단계는 최종적인 단계로, 적의 잔여 병력을 격파하고 주요 도시와 항구들을 점령함으로써 나머지 지역을 해방하는데 역점이 주어질 것임."[5]

6월 18일, 북한군 각 사단장 앞으로 남한군 주력 부대의 위치를 확인하기 위해 정찰을 실시하라는 명령이 하달되었다. 이어 22일에는 '전투 명령 제1호'가 공격 개시선에서 대기 중인 각 사단에 떨어졌다. 6월 23일 12시까지 만반의 공격 준비를 갖추라는 지시였다. 그리고 1950년 6월 25일 새벽, 중국과 소련의 지지와 동의를 받은 북한이 한반도를 통일하겠다며 38도선을 돌파하여 남한을 기습하였다. 마침내 한국 전쟁이 터진 것이다.

북한은 사흘 만에 서울을 점령하고 7월 말에는 낙동강, 8월 중순에는 부산 부근까지 밀고 내려갔다. 북한의 공격에 남한의 뒤에 있던 미국이 가만히 있을 리가 없었다. 미국은 즉각 참전을 결정했다. 그리고

---

5) 예프게니 바자노프, 『소련의 자료로 본 한국 전쟁의 전말』, 74쪽: 슈티코프가 보낸 1950영 6월 12일자 전문. 김경헌, 『중국의 한국 전쟁 개입 전말』, 육군사관학교 화랑대 연구소, 2008, 105쪽 재인용.

국제 연합 안전보장 이사회 소집을 요청하여 북한을 침략자로 규정하고, 38도선 원상 회복을 요구하는 결의안을 채택하게 하였는가 하면, 미군을 주축으로 한 유엔군을 조직(7. 26)하여 두발 벗고 전쟁에 뛰어들었다. 이로부터 한국 전쟁은 유엔 16개국이 참전하는 국제전의 성격을 띠게 되었다.

9월 15일 인천 상륙 작전을 통해 유엔군은 한국군과 더불어 9월 28일 서울을 다시 찾았다.

이어 38도선을 넘어 북한 땅으로 진격하니 북한군이 전멸 위기에 처하였다. 이에 김일성은 스탈린에게 지원을 요청했으나 응하지 않았다. 그러자 10월 1일, 박헌영이 김일성의 서신을 들고 베이징으로 날아갔다. 그리고 마오쩌둥과 저우언라이를 만나 병력 지원을 요청했다. 같은 날 스탈린도 베이징에 전보를 보내서 파병을 요구했다.

10월 1일 북한으로부터 군사 원조를 요청받은 중국은 참전을 둘러싸고 상당한 논쟁을 벌였다. 총리이자 외무장관 저우언라이, 중국 공산당 부주석 류사오치(劉少奇), 훗날 마오쩌둥이 후계자로 지목한 린뱌오(林彪) 등은 개입을 꺼려했다. 그들은 오랜 내전으로 피폐해진 경제 재건의 시급함, 국민당 잔당 세력의 소탕, 미국에 대한 군사적 산업적 열세, 내전으로 지친 인민 해방군의 상황 등을 종합적으로 고려할 때, 한국전 참전은 무리라고 보았다. 특히 미국이 원폭을 보유하고 있다는 점도 강조했다.

그러나 마오쩌둥의 생각은 달랐다. 중국 공산당이 나약한 모습을 보이면 국내 반동 세력의 발호와 국민당의 중국 본토 공격을 야기할 수 있고, 미국과 대결이 불가피하다면 본토보다는 한반도에서 전쟁을 치르는 것이 더 유리하다는 의견을 제시해 반대파를 설득·제압했다.[6] 중

---

6) 정욱식, 『핵의 세계사』, 아카이브, 2012, 123-124쪽.

1950년 7월 7일 유엔 안전보장 이사회에서 유엔 파병안을 통과시키고 있다.
(출처 : http://blog.naver.com/ksh79356099?Redirect=Log&logNo=10035129608)

인천 상륙 작전. (출처 : 인천 상륙 작전 기념관)

1950. 9. 15. 상륙 직전의 병사들과 맥아더의 상륙. (출처 : 인천 상륙 작전 기념관)

국은 미국이 북한을 무너뜨리면 머지않아 바로 자신들을 공격할 것이고, 그러면 나아가 타이완도 중화민국 통일을 위해 쳐들어올 거라고 추측하여 한반도에서 미국과 싸워야 할 불가피성에 무게를 두고, 10월 5일 마침내 파병을 결정하고 신경 쇠약 증세를 이유로 사령관직을 맡기를 꺼린 린뱌오 대신 펑더이화를 사령관으로 임명했다. 그리고 10월 8일에는 중국 인민 지원군을 구성했다. 10월 12일 마오쩌둥은 제3 야전 9집단군에 속한 제20, 26, 28군단을 만주 국경으로 이동하게 했다.

평양을 점령한 국군은 계속 북진하여 10월 19일 중국과 국경을 맞대고 있던 압록강까지 치고 올라갔다. 그러자 중국이 움직이기 시작했다. 한국 전쟁이 발발하자 이틀 후 미국은 제7 함대로 대만 해협을 봉쇄하여 공개적으로 중국 대륙과 타이완의 통일을 무력으로 저지하였다. 이에 중국은 타이완이 중국의 일부분이라며 미국의 내정 간섭에 크게 반발하던 터였는데, 미국을 중심으로 하는 유엔군이 중국 국경까지 접근했으니 중국으로서는 미국에 뭔가를 보여주고 한국 전쟁에 개입할 명분·정당성을 확보한 셈이다. 절멸위기에 처한 북한도 때마침 지원을 요청하여 중국은 인민 지원군도 결성해 놓은 상태였다.

압록강을 넘어 참전하는 중국군 334연대. (출처 : 글·사진 해방군화보사, 노동환 번역, 『그들이 본 한국전쟁 1 -항미원조 , 중국 인민지원군-』, 눈빛, 2005)

10월 19일 오후 5시 30분부터, 제40군의 도하를 필두로 중국 인민 지원군 주력부대가 밤 사이에 안둥(安東), 장디엔(長甸), 지안(集安) 등 3곳에서 압록강을 건넜다.

마침내 중국이 한국 전쟁에 발을 들여놓은 것이다. 11월 초까지 중국은 북한에 6개 군단의 18개 사단과 3개의 포병 사단, 1개 고사포 연대, 2개의 공병 연대를 포함하여 약 30만 명에 달하는 병력을 투입하였다. 중국은 '미국에 대항해 조선을 돕고 고향과 나라를 지킨다'는 '항미원조抗美援朝 보가위국保家爲國'을 내걸고 한국 전쟁에 힘을 쏟았다.

11월 6일에 중국군 30만 명이 압록강 가에 집결하더니, 11월 15일에는 총반격을 개시하였다. 중국의 개입으로 전쟁의 판세가 크게 바뀌었다. 특히 당시 중국은 내전이 갓 끝난 상황으로, 대부분의 인민이 극심한 빈곤에 시달리던 시기였으므로 참전자가 매우 많았다.

이런 대규모 중국 병력과 북한의 반격에 한국군과 유엔군은 후퇴를 거듭하더니, 12월 4일에는 평양에서 철수하였다. 이듬해(1951) 1월 1일 중국군이 38선을 넘어 남하하자 1월 4일에는 다시 서울을 빼앗기고 한강 남쪽으로까지 밀려났다.

유엔군은 다시 반격하여 3월 14일에 다시 서울을 찾았고, 38도선 일대까지 진격하였다.

공방전 끝에 전쟁 발발 1년 만인 1951년 6월에 이르러 전투는 38도선 일대에서 밀고 밀리기를 거듭했다. 이에 유엔군은 방어선을 쳤고, 참전국들도 우려를 표하며 모종의 새로운 생각을 하기에 이르렀다. 전쟁을 끝내고 싶었던 것이다. 마침내 1951년 6월에 말리크 소련 유엔 대표가 휴전을 제의하였다. 소련은 이 단계에서 할 수 있는 선택은 휴전뿐이라고 보았다. 미국도 군사적 수단과 별개로 정치적 해결 방법을 모색할 수밖에 없었다. 전쟁 승리를 통한 한반도의 통일은 현실적으로

1950년 12월 3일 중국군 개입으로 엄동설한에 신발을 벗고 바지를 걷어 올려 평양에서 대동강을 건너는 북한 주민들. (출처 : http://blog.naver.com/ksh79356099?Redirect=Log&logNo=10035129608)

1951년 1월 5일 후퇴 당시 서울을 떠나 남으로 향하는 피난민 행렬.
(출처 : http://blog.naver.com/ksh79356099?Redirect=Log&logNo=10035129608)

서부 전선에서 체포된 중공군들이 자신들을 사살할 것으로 오인해 살려달라고 애원하고 있다. (출처 : 글 김원일 외, 사진·편집 박도, 『나를 울린 한국 전쟁 100장면 - 내가 겪은 6·25 전쟁-』, 눈빛, 2006)

어렵다고 판단했고, 막대한 군비 지출과 인명 피해도 줄일 필요가 있었기 때문이다. 또한 영국과 프랑스는 전쟁이 확대되면 그 여파가 고스란히 자신들에게 돌아온다는 점을 감안해 전쟁 전 상태로 원상 복귀를 위한 휴전을 주장했다. 중국도 전쟁의 장기화를 피하고 국내 경제 회복과 건설에 힘을 집중하기 위해 휴전에 반대하지 않았다.[7]

그러나 남한 정부는 달랐다. 소련의 정전을 필사 반대하였다. 이승만은 휴전에 반대하면서 북진 통일을 주장하였다. 그러나 외세가 이 땅을 차지하고 있던 상황, 휴전 협상에도 주체적으로 참여할 수 없었던 남한이 판을 뒤집을 수는 없었다. 그리하여 1951년 7월부터 휴전 협상이 시작되었다. 그러나 그 사이에도 전투는 부분적으로 계속되었다. 또 분단 상태에서의 정전은 한국에 대한 '사형 선고'나 다름없고, '민족 국가로 생존하기 위해 단독으로라도 계속해 싸워 나갈 것'이라며 이승만의 휴전 반대도 계속되었다.

미국·대한민국과 북한·중국이 정전 회담을 진행하던 1952년 8월 20일, 전쟁에 지친 김일성이 중국 저우언라이 총리를 통해 스탈린에게 휴전에 동의해 달라고 요청했다. 그러나 미군을 한반도에 묶어두는 것이 유럽 등지에서 소련에 유리할 것이라는 이유로 이번에는 스탈린이 휴전에 반대했다. 결국 스탈린이 1953년 3월 5일 급사한 뒤에야 휴전 협상이 본 궤도에 올랐고, 3월 19일에 소련 내각은 '한국 전쟁을 정치적으로 마감한다'는 결정을 북한과 중국에 통보하였다.[8]

북진 통일과 한·미 상호 방위 조약 체결을 요구하던 이승만은 미국과 담판에 나섰다. 북대서양 조약 기구 수준의 한미 동맹, 즉 유사시 미국의 자동 개입이 포함된 방위 조약 체결을 요구하였고, 7월 12일

----

7) 한중일3국공동역사편찬위원회 지음, 『한중일이 함께 쓴 동아시아 근현대사』1, Humanist, 2012, 252-253쪽.
8) http://kor.theasian.asia/archives/84657.

공동 선언문이 발표되었다. 그리고 보름 후인 1953년 7월 27일, 3년 1개월 동안 지속된 한국 전쟁은 일단 멈췄다.

그러나 이는 종전이 아니었다. 잠시 총구를 내려놓을 뿐이었다, 휴전선, 그것은 전쟁의 포화가 잠시 멈추었다는 말이다. 그리하여 불안한 정전 체제에서 지난 휴전 60여 년 동안 남북은 이런저런 충돌과 이념적 대결을 피할 수 없었다. 지금도 휴전선은 언제 다시 터질지 모르는 총성에 대한 불안감으로 가득하다.

북한은 소련과 중국 등 사회주의 강대국들의 영향을 크게 받았고, 남한에 대한 미국의 역할은 더욱 심대했다. 남한은 미국 중심의 세계 정치와 군사 동맹 네트워크에 편입되었고, 경제적으로는 미국식 자본주의를 이식받았다. 한국 전쟁 후 생긴 휴전선은 양극 체제가 격돌하는 이념의 최전방이었으며, 국제 정치의 세력 균형을 나타내는 단층선이었다.[9]

중국이 개입하고 소련과 일본도 극비리에 직·간접 참전하여 중요한 역할을 하면서, 한국 전쟁은 사실상 세계 전쟁으로 치러졌다. 열강이 바둑판 한반도를 두고 치열한 대결을 벌인 것이다. 무려 3년을 끌며

재산이라곤 달랑 보따리 몇 개뿐인 한 가족이 남북한을 구분하는 경계선에서 미군 경비병과 마주쳤다. 영어와 러시아어로 쓰인 표지판이 해방 후의 현실을 말해 주는 듯하다. (출처 : 박도 엮음, 미 국립 문서기록 보관청 사진, 『한국전쟁·Ⅱ-NARA에서 찾은 6·25 전쟁의 기억-』, 눈빛, 2010)

9) 김준형, 『전쟁과 평화로 배우는 국제 정치 이야기』, 책세상, 2009, 188쪽.

한반도를 초토화시키며 엄청난 인명 살상과 파괴 및 경제적 손실, 그리고 전후에는 (남북 간 이념 대립 및 상이한 이념으로 인한 숙청과 처벌 등으로 인한) 씻을 수 없는 적대감과 원한을 초래한 한국 전쟁은 어느 한 쪽의 승리도 종전도 아닌 휴전으로 긴 숨고르기를 하고 있다.

한국 전쟁은 그야말로 냉전시대의 열전이었다. 그러나 증산상제의 천지공사로 보면 한국 전쟁은 상씨름의 초반전에 지나지 않는다. 한국 전쟁은 장차 보다 큰 전쟁의 출발점, 전초전일 뿐이다. 상씨름의 막판 본 대결은 아직 일어나지 않았다.

핵무기를 만지작거린 한국 전쟁

그런데 한국 전쟁에는 우리가 잘 모르는 일도 있다. 바로 전쟁 내내 원폭 투하를 검토하였다는 점이다. 미국은 일본 히로시마와 나가사키에 원폭을 투하한 것이 궁극적으로 제2차 세계 대전을 끝내고 자신이 세계 패권국이 된 새로운 세계 정치 질서를 여는 결정적 계기였다고 본다. 미국의 이러한 소위 '핵 맹신주의'는 한국 전쟁에서도 그대로 반영되었다. 그리하여 한국 전쟁에서 수차례 핵무기를 만지작거렸다.

한국 전쟁이 일어나자 미국은 큰 충격을 받았다. 그렇지 않아도 소련이 핵실험에 성공하고 중국이 공산화되면서 적색 공포가 밀려오고 있는데, 소련과 중국을 등에 업은 북한이 파죽지세로 밀고 내려와 3일 만에 서울을 장악하였으니 그도 그럴만하였다.

미국은 전쟁 초기에 발 빠르게 움직였다. 트루먼은 미 극동군 사령관 더글러스 맥아더에게 지상군 투입과 38선 이북의 군사 목표를 폭격할 수 있는 권한을 부여(6월 30일)하였다. 그러자 맥아더는 미국의 지상군 투입만으로도 북한의 남침이 중단될 것으로 판단하고, 상징적으로 스미스 부대[10]를 참전(7. 1. 부산 상륙)시켰다. 그러나 하나의 대대에 지나지 않는 스미스 부대는 참패하였다. 한편 유엔도 움직였다. 7월 7일, 더글러스 맥아더 원수를 총사령관으로 하는 16개국 연합군을 조직한 것이다.

그런데 핵 우위를 자신한 트루먼 행정부는 전쟁 초기부터 소련과 중국의 개입을 억제하고 북한군의 총공세로 불리해진 전세를 만회하기 위해 핵무기 사용을 고려했다. 북한의 남침 소식이 전해진 6월 25일 일요일 저녁, 트루먼은 호이트 반덴버그(Hoyt S. Vandenberg) 공군 참모총장에게 미국 전폭기가 한반도 인근의 소련 기지를 쓸어버릴 수 있는지 여부를 물었다. 그러자 반덴버그는 핵무기를 사용하면 가능할 것이라 답변했고, 이에 트루먼은 소련이 한국 전쟁에 개입하면 핵 공격을 단행할 수 있는 준비를 갖추라고 지시했다. 그러나 이후 핵무기는 군사적으로보다는 외교적 정치적으로 인식되었다.[11]

1949년부터 일본에서 극동 공군 사령관으로 근무하였던 조지 E. 스트레이트마이어(1890-1969) 중장은 이듬해 6월 25일 한국 전쟁 발발 때부터 심장 이상으로 전장에서 빠진 1951년 5월20일까지 전쟁의 구체적 상황을 자신의 일기에 기록했는데, 여기에는 그간 일반에 잘 알려지지 않았던 핵과 관련된 비화들이 담겨 있다.[12]

1950년 12월1일 일기에 소개된 공군 참모총장에게 보낸 비밀 전문에 의하면, 미국이 그해 9월부터 핵무기를 한국전에서 전술적으로 사용하는 문제를 구체적으로 검토했음을 보여주는 정황이 나온다. 비밀

----

10) 이 부대는 대대장인 찰스 스미스 중령의 이름을 딴 것으로, 미국 육군 주일 미 제8군 제24사단 21연대 1대대를 말한다.

11) Roger Dingman, "Atomic Diplomacy during the Korean War", International Security Vol. 13, No. 3(Winter), 1988-1989, pp. 55-56.

12) 윌리엄 T. 와이블러드 엮음, 문관현 외 옮김, 『한국전쟁 일기』, 플래닛미디어, 2011, 506쪽, 624쪽.

전문에 따르면 미육군부 작전 연구실은 1950년 9월부터 원자 폭탄을 근접 지원 작전에 전술적으로 사용하는 문제에 대해 분석하였다.

그리고 이듬해 1월 21일자 일기에는 소련군이 참전할 경우, 극동에서의 소련군 진격을 늦추기 위해 필요한 원자 폭탄을 잠정적으로 배치하면, 예상보다 훨씬 일찍 목적을 달성 수 있을 것으로 예상된다는 글도 담겨 있다.[13]

한편 한반도에서의 전세는 유엔군에게 더욱 절망적으로 전개되고 있었다. 중국군과 북한군에 패퇴를 거듭하더니 연말에는 38선 이남까지 밀려났다. 공산군은 1월 4일 다시 서울을 점령했다. 그러나 전열을 가다듬은 유엔군은 반격에 나섰고, 1951년 3월 18일 서울을 다시 탈환했다.

1951년 7월 8일 정전 협상이 시작되자, 미국은 핵 사용 계획을 정전 협정에서 자국에 유리한 방향으로 종결짓는 카드로 이용하기 시작했다. 미국은 한반도에서 교착상태를 타개하기 위해 원자 폭탄의 사용이 필요할 것으로 보았다. 그리고 9월 들어 미국은 북한을 상대로 모의 핵 공격 훈련에 돌입했다. 코드네임 허드슨 항구 작전(Operation Hudson Harbor)으로 명명된 이 훈련은 북한 땅에 네 차례에 걸쳐 모조 핵폭탄을 떨어뜨리는 것이었다. 그러나 훈련 평가를 통해 북한에 핵폭탄을 투하할 만큼 군사적 가치가 있는 목표물이 없다는 결론에 도달했다.

1952년 아이젠하워가 대통령이 되었다. 핵무기 사용에 훨씬 적극적인 정부가 등장한 것이다. 여기에 핵 대포와 같은 전술 핵무기가 개발되고, 핵무기 수도 한반도나 중국에 사용하기에 충분할 정도로 확보하였으니, 핵전쟁은 시간문제인 듯 보였다. 이럴 반영하듯 아이젠

---

13) 〈연합뉴스〉, 2011. 6. 23.

맥아더와 한국 전쟁 핵무기 카드

맥아더는 1950년 7월 유엔군 사령관이 되자마자 원자 폭탄 사용 권한을 자신에게 위임해달라고 청원하였고, 이에 반덴버그가 7월 중순 도쿄를 방문해 맥아더와 핵무기 사용에 대하여 협의하였다. 이 자리에서 맥아더는 중국군의 개입을 사전에 저지하기 위해서는 원자 폭탄 투하가 필요하다며, B-29 전폭기의 운용 권한을 자신에게 위임해주면 그 임무를 완수하겠다고 공언했다.

그러나 맥아더의 강경론은 미국이 원자 폭탄을 투하하면 동맹국들이 미국에 등을 돌리거나 한국 전쟁이 세계 전쟁으로 확대될 여지, 원폭 투하에도 불구하고 전세가 바뀌지 않을 가능성 등을 우려한 트루먼의 신중론에 막혔다. 트루먼은 비록 핵 공격 명령을 수행할 제9 전폭비행단 B-29 전폭기 10기를 괌으로 출격시키기까지는 하였으나, 핵무기가 대통령의 무기임을 인식하고 그 사용 권한을 맥아더에게 위임하지는 않았다.

미국이 원자 폭탄 투하를 검토할 정도로 절망적이었던 전세는 9월 중순 들어 크게 바뀌었다. 9월 15일 인천 상륙 작전으로 서울이 수복되고 전세가 역전되었다. 그러자 핵 공격론도 수그러들었다. 맥아더도 핵무기 사용 결정을 유보해달라고 워싱턴에 전했다.

그러나 맥아더가 승리의 저주에 직면하는 데는 그리 오랜 시간이 필요하지 않았다. 미국 주도의 유엔군이 38선을 넘어 파죽지세로 북진을 감행하자, 순망치한의 위협을 느낀 중국이 대규모의 참전에 나서면서 한국 전쟁은 완전히 새로운 국면으로 접어들게 되었다. 뿐만이 아니었다. 1950년 11월 들어 소련의 미그 15기가 투입된 것도 확인되었다.

중국군이 압록강을 넘으면서 미국의 핵카드는 다시 등장했다. 중국군에게 패퇴를 거듭하자 맥아더는 이를 완전히 새로운 전쟁이라며 참전 미군의 수를 두 배로 올려줄 것과 원폭 사용 권한을 요구했다. 그는 30여 발의 핵 폭탄을 북·중 국경지대에 투하하면 전세를 다시 역전시킬 수 있다고 공언했다.

트루먼은 중국이 개입하여 총 반격을 개시하자 11월 30일 기자 회견을 통해 이렇게 말했다.

"우리는 늘 원폭 사용을 적극 검토하고 있습니다. 그러나 저는 그것이 사용되길 원하지 않습니다. 원자탄은 끔찍한 무기입니다. 전쟁과 상관없는 어린이, 여성 등 무고한 사람들에게 사용되어서는 안됩니다. 그러나 우리는 적절한 시점에 어떠한 무기의 사용도 배제하지 않을 것입니다."

핵 공격 계획을 강하게 시사하였다. 한국 전쟁에서 원폭을 사용할 수 있다는 것이었다.

트루먼의 기자 회견에 고무된 맥아더는 구체적인 핵 투하 계획 수립에 들어갔다. 맥아더는 북한과 만주는 물론 베이징, 상하이, 난징 등 중국 대도시도 핵 공격 목표물에 올려놓고 있었다. 또한 블라디보스토크 등 소련 영토에 대한 핵 공격도 검토하고 있었다. 그러나 당시 미국 군부 내에서는 원자 폭탄을 강압 외교의 수단을 넘어 실제 사용하는 것에 대해서는 신중론이 우세했다. 이러한 신중론에는 핵심 동맹국인 영국의 만류, 맥아더의 모험주의에 대한 경계, 핵공격 시 확전의 위험, 국제 여론에 대한 부담 등이 종합적으로 반영되었다.*

----
* 정욱식,『핵의 세계사』, 아카이브, 2012, 118-128쪽, 132-139쪽, 154-155쪽, 162-169쪽을 참조·정리하였다.

하워 행정부는 한반도를 비롯한 동북 아시아에서 핵무기 사용 계획을 구체화하기 시작했다.

그러나 실제 핵폭탄 투하를 강행하는 데는 몇 가지 걸림돌과 고려할 일들이 있었다. 우선 미국의 동맹국을 비롯한 한국 전쟁 참전국은 조속한 종전을 희망했는데, 미국의 원폭 투하는 사태를 더욱 악화시킬 소지가 컸다. 소련의 참전과 제3차 세계 대전이라는 지옥의 문을 여는 결과를 초래할 여지가 있기 때문이었다.

또한 과연 북한에 원폭을 투하할 만큼 전략적으로 가치가 있는 목표물이 존재하느냐도 문제였다. 개전 이전부터 북한에는 대규모의 군사 및 산업 시설이 미비했고, 개전 이후에는 미국의 대규모 공습으로 이마저도 초토화되었다. 그런데 만주나 북중 경계 지역에 원폭을 투하하면 전선만 중국으로 확대되고 소련군의 개입까지 야기해 자칫 제한전이 전면전으로 확대될 위험이 있었기 때문이다.

1952년 후반기 들어 전선이 38선 인근으로 고착되면서 원자 폭탄 투하의 실효성이 크게 떨어졌다는 점도 문제였다. 원폭을 투하해도 지하로 피신한 적군의 살상 효과는 크게 반감되므로 효과가 회의적일 수 있었기 때문이다.

아이젠하워 정부가 핵무기 사용을 주저한 또 다른 이유는 원폭 투하의 전략적 가치를 자신할 수 없었기 때문이다. 만일 원폭을 투하했는데도 종전終戰도, 전세 역전도 되지 않으면 핵무기의 전략적 가치가 크게 감소될 수밖에 없다. 당시 서유럽 국가들은 미국의 핵 억제 전략에 자국의 안보를 의존하고 있었는데, 한국 전쟁에서 원폭 투하의 전략적 가치가 입증되지 않으면 유럽이 더욱 큰 안보 불안에 직면할 가능성이 있었다.

그럼에도 불구하고 아이젠하워 정부는 대북핵 공격 계획을 접지 않았다. 1953년 2월 NSC 회의에서는 공산군의 수중으로 넘어가 병력과 물자가 집중된 개성을 핵 공격 대상으로 거론하기도 하고, 몇 달 후에는 1954년 5월을 디데이로 잡아 제3차 세계 대전을 불사하는 핵 공격도 계획하였다.[14]

그런데 이즈음 북한, 중국, 소련 삼국 동맹에 중대한 변화가 일어났다. 북한의 남침 승인자이자 실질적 최고 사령관이며 정전 협정 지연을 마다하지 않던 스탈린이 사망한 것이다. 스탈린의 사망을 계기로 정전 협상이 급물살을 탔다. 북·중·소는 전쟁을 종식하자는데 합의했기 때문이다. 미국의 핵 위협보다 스탈린 사망이 정전 협상 종결에 더 결정적 영향을 미쳤다.

한국 전쟁 후 북한과 같은 작은 나라를 공격하는 데 한계가 있다고 느낀 미국은 작고 실전에서 사용이 용이한 전술 핵무기 개발에 박차를 가했다. 소련도 뒤질세라 핵 전력 증강에 박차를 가했다. 전쟁 이전까지 핵폭탄을 종이 호랑이에 비유했던 중국이 핵 개발에 대한 인식을 바꾼 계기도 바로 한국 전쟁이었다.

한국 전쟁은 또한 서로를 절멸시킬 수 있는 핵 군비 경쟁에 기름을 붓는 결과를 초래했다. 냉전 체제의 핵심적인 특징을 이념 대결, 진영 간 대결, 핵 대결이라고 한다면, 한국 전쟁은 냉전 여명기의 모순을 고스란히 반영한 전쟁이자, 냉전을 고착화한 결정적 계기였던 것이다.

남북, 너무나 먼 당신

한국 전쟁은 이 땅에 민족 분단을 고착화시켰다. 남한의 이승만과 북한의 김일성은 이런 민족 분단을 이용하여 자신들의 권력 기반을 다지면서 각기 남북에서 독재 질서를 확립하였다.

---

14) 정욱식, 『핵의 세계사』, 아카이브, 2012, 166-167쪽.

이승만 정권은 대내적으로는 반공 이데올로기로 사회를 통제하며 남한을 미국의 입맛에 맞는 반공 국가로 만들어갔다. 또한 집권 연장을 위해 개헌을 하는 등 남한을 비민주적 체제로 물들여갔다. 대외적으로는 미국의 군사적·경제적 원조를 받으며 미국에 의존하는 국가를 만들어갔다. 지금까지 지속되고 있는 한미 간의 불평등 관계나 주한 미군의 주둔이 가능했던 것은 바로 전후에 맺은 한미 상호 방위 조약(1953. 10) 때문이다. 남한의 이러한 모습은 남한이 미국을 중심으로 형성되는 자본주의 체제에 편입되었음과 미국의 절대적 영향력 아래 놓이게 되었음을 말한다. 이승만 정권은 그러나 독재 정치를 자행하고 부정부패의 늪에 빠져, 4·19 혁명을 통해 무너졌다. 뒤이어 새로운 정권으로 민주당이 들어섰지만 그들 역시 변화를 바라는 민심에 부응하지 못하고 군부의 정변으로 무너지고 말았다.

5·16 군사 정변을 통해 정권을 잡은 박정희는 고도 경제 성장을 통해 먹고사는 문제를 많이 해결하였다. 그러나 그런 개발 독재 이면에는 고통과 아픔, 어두운 그림자가 늘 있는 법이었다. 온갖 사회 불평등과 사회 갈등이 표출되었다. 반공을 내세우며 강압적 사회 통제와 억압이 가해졌다. 3선 개헌, 10월 유신 등을 통해 장기 집권을 모색했던 박정권은, 그러나 민주화를 향한 국민들의 요구가 들불처럼 일어나는 가운데, 권력 집단 내부의 갈등으로 스스로 무너졌다.

유신 체제가 무너졌다고 이 땅에서 민주화가 이루어진 것은 아니다. 왜냐하면 새로이 등장한 신군부는 무력을 앞세워 정권을 장악했을 뿐만 아니라 군부 정권의 강압 통치에 저항하고 민주화를 요구하는 국민들에게 늘 폭력을 앞세웠기 때문이다. 거기에 민주화라고는 약에 쓰려 해도 찾을 수 없었다. 결국 전두환 정권은 1987년 6월 민주 항쟁에 굴복하고 '6·29 민주화' 선언을 하기에 이르렀다.

뒤이어 혁명이나 군사 정변을 거치지 않고 선거를 통해 노태우 정권이 형식상 평화적으로 정권을 물려받았다. 이 때 총리 회담, 남북 동시 유엔 가입 등으로 남북 관계는 부분적으로 개선되었다. 헝가리나 소련 및 중국 등 공산권 국가와 수교도 이루어졌다. 군사 정권이 막을 내리고 문민 정부가 시작된 이후 지금까지 약 20년 정치사는 대한민국 성인들이면 누구나 함께한 바로 그대로이다.

이 역사 과정을 거치며 다소 정도의 차이는 있었으나 각 정권이 취한 공통점은 반공이었다. 한 때 남북은 적십자 회담, 남북 공동 성명, 이산 가족 상봉, 경제 협력, 남북 정상 회담이니 뭐니 하면서 다양한 접촉도 하였다. 그러나 그러한 흐름이 지난날 남북 관계의 주가 되지는 못하였다. 남한은 늘 북한을 적으로 삼고 반공을 국시로 적대감을 키웠다. 반공이 아닌 것, 그것은 곧 죽음에 이르는 길이었다. 그러니 동족이건만 북한은 동족이 아니었고, 그들은 금수만도 못한 인간으로 각인되었다. 이데올로기 교육은 그렇게 인간을 왜곡시키기까지 하였다.

그렇다면 북한의 정치 질서에는 어떤 변화가 있었는가? 전후 어느 정도 복구 사업을 마친 김일성은 자신을 중심으로 하는 권력 구조를 다졌다. 그리고 본격적인 사회주의 길로 나아가기 위한 개혁을 시도하였다. 물론 자립적일 수는 없었다. 6·25 전쟁을 치른 후 남한이 미국의 원조에 의존하였듯이, 북한 역시 소련의 정치적·경제적·군사적 지원을 받았다. 사상적으로도 소련의 노선을 따랐음은 물론이다.

그러나 스탈린이 사망한 후 소련에서 스탈린 개인 숭배에 대한 비판이 일어나고 중국과 소련 사이에 갈등이 생기자, 북한은 사상의 주체와 경제 자립으로 나아갔다. 중소 사이에서 중립을 유지하던 북한은 1960년대 이후 김일성 유일의 주체사상을 체계화하면서 사회주의 국가 체제를 정비하여 1972년에는 사회주의 헌법을 공포하였다. 김일성은 남한에서와 마찬가지로 안보를 구실로 독재 체제를 강화하며 영구 집권의 길을 열었다.

그런데 최근 보도에 의하면 김일성은 1965년에 제2의 한국 전쟁을 준비했으며 북한 주재 중국 대사에게 파병을 요청했던 것으로 밝혀졌다. 청샤오허(成曉河) 중국 인민대학 교수는 2013년 10월 24일 서울 그랜드 힐튼 호텔에서 열린 평화 문제 연구소 창립 30주년 기념 국제 학술회의에 앞서 미리 배포한 토론 자료에서 중국 외교부가 일시 해제한 기밀문서(No.106-01480-07. 조선인민공화국 주재 대사 하오더칭(郝德靑)의 김일성 주석 담화 현장)를 인용하여 이를 뒷받침하였다. 당시 김일성의 파병 요청 발언 내용은 이렇다.

> "북한은 조만간 전쟁을 일으킬 것이며 이는 불가피한 것이다. 전쟁을 하지 않고서 이 문제를 해결할 수 없다."
> "전쟁을 하게 되면 중국에서 군대를 좀 파병해 주길 바란다."
> "남조선 인민들은 계급 투쟁이 고조되고 갈등이 증대되어 전쟁을 할 것", "우리는 이미 생각해 두었고 준비했으니 이대로만 하면 된다."[15]

1965년 당시 한국은 전년도에 발생한 한·일 협정 체결에 반대하는 6·3사태로 인해 비상 계엄이 선포되며 정국이 어수선한 상황이었다. 또 베트남 전쟁으로 인해 미국은 물론 우리 정부 역시 전투 부대를 파병하며 한·미 전투력이 분산된 시기였다. 김일성은 더 늦기 전에 한번 더 남쪽과 겨뤄보고 싶어 제2차 한국 전쟁을 구상하였던 것으로 보인다. 그러나 행동으로 옮겨지지는 못했다.

그런데 1980년대 중반 이후 사회주의 국가에도 변화의 물결이 몰아

----

15) 2013. 10. 24 〈조선일보〉를 비롯한 신문과 YTN 등의 보도를 참조하라.

쳤다. 소련의 페레스트로이카(개혁)과 글라스노스트(개방)에서 시작된 변화의 바람이 동유럽 사회주의 국가를 강타한 것이다. 그 결과는 전혀 예상치 못한 것이었다. 여러 나라의 공산당이 몰락하는 것은 물론 사회주의 체제 자체가 뿌리 뽑히고 말았다. 베를린 장벽이 무너져 동독이 서독에 흡수·통합되고, 소련과 유고 연방이 해체된 것이다.

북한에게 이러한 변화는 그야말로 충격이었다. 왜냐하면 같은 사회주의 국가들의 붕괴는 곧 자신들의 정치적·경제적 붕괴로 이어질 수도 있기 때문이다. 더욱이 정치적 경제적 및 사상적으로도 후원자였던 소련이 해체되고, 러시아와 중국이 한국과 외교 관계를 맺는 것을 목격한 북한은 멘붕 상태가 되고 말았다. 이에 북한도 가만히 있을 수만은 없었다. 그리하여 북한은 대내적으로는 소위 우리식 사회주의를 지향하며 대외적으로는 체제 안전을 보장 받기 위한 몸부림을 쳤다. 북한이 남한과 유엔에 동시 가입하고, 남북 화해 불가침 및 교류 협력에 관한 합의서와 한반도 비핵화에 관한 공동 선언의 체결 등은 바로 이런 맥락에서 나온 것으로 볼 수 있다.

그런데 1994년 7월, 김일성이 갑자기 사망하였다. 북한이 그렇게 오랫동안 김일성 체제를 유지한 탓에 그의 죽음이 북한을 위기로 몰아가는 듯했으나 그것은 기우였다. 오래전부터 기획된 김정일이 그 뒤를 이음, 즉 부자 계승에 따라 북한은 생각보다는 큰 변화가 없었다.

김정일 체제의 북한은 유훈 통치를 통해 전통을 이어나갔다. 비록 남한과 경제 협력 및 서구와 관계 개선을 도모한 면도 있으나, 남한과 적대적인 대결 구도는 큰 변화가 없었다. 김정일은 북한 내부 통합을 위해 이따금 남한과 군사적 충돌을 선택하거나 세계에 자신들의 존재를 알리는 극단적인 일도 저지르며 체제 강화에 힘썼다.

한국 전쟁 이후 냉전시대 두 체제가 걸어온 흔적을 되돌아보면 거기에는 한 민족이건만 늘 서로를 적대시하고 비방하며 대립한 것만이 먼저 떠오른다. 남북은 각기 자신들의 사회적 통합은 물론 내부의 갈등을 해결하기 위해서 상대를 왜곡하여 이용하기도 하였고, 때로는 물리적 충돌도 마다하지 않았다. 남북은 이념 대결도 펼쳤지만 가장 경쟁적인 분야는 군사 산업이었다. 전면전이 다시 시작되면 상대를 괴멸시켜야한다는 생각에 빠져 무기를 개발하고 수입하며 장차의 싸움을 준비하였다. 이러한 극단적 대립 과정은 남북을 영원히 분단으로 남아있게 함으로써 더 이상 통일된 한민족 공동체를 기대할 수 없게 만들었다. 거기에 남은 것이라곤 지울 수 없는 온갖 적대감, 증오, 원한, 복수심만으로 가득하다.

냉전 종식 후 남북 간에는 긴장 완화의 모습이 여기저기서 나타났다. 1991년 9월에 남북은 국제 연합에 동시에 가입하였다. 나아가 이해 12월에는 남·북한이 화해 및 불가침, 교류 협력 등에 관해 공동 합의한 남북 기본 합의서와 남북한이 함께 한반도의 비핵화를 약속한 한반도 비핵화 공동 선언도 발표하였다. 이는 마치 이제야말로 냉전이 끝나고 한반도에도 평화를 정착시킬 수 있는 기회로 보였다.

그러나 훈풍은 오래가지 못했다. 1992년 무렵부터 다시 찬바람으로 바뀌었다. 북한의 영변 재처리 시설 가동, 플루토늄 추출 의혹, 국제 원자력 기구의 사찰 거부, 핵 확산 금지 조약 탈퇴, 핵 개발 의혹 등을 둘러싸고 남북 간은 물론 국제 사회가 긴장 모드로 바뀌었기 때문이다. 그런 가운데 미국이 북한의 영변 핵 시설을 폭격한다는 말까지 나오면서 한반도 정세는 그야말로 한치 앞을 내다볼 수 없었다. 클린턴은 북한과 한판 붙어보려는 결심을 굳히고 국방부 장관 윌리엄 페리에게 항공모함 5척을 동해로 보내, 작전 계획 5027하에 북한의 핵 시설을 공습하려 했다. 이에 따라 군 수뇌부들이 펜타곤에 소집되어 작전 회의를 열었다. 당시 방송이 전쟁 위기, 북핵 문제를 집중 보도하자 전국에는 사재기 열풍이 불었다.

한반도에서 이런 위기감은 지미 카터 전 미국 대통령이 북한을 특사 자격으로 방문하면서 줄어들었다. 그의 중재로 남북한은 정상 회담 개최에 합의하였다. 이후 미국과 북한은 북한의 핵 포기와 국제 사회의 경수로 발전소 제공을 골자로 하는 북미 기본 합의도 체결했다. 그러나 협상이 끝나고 카터가 평양을 떠난 지 불과 며칠 뒤 김일성이 심장마비로 갑자기 사망했다. 그런데 이것이 또한 새로운 갈등의 씨앗이될 것이라고는 아무도 생각하지 못했다. 바로 김일성에 대한 조문을 둘러싸고 남북 관계가 다시 미궁으로 빠진 것이다. 그러나 1994년 10월 21일, 북미 제네바 합의가 체결되어 1차 북핵 위기가 종료되었다.

한반도에서 평화 프로세스가 본격화된 것은 김대중 정권 때, 1998년 이후부터였다. 그는 금강산 관광 사업과 여러 남북 교류 협력 정책을 통해 북한과 화해 및 평화를 모색하였다. 그런데 이때 생각도 못한 사건이 일어났다. 고 정주영 현대그룹 회장이 '통일소'란 이름을 붙이고 소 501마리를 몰고 휴전선을 넘어 북한으로 갔다. 이 사건으로 한반도에는 화해·교류·협력이 무르익어갔다.

여기서 소가 나갔다는 것은 특별한 의미를 갖는다.

"현하 대세가 씨름판과 같으니 애기판과 총각판이 지난 뒤에 상씨름으로 판을 마치리라."(5:7:1)

"씨름판대는 조선의 삼팔선에 두고 세계 상씨름판을 붙이리라. 만국 재판소를 조선에 두노니 씨름판에 소가 나가면 판을 걷게 되리라." (5:7:3-4)

소가 나감은 세계에서 크고 작은 폭력과 전쟁이 급증되는 가운데, 한반도를 둘러싸고 오선위기의 형국이 강화되고, 마침내는 상씨름이 마무리로 들어섬을 알리는 신호탄이다.

남북 간의 상대적 밀월 관계는 세기가 바뀌어서도 계속되었다. 2000년에는 가까이 있건만 분단 반세기를 돌아 처음으로 남북 정상이 만나고 6·15 공동 선언을 이루어냈다. 남북 간에는 북한에 대한 비료 및 식량 지원, 경의선·동해선 철도 연결 사업, 개성 공단 사업과 같은 협력 사업도 실행되었다.

뒤이은 노무현 정권도 남북 관계를 조금씩 진전시켰다. 중국과 협력하고 북한을 설득하면서 6자 회담에서 9·19 공동 성명을 만들었고 2·13 합의와 10·3 합의를 도출했다. 부시 정부의 강경한 대북 입장에도 불구하고, 개성 공단을 가동시켰고 경의선을 개통했으며, 2007년에는 제2차 남북 정상 회담을 통해 10·4 선언도 만들어냈다.

2002년 6월 말에는 남북이 서해에서 총구에 불을 뿜으며 교전하기도 하였으나 이명박 정권이 들어서면서 남북 관계는 더욱 암울해졌다. 2010년 연평도 포격 사건, 천안함 침몰 사건이 일어나자 대북 강경 대결은 이어지고 한반도는 다시 위기에 빠져들었다. 금강산 관광 사업과 대북 지원은 중단됐고, 비핵화를 논의하는 6자 회담은 제대로

정주영과 통일소. 1998년 6월, 서산 농장에서 키운 '통일소'를 몰고 북한을 방문하는 정주영 현대 그룹 명예 회장

열리지 못했다. 그런 가운데 북한이 핵실험과 미사일 발사, 연평도 포격 도발 등을 이어가자 한반도는 그야말로 준 전시 상황으로 치달았다. 당연히 남북 대화는 단절되었다.

그런데 2011년 12월, 김정일이 갑작스레 사망하였다. 그리고 그의 자리는 김정은으로 이어졌다. 김정은 체제하에서도 북한은 이전과 다를 바 없었다. 2012년 4월과 12월 두 차례에 걸쳐 장거리 로켓을 발사하고, 2013년 2월에는 제3차 핵실험을 감행하며 다시 한반도를 잠못 들게 하였다. 2014년 들어 북한이 얼마나 자주 미사일 발사를 하였는지, 이제 더 이상 놀랄만한 것도 아니게 되었다. 2016년 1월 북한의 제4차 핵실험 이후 제5차 핵실험 이야기도 나오지만, 그것은 이제 뉴스거리에 지나지 않는 듯 하다.

탈냉전 이후 20년이 넘는 지난 세월 동안 한반도에는 전쟁의 위기도 있었고 화해의 훈훈한 분위기도 있었다. 냉·온탕을 오갔다. 남북은 지금 서로에게 가까이 할 수 없는 너무나 먼 당신이다.

냉전 체제하의 오선위기 구도

한국 전쟁이라는 열전을 치르며 미국의 동북아에 대한 인식은 크게 달라졌다. 중국에 공산 정권이 들어서고 소련이 북한을 점령한데 이

북으로 가는 소떼 . 정주영 현대 그룹 명예 회장과 소 5백 1마리를 실은 트럭이 새로 개통된 통일 대교를 넘어 판문점으로 향하고 있다.

어, 한국 전쟁을 통해 두 강대국이 한반도에 직접 개입한 것을 본 미국은 공산 국가들의 다음 한 수가 무엇인지 읽을 수 있었다. 그들의 팽창 의도를 안 미국은 동북아의 중시, 동북아에서 반공 국가, 친미 국가의 필요성을 절감하였다.

그러나 본토로부터 멀리 떨어진 동북아에 미국이 본토에서 직접 무엇인가를 하기는 어려웠다. 그리하여 미국은 한국 전쟁 이전부터 일본을 미국의 동북아 전진 기지 및 교두보로 생각하였다. 그리하여 오끼나와를 태평양의 미군 기지로 확보하였다. 일본은 미국의 동북아에서 반공·반소의 전초 기지였다. 일본은 태평양 전쟁을 일으킨 적국이었다. 그러나 한국 전쟁을 거치며 미국은 중국과 러시아를 견제하고 이 지역에서 패권을 잡기 위해 일본을 파트너로 택한 것이다.

사실 일본도 세계 전쟁 후 앞이 막막하였다. 전후 경제도 재건해야 하고 중국이나 소련과 같은 공산주의 국가가 팽창하는 동북아 정치 질서에서 무력해진 자신을 보호해줄 누군가가 절실히 필요한 상황이었다. 그런데 미국이 손을 내민 것이다. 일본과 관계 개선을 위해 미국은 일본과 샌프란시스코 강화 조약, 미일 안전 보장 조약 등을 체결하였다. 그리고 미국의 배려로 한국 전쟁과 전후 재건 과정을 통해 일본은 전쟁 특수를 누렸다. 한마디로 한국 전쟁은 일본의 재건에 결정적이었다. 한국 전쟁은 일본으로 하여금 미국의 영향력 아래 불가피하게 반공, 자본주의, 친미의 길을 걸을 수밖에 없게 만들었다.

한국 전쟁 후 미국의 일본과의 관계, 미국과 한국 간의 관계는 자연적으로 일본과 한국 간의 관계에도 영향을 미쳤다. 특히 반공과 경제 발전이라는 이데올로기는 미국을 중심으로 한·일이 불가피하게 손을 잡게 만들었다. 박정권 때 졸속적이나마 한일 기본 조약을 강행한 것은 모두 이런 맥락에서 나온 것이다. 결국 한·미·일 간에는 삼각 동맹이 이루어졌다. 이는 동북아에서 소련과 중국 및 북한의 동맹에 맞서는 모양새를 갖춘 것이다.

한국 전쟁 후 남한에서 미국의 영향력이 절대적으로 되는 가운데 소련의 한반도에서의 위상은 상대적으로 위축되었다. 물론 소련은 각종 지원을 통해 북한의 재건에 기여하였고 그래도 공산 진영의 맹주였지만, 한국 전쟁에 전적 개입을 하지 않았고 어물쩡한 태도로 일관했다. 한국 전쟁 수행 의지와 능력을 보여주지 않아 북한에서 주도권을 행하기 어려웠다. 북한의 적극적 지원 요구에도 불구하고 제3차 세계 대전 운운하며 한 발을 빼고 중국에게 슬그머니 바통을 넘겨버린 것이 소련이었다.

소련은 한국 전쟁 후 세계 곳곳에서 군사적·정치적 대립을 확대하였다. 그 전형이 1962년 쿠바 미사일 위기, 핵전쟁 위기였다. 그러나 냉전시대 미소 대립은 1960년대 중반 이후 크게 완화되었다. 쿠바 사태를 통해 핵전쟁의 위험을 새삼 알게 된 두 나라가 핵무기 제한에 나서고, 핫 라인 설치, 정상 회담 개최 등을 통해 서로를 많이 알게 되고 신뢰가 싹텄기 때문이다.

이러한 냉전 경쟁의 완화는 동서 간의 해빙 무드로 작용하였다. 이전에 1.21 사태나 푸에블로호 납북 사건으로 남북 간에 꽁꽁 얼었던 관계가 있었지만, 이러한 미소의 화해 분위기는 한반도에도 직접적 영향을 미쳤다. 그리하여 1972년에 남북 간 접촉이 이루어지더니 7.4 남북 공동 성명 등이 이루어지는 등, 한 때 남북 관계는 급속도로 개선되었다.

한편 중국은 한국 전쟁에 직접 개입함으로써 비록 참전에 따른 여러 손실에도 불구하고 많은 것을 얻기도 하였다. 특히 세계 최강의 군사력을 지닌 미국을 상대로 전면전을 치름으로써 중국은 자신의 세계 정치적 위상을 크게 강화시켰다. 아울러 참전을 계기로 북한과 소련 사이에 생긴 틈새를 찾아 들어가 북한과 동맹을 강화함으로써 한반도에서의 영향력을 극대화할 수 있는 기회를 잡았다. 전반적으로 한국 전쟁 이후 동북아에서 중국의 힘이 커져갔다. 이것은 동북 아시아에서 일본과 한국을 대변하는 자유 진영 미국과 공산 진영 중국이 앞으로 정치적 대립이 그만큼 커진다는 것을 의미한다.

그렇다면 한국 전쟁 후 중국과 소련 간의 관계는 어떠하였을까? 한국 전쟁 직전까지 중국과 소련은 우호 동맹, 상호 원조 조약을 맺는 등 그 관계가 나쁘지 않았다. 비록 한국 전쟁을 두고도 중국이 지상군을 동원하여 한국 전쟁에 직접 참전하였으나 소련은 아주 일부의 공군력만 제공하였지만, 두 나라 간 관계는 원만하였다. 그러했으니 소련은 한국 전쟁 후 중국에 원조를 하고 경제 개발을 지원하기까지 하였다.

그러나 밀월 관계가 계속되기는 어려웠다. 소련과 중국이 다시 틀어지기 시작한 것은 이오시프 스탈린(Iosif Vissarionovich Stalin) 사망 후, 니키타 흐루시초프(Nikita Khrushchyov)의 스탈린 비판과 소련이 미국과 평화 공존이라는 명분하에 수정주의적 경향을 띠자 중국 공산당이 반발하면서였다. 그리고 중국이 대약진 운동을 시작하자 소련이 중국에 대한 지원을 중단하는 사태가 벌어지자 두 나라 간에는 더욱 갈등이

스탈린 격하운동. 후르시초프가 스탈린을 피의 독재자라고 비난한 이후, 분노한 시민들은 스탈린의 동상들을 부수기 시작하였다. (출처: http://jinsim.weebly.com/)

깊어졌다.

두 나라 간 갈등은 1960년대에도 계속되었다. 중국과 소련은 쿠바 위기를 두고도 정치적으로 대립했다. 미소가 쿠바 위기로 핵전쟁 발발 가능성을 인식하고 평화 공존을 위해 서로 손잡으며 1963년 8월에 부분 핵실험 금지 조약을 맺었는데, 중국은 이를 핵무기를 독점하기 위한 의도라며 반발한 것이다. 한편 1964년에 모택동은 소련이 사회주의 국가가 아니라 자본주의 국가라고 비난하면서 소련과 중국 사이에 전쟁이 가능하다고 하였고, 소련 공산당과 중국 공산당은 관계를 단절하였다.[16] 중국은 소련이 모든 지원을 철회한 상황에서 핵무기 개발을 서둘러 1964년에 원폭 실험에 성공하였다.

중국과 소련의 관계는 1966년부터 중국에서 프롤레타리아 문화 대혁명이 시작되면서 더욱 악화되었다. 그런데 1968년 소련군이 프라하의 봄을 짓밟자 중국은 더욱 소련의 침공 위협을 느끼게 되었다. 소련형 사회주의로부터 이탈하려는 나라에 대해 무력을 앞세워 내정 간섭을 시도하는 소련의 움직임을 본 중국은, 혹시나 모를 소련과의 전쟁에 대비하여 국경에 군사를 집중시키고 핵 대피소와 지하 참호를 파기까지 하였다. 두 나라 간 긴장이 고조되면서 국경 지대에는 소련군 100만 명과 중국군 200만 명이 배치되었고, 1969년에는 큰 충돌도 실제 일어났다. 우수리강 중간에 있는 작은 섬 전바오다오(眞寶島, 러시아명 다만스키)에서 중국군이 소련 국경 경비대를 공격하면서 대규모 충돌이 발생하였다. 이에 당시 소련은 중국에 대한 전면 공격까지 고려하였다.

중국과 소련이 이렇게 적대적이 되자 강대국 간에는 새로운 관계가 싹트기 시작했다. 바로 중국이 미국과 가까워지기 시작한 것이다. 당

---

16) 이근욱,『냉전』, 서강대학교 출판부, 2012, 77쪽.

시 미국은 혹시라도 중국과 소련이 전쟁을 벌일 경우 소련이 이기는 것을 바라지 않았다. 그것은 미국에 전혀 도움이 되지 않기 때문이다. 미국은 비록 중국과 한국 전쟁이나 대만 문제 및 베트남 전쟁을 통해 대립하고 싸웠지만, 가장 큰 경쟁자이자 팽창주의를 버리지 않은 소련과 경쟁하는 상황에서는 중국이 지금처럼 살아남아 있는 것이 무엇보다 중요하다고 생각했다. 그리하여 미국은 소련과 중국이 갈등하는 관계를 이용하여, 중국과 유화 프로세스를 가동시켰다. 중국 역시 나쁠 것이 없었다. 그리하여 1971년 핑퐁 외교로 시작된 미·중 간 화해의 길이 정치적으로까지 이어졌다.

1971년 키신저, 1972년 리처드 닉슨(Richard Nixon) 대통령이 중국을 방문하면서 중국과 미국의 수교의 문을 열었다. 미국은 타이완을 추방하고 대신 그동안 봉쇄 정책으로 고립시켰던 중국을 유엔에 가입시키기도 하였다. 사실 이러한 미국의 행보는 기존의 세계 정치 질서 지형에 큰 변화를 가져오는 것이었다. 소련을 주적으로 삼은 중국과 미국이 손을 잡은 것은 냉전의 한 축이었던 중·미 대결이 사라지고 오히려 미국과 중국이 연합하여 소련과 대결하는 새로운 역학 구도를 형성하는 것이었다.

사실상 동맹국으로 발전한 두 나라의 행보는 거칠 것이 없었다. 1973년 5월 워싱턴과 베이징에 연락 사무소 설치, 1975년 포드 대통령 중국 방문, 1979년 외교관계 정식 수립 및 덩샤오핑 미국 방문을 거치며, 미국과 중국은 더 이상 적대국이 아닌 듯 했다. 이 무렵 중국은 소련과의 우호 동맹 조약의 파기를 선언

미·중의 핑퐁 외교. (출처 : http://jinsim.weebly.com/)

하였다. 이제 소련은 미국뿐만 아니라 중국과 조차 경쟁·대립하여야만 했다.

소련도 가만히 있지만은 않았다. 중소 대립이 깊어지는 가운데 경제적으로도 위기를 맞은 소련은 미국과 새로운 관계 모색에 나섰다. 그리하여 1972년 5월에 닉슨 대통령이 모스크바를 방문하여 레오니트 브레주네프(Leonid Ilyich Brezhnev)와 전략 핵무기 제한에 대한 협정을 체결하는 등 냉전 완화의 조치를 취하였다.

1970년대 초 미국과 중국의 화해 분위기는 미국의 그늘에 있던 동북아 국가들에게는 충격이었다. 늘 미국에 보조를 맞추었기에 이제는 그에 맞추어 중국과도 새로운 관계를 맺어야 했기 때문이다. 이에 빠르게 변신한 것이 일본이었다. 중국과 일본은 1972년 중일 공동 성명, 1978년 중일 평화 우호 조약, 1998년 중일 공동 선언 등을 통해 양국의 우호 관계를 다져갔다.

사회주의 진영인 소련과 중국이 분열하여 대립하는 상황에 이르자 이러지도 저러지도 못하는 묘한 입장에 처하게 된 것은 북한이었다. 어떻게든 소련과 중국의 도움을 받아야했던 북한이 할 수 있는 것은 사회주의 진영의 단결을 강조하며 소련이나 중국 어느 한쪽으로 기울지 않는 입장을 취하는 것이었다. 이에 결국 북한은 독자 노선을 지향하였다. 북한은 제3 세계 국가들과 비동맹 외교에 힘쓰며 그들과 반미·반제국주의 투쟁을 도모했다. 그렇다고 북한이 외교적으로 왕따가 된 것은 아니다. 북한은 1970년대까지 100개 이상의 국제 기구에 가입하고, 자본주의 국가를 포함한 80여 개국과 무역 및 통상 관계를 맺었다.

1970년대 들어 미·소 데탕트, 중·미 화해, 중·일의 국교 회복이 이루어져 세계는 그야말로 해빙 무드였다. 그러나 이것이 곧 냉전의 종식인 것은 아니었다. 불안정하던 데탕트는 1979년 소련이 아프가니스탄을 침공함으로써 다시 냉전 체제로 돌입했다. 미국은 아프가니스탄 반군에 군사 지원을 한 것은 물론, 데탕트를 계기로 소련에 제공하던 식량 수출을 중단하였고, 1980년 1월에 열린 모스크바 올림픽에도 참석하지 않았다.

그러나 냉전이 본격적으로 격화된 것은 그 이후이다. 1981년 1월 레이건이 대통령이 되어 '강한 미국'을 내세우며 '스타워즈 프로젝트', 즉 '전략 방위 구상(Strategic Defense Initiative)'을 추진하면서부터였다. 냉전시대의 전형적 특징이 경쟁적인 군사력 증대라면, 이 시대 미국은 소련을 의식하며 강한 미국을 만들기 위해 핵무기뿐만 아니라 재래식 무기를 늘리는 것은 물론, 세계 동맹국들에도 지원을 아끼지 않았다. 한 때 주한 미군의 철수가 논의되기도 했으나 레이건 정부가 미군 철수를 취소하고 오히려 한반도에 지상군을 강화한 것도 이런 맥락에서 나온 것이다. 그는 소련을 '악의 제국'으로 규정한 반면, 1984년에는 자오쯔양(趙紫陽)과 상호 방문하는 등 중국과는 관계를 더욱 강화하였다.

미국과 소련의 냉전 체제가 일대 변화의 계기를 맞이한 것은 소련에 미하일 고르바초프(Mikhail Gorbachev)가 등장하면서였다. 그는 미국과 냉전 경쟁을 완화하기 위해 핵무기 폐기 및 대량 감축을 비롯한 다양한 실질적 조치를 행동으로 보여주었다. 그것은 미국에게도 진심으로 다가왔다. 이를 계기로 미국과 소련 간에는 다시 신뢰 관계가 이루어지고 협력 관계가 다시 싹트기 시작했다.

그런데 1980년대 말 유럽 사회주의권에서 엄청난 변화가 일어났다. 1989년 11월, 동서 냉전의 상징이었던 베를린 장벽이 무너지더니 다음해에는 동독이 서독에 흡수 통일되었다.

페레스트로이카로 유발된 민주화·자유화 바람이 사회주의 국가들을 휘몰아치더니 동유럽 공산당 정권이 우수수 무너지기 시작하였다.

이러한 격변은 사회주의 국가의 맹주였던 소련에도 직격탄이었다. 소련 연방을 이루고 있던 공화국들이 여기저기서 독립을 요구하였고 연방 해체를 막기 위한 온갖 개혁 정책도 더 이상 먹혀들지 않았기 때문이다. 마침내 여러 공화국들이 소련 연방에서 줄줄이 탈퇴하여 독립 국가가 되었다. 소련 역시 대통령제를 도입하는 엄청난 변혁을 시도하였지만 이미 때는 늦었다. 최초의 사회주의 국가이자 사회주의 국가의 맹주 소련은 이렇게 하여 70여년 만에 완전히 해체되었다. 그리고 1991년 12월 8일, 러시아 연방이 탄생하였다. 1989년 12월 부시와 고르바초프가 지중해 몰타 섬에서 공식 선언한 냉전 해체는 양극의 하나로 미국의 경쟁자였던 소련이 이렇게 무너지면서 완전히 끝났다. 그것은 곧 미소 간 군사력 증강 경쟁이 끝났음을 말한다.

베를린 장벽 붕괴.(출처 : https://images.search.yahoo.com/search/images;_ylt=A0SO81JJz1hXjZwA00ZXNyoA;_ylu=X3oDMTExZ25lYTMzBGNvbG8DZ3ExBHBvcwMxBHZ0aWQDVUlDMl8xBHNlYwNzYw--?p=Fall+of+Berlin+Wall+1989&fr=yfp-t-s)

그러나 그것이 곧 지구촌에 평화가 찾아왔음을 의미하는 것은 아니었다. 오히려 지구촌에서는 새로운 변화의 기운이 일었다. 국가 간 전쟁, 내전에서부터 종교 분쟁, 민주화 운동, 자유화 바람 등 다양하였다. 그런 가운데 남북으로 갈린 이념의 대결장이자 미국, 중국, 러시아, 일본의 공통적 이해관계가 얽힌 한반도는 더욱 그 지정학적, 국제정치적 요충지가 되어갔다. 지구촌에서 일고 있는 온갖 갈등과 변혁의 기운은 점점 한반도로 욱여들고 있다.

> "나의 도수는 밖에서 안으로 욱여드는 도수이니 천하 대세를 잘 살피
> 도록 하라."(5:165:8)

세계가 돌아가고 있는 모습을 앎으로서 우리는 한반도에서 장차 어떤 일이 벌어질지 가늠할 수 있다.

7. 욱여드는 상씨름판 전쟁

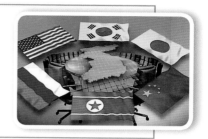

탈냉전시대 세계 정치 질서의 변화

냉전 체제에서 동서 대립의 한 축이었던 소련이 해체되면서 냉전시대가 막을 내리고 탈냉전시대가 열렸다. 탈냉전시대 세계 정치판의 역학 구도는 미국, 일본, 중국, 소련이 여전히 4대 강국의 위상을 갖지만, 특히 미국에게 힘이 집중되는 모습으로 바뀌었다. 공산주의의 맹주였던 소련의 해체는 승자인 미국을 이제 세계 유일의 패권국가로 만든 것이다. 적어도 도덕적인 면은 아닐지라도 군사적·정치적·경제적으로는 말이다. 그러나 중국의 힘 또한 만만치 않다.

미국이 천상천하유아독존天上天下唯我獨尊의 자리를 차지했다고 해서 미국의 적이 사라졌느냐? 그것은 아니다. 적은 만들기 나름이다. 미국은 적이 없으면 군사력을 계속 증강할 수 없고, 세계를 마음대로 다스릴 수 없다. 아이러니하게도 적이 곧 미국이 세계를 지배하고 세계 문제에 개입하게 할 수 있는 실마리이다. 그리하여 냉전 종식 후 미국은 새로운 적을 공식적으로 설정하였다. 그것이 바로 소위 불량 국가, 악의 나라이다. 과거 소련과 중국을 대신해 적으로 규정된 불량 국가는 이라크, 이란, 리비아, 시리아, 그리고 북한 등이었다.

그 어느 누구도 견제할 수 없는 나라가 된 미국은 탈냉전시대에서도 여전히 우월한 군사력을 배경으로 세계를 다스리려했다. 자국의 목적을 위해서라면 미국의 이익에 반하는 행위에 대해서는 무력을 앞세워 힘을 과시하기도 하였다. 이러한 맥락에서 탈냉전시대 벽두에 미국이 처음 보인 행위가 1991년 걸프 전쟁이었다. 이라크가 쿠웨이트를 침공하자 미국은 침략자를 응징하고 자유를 옹호한다는 명분을 내세워 다국적군을 조직하여 이라크를 공격하였다.

우리는 그 전쟁에서 미사일이 밤하늘을 수놓으며 날아가 어딘가를 폭격하는 모습을 TV로 목격하였다. 누군가를 죽이고 어딘가를 파괴하는 전쟁을 나와는 아무 관계가 없는, 무슨 영화 보듯 보았다. 미국은 세계 평화를 유지한다는 명목을 내세웠지만, 이 걸프 전쟁을 통해 반미에 대한 맛을 보여주었고, 미국의 패권주의에 저항하면 어떻게 되는지 경고 메시지를 세계에 전했다.

나아가 클린턴 집권 시에 미국은 필요하다면 세계 어디든 어떤 갈등이든 독단적으로 군사 개입은 물론 선제 공격도 행사할 수 있다는 공세적 팽창 전략을 폈다. 그 일환으로 미국은 아시아·태평양 지역의 보다 효율적인 개입 및 간섭, 나아가 러시아, 중국, 북한을 견제하기 위해 일본과 보다 강화된 군사 동맹 관계를 맺었다. 1996년 미일 안전 보장 공동 선언이 바로 그것이다. 미국의 일본과 이런 동맹 관계의 강화는 아시아·태평양 지역에서 일본이 갖는 가치 때문이다. 미국은 일본을 이 지역을 지배할 수 있는, 나아가 중국이나 소련의 팽창에 대비하

'사막의 방패' 작전에 투입된 미군 F-15E 이글 전투기들. CNN 등의 화려한(?) 중계 방송으로 인해 걸프전은 '게임처럼 관람하는 전쟁'이 돼버렸다. 하지만 이 '게임' 화면의 뒤편에선 사람들이 죽어나갔다. (출처 : http://www.newworldencyclopedia.org/entry/File:USAF_F-16A_F-15C_F-15E_Desert_Storm_pic.jpg)

고 유사시 이 지역을 군사적으로 이용할 수 있는 전진 기지로 여겼다.

한편 미국은 한국과도 동맹을 강화하였다. 한 때 주한 미군이 일부 철수하기도 했지만 북한의 핵무기 문제가 터지자 미군 철수가 보류되고, 북한이 악의 축으로 규정되는 가운데, 미국은 오히려 한반도에 군사력을 유지하며 북한에 대해 강경책을 폈다. 그러나 김대중 정권, 노무현 정권을 거치며 남북 간에는 전례 없는 화해 무드가 조성되어 갔고, 한미 간의 관계도 일방적인 성격에서 다소 벗어나려는 모습으로 바뀌어 갔다. 여기까지였다. 그 이후에는 지금까지 다시 북한에 대해 강경 모드로 바뀌어 화해 무드는 빛을 잃었다.

탈냉전시대에는 한국과 러시아 및 중국 간의 관계에도 엄청난 변화가 있었다. 냉전의 종식과 더불어 세계는 군사적 대결이 아닌 또 다른 물결을 맞이하였다. 바로 자본주의 시장 경제가 전 세계를 휩쓴 것이다. 러시아나 중국도 세계 자본주의 시장 경제에 참여하는 것을 피할 수는 없었다. 그리하여 각국이 서로 관계를 개선해 나가는 가운데, 한국은 1990년에 러시아와, 2년 후인 1992년에는 중국과 국교를 정상화했다.

탈냉전시대 세계 질서에 나타난 현저한 특징의 하나는 중국의 급부상이다. 중국은 90년대 중반부터 급속하게 경제 성장을 지속하더니 지금은 세계 2위의 경제 대국이 된 것은 물론, 군사적으로도 대국화하여 국제 무대의 새로운 강국으로 등장하였다. 미국의 잠재적 경쟁자로 떠올랐다.

냉전 이후에는 러시아와 중국 간에도 큰 변화가 일어났다. 1989년 5월, 소련 정상이 30년 만에 베이징을 방문하는 것을 시작으로, 두 나라 간에 해빙 무드가 조성되었다. 고르바초프 소련 공산당 서기장과 덩샤오핑 주석은 정상 회담을 하여 여러 해 동안 지속된 중소 대립에 종지부를 찍고 중소 관계의 정상화를 확인했다. 이어 1992년 12월에는 옐친 대통령이 베이징을 방문해 소련 붕괴 후 러시아와 중국의 관계가 안정적임을 확인했다. 1994년 9월에는 장쩌민 중국 주석이 모스크바를 방문해 옐친과의 공동 성명 발표를 통해 중국과 러시아의 건설적인 파트너십을 제창했다.[1] 이후 양국 간에는 유례없는 교역이 이루어졌다.

냉전 종식 후 한·일 간에도 화해의 분위기가 마련되었다. 가장 가깝지만 가장 먼 나라 일본과 한국은 지난날 역사의 상처를 묻고 새로운 미래를 열기 위해 서로를 다독이며 손을 마주잡았다. 일본이 역사와 관련하여 사과함으로써 우리나라는 일본 대중 문화에 대해 개방하는 조치를 취함으로써 새로운 시대가 열리는 듯하였다. 그러나 그것은 잠시 뿐이었다.

1990년대 양국은 계속되는 정상 회담을 통해 우호 협력 관계를 강조했지만, 지금 양국 사이에는 특히 독도 영유권, 종군 위안부, 일본 교과서의 역사 왜곡, 어업 협정 개정 및 배타적 경제 수역(EEI) 설정 문제 등으로 팽팽한 긴장이 흐르고 있다. 일본의 우경화 움직임이 강화되는 가운데 독도가 일본 땅이라는 주장이 강화되자 한국에서는 반일 감정이 더욱 고조되고 있다. 한일 관계는 급속도로 냉각되고 있다.

불타는 세계의 화약고, 동북아에서는 지금

동북아는 지구촌에서 가장 뜨거운 지역이다. 역사적으로 늘 강대국들의 각축장이었다. 이 지역에 있는 국가들이 지난날 경제적으로 급속하게 발전하는 등 세계 경제 발전의 축이었다는 점에서 그런 점도

----
1) 한중일3국공동역사편찬위원회 지음, 『한중일이 함께 쓴 동아시아 근현대사』1, Humanist, 2012, 331쪽.

있지만, 이 지역은 지금 군사력을 동원한 무력 시위가 실제 일어나고 있기에 한치 앞을 내다볼 수 없을 정도로 역동적이다. 4대 강국들 간의 긴장은 그 어느 때보다도 강하다.

강대국들은 왜 이 지역에서 싸울 수밖에 없는가? 왜 동북아는 위험할 수밖에 없을까? 각국이 한 치의 양보도 없는 신경전을 벌이는 주된 이유는, 겉으로는 이곳에 묻혀 있는 천연 가스와 광물 자원 등 막대한 자원 때문이다. 실제로 동북아의 주요 분쟁 지역에는 자원의 보고라고 불릴 만큼 다양한 광물과 에너지원이 매장돼 있다. 영토 분쟁이 각국의 사활적 국익이 걸린 '제2의 자원 전쟁'이라고 불리는 이유는 바로 여기에 있다.

중국과 일본이 첨예한 대결을 벌이는 센카쿠 열도는 5개의 섬과 3개의 암초로 이뤄져 있다. 물 위로 솟은 면적은 6.3제곱킬로미터에 불과하지만 이 섬들 아래 바다의 밑바닥에는 대량의 석유와 가스가 매장돼 있을 것으로 추정된다. 일각에선 추정 매장량이 흑해 유전과 맞먹는 70억 톤에 이른다고 주장한다.[2]

그래서 지금 센카쿠 열도는 뜨겁다. 중·일 양국 간 무력 충돌 가능성도 커지고 있다. 한 때 중국 함정이 일본 호위함을 상대로 사격 통제 레이더를 조준하기도 했다. 센카쿠 상공에서는 양국 전투기의 추격전이 벌어지기도 했다. 중국 국적으로 추정되는 무인 항공기가 출현하자 일본 전투기 F15가 긴급 발진하기도 했다. 일본은 센카쿠에 대한 중국 무력 공격 가능성을 핑계로 군비 증강도 본격화하고 있다. 그 연장선상에서 중국과 일본 간의 국민 감정도 악화되고 있다. 하지만 아직 출구 전략은 보이지 않는다.[3]

----

2) 〈동아일보〉, 2012. 9. 18.
3) 〈조선일보〉, 2013. 9. 19.

동아시아가 순식간에 화약고로 변할 가능성을 대비하여 일본은 여러 가지 전략을 수립하고 있다. 극우 보수파인 아베 신조 총리가 집권한 일본은 중국의 센카쿠 침공을 상정해 육·해·공 통합 방위 전략을 수립하는 등 중국을 정면으로 겨냥한 군사전략을 마련하였다. 방위성이 준비하는 유사시 시나리오는 중국, 러시아, 북한을 공격 주체로 상정하고 있지만 그 핵심은 중국이다.

영토나 자원 문제를 두고 중·일이 실제 군사적 대결로까지 치달을 것인지는 아무도 모른다. 지금처럼 서로 군사적 긴장감만 조성한 채 끝날 수도 있다. 그러나 중국이 일본에게 무력을 행사하여 초긴장이 발생할 여지는 있다. 센카쿠 열도 영유권 분쟁과 관련하여 중국 내 비판 여론이 공산당의 지도력을 위협할 정도로 커지면 여론의 방향을 돌리기 위해 이 열도에 무력을 행사할 가능성이 있다. 그러나 일본이 적극적 대응을 하고 있는 지금은 긴장 구도만 굳어지고 있다.

동북아에서 갈등이 고조되는 더 중요한 이유는 중국이 굴기하여 이 지역은 물론 세계를 재패하고자 하기 때문이다. 중국은 지금 동북공정 등 역사 전쟁과 '대국굴기大國崛起(큰 나라로 우뚝 선다)'를 통해 옛 영광을 다시 찾으려하고 있다. 세계 1인자가 되고자 한다. 2008년 금융위기로 미국의 패권이 흔들리는 사이 중국은 막강한 자금력을 내세워 세계에 세력을 과시하고 있다. 중국은 대외적으로 '평화롭게 강대국으로 일어선다[화평굴기和平崛起]'는 외교 노선을 내세웠지만 실질적으로는 공세적 의미의 대국굴기 노선을 취하고 있다.

'시(習)황제'로 불릴 정도로 강력한 리더십을 보이고 있는 시진핑 주석은 미국과의 정면 대치를 꺼리던 전임자들과 달리, 외교 분야에서도 갈등을 불사하고 국익을 적극적으로 실현한다는 '주동작위主動作爲'를 내세우면서 미국의 기존 주도권에 도전하고 있다.

미국은 이러한 중국의 도전에 긴장한다. 2010년 동맹국인 일본을 제치고 세계 2위로 부상한 중국의 경제력과 급팽창하는 군사력에 이미 심각한 위협을 느끼던 미국은 중국이 공격적인 해양 진출 전략으로 주요 해상 수송로이자 자원 매장 지역인 남중국해에 입김을 강화하고 나서자 중국 '봉쇄'를 노리고 본격적으로 팔을 걷어붙이고 있다.[4]

지난해 버락 오바마(Barack Obama) 행정부는 미 국방력의 최우선 순위를 아시아에 둔다는 '오바마 독트린'을 발표하였다. 오바마 대통령이 '아시아 회귀'를 선언하고 해군력의 60퍼센트를 아시아·태평양에 집중하겠다고 발표한 것도 중국 때문이다.

이는 미국이 정치·경제·군사적으로 세계 제2의 강국으로 등장한 중국을 염두에 둔 정책이다. 미국에게 이 지역은 굴기하는 중국을 봉쇄하는데 가장 생산적인 곳이다. 그러나 굴기하려는 중국이 이런 미국의 봉쇄 정책에 가만히 있지 않을 것이다.

탈아시아를 지향하던 미국이 다시 아시아 복귀를 선언함으로써 미국과 중국의 충돌은 이제 피할 수 없다. 이로 인해 아시아에서 새로운 갈등의 불씨가 이글거린다. 당장 중국인들의 눈에 오바마 독트린은 미국이 중국을 봉쇄하려는 것으로 비춰졌다. '미국의 아시아 복귀'가 '중국의 세계 패권'을 향한 꿈과 마주침으로써 장차 동북아에서 빅게임의 가능성은 더욱 커졌다. 정치적으로든 군사적으로든 충돌이 불가피하다. 중국이 국내적 불만을 외부로 돌리려 하고,

미국의 아시아로의 회귀(Pivot to Asia). (출처 : http://globalcitizen333.blogspot.kr/)

----

4) 〈서울경제〉, 2012, 9, 19.

미국이 중국에 대한 봉쇄 정책을 강화하고 나설 경우, G2 간 충돌은 언제든 '가상'에서 '현실'이 될 수 있다.

2013년 6월 말 홍콩에서 미국 국가 안보국(NSA)의 전세계적 무차별 정보 수집을 폭로한 에드워드 스노든의 신병 인도 문제를 놓고 신경전을 벌인 양국은, 11월 중국이 전격적으로 동중국해 방공 식별 구역을 선포한 뒤 가파른 대립 구도로 치달았다. 시 주석이 강조하는 중국의 '해양·군사 강국' 꿈이 이를 통해 구체화됐고, 미국은 이를 중국이 동북아에서 미국 주도의 기존 질서를 흔들며 새판을 짜려는 선제 포석으로 간주하고 반발했다.

'아시아 재균형 전략'으로 중국을 견제하려는 미국은, 2014년 봄 일본의 집단적 자위권을 공개적으로 지지하면서 미·일 동맹 강화 움직임을 뚜렷이 하고 있다. 4월 일본을 방문한 오바마 대통령은 "센카쿠 열도가 미·일 안보 조약의 범위에 포함된다"고 말했다. 일본을 앞세워 날로 팽창하는 중국의 군사력을 견제하려는 의도를 드러낸 것이다. 아베 신조 일본 총리의 야스쿠니 신사 참배와 해묵은 센카쿠 열도 갈등으로 중·일 관계가 최악으로 치닫던 상황에서 미국의 '일본 편들기'는 중국에 기름을 부은 격이 됐다.

급기야 5월, 중국은 안방인 상하이에서 미국의 행보에 강한 견제구를 던진다. 시 주석은 아시아 교류·신뢰 구축회의(CICA)에서 "아시아의 일과 문제는 아시아인들이 직접 처리해야 하고 아시아의 안보 역시 아시아인들이 수호해야 한다"며 아시아 안보 협력 기구를 만들자고 제안했다. 과거 영국의 간섭을 배척한 미국의 먼로주의를 중국이 그대로 차용해, 미국의 아시아 개입에 대한 반대를 선언한 것이다.[5] 그러나 두 나라가 극단적 선택을 하기는 쉽지 않다. G2의 갈등 구도

----
5) 〈한겨레〉, 2014. 11. 10.

가 정면 충돌로 이어질 가능성은 희박하다. 중국의 군사력이 아무리 빠르게 증강됐다고 해도 최대 군사 강국인 미국에는 한참 못 미치는 수준이기 때문이다. 최근 미 국방부 발표에 따르면 중국의 올해 국방 비 지출은 미국의 20-30퍼센트 수준에 머무는 것으로 추정된다. 지 난달 미국 국제 전략 문제 연구소(CSIS) 보고서에 따르면, 중국의 공식 국방비는 지난해 899억 달러로 10년 전에 비해 4배가 늘었지만 올해 6,700억 달러를 쓴 미국에 비해서는 여전히 역부족이다. 또 경제 규 모도 1위인 미국과 2위인 중국의 격차가 워낙 큰데다 양국 경제는 이 미 너무 긴밀하게 의존하고 있기 때문이다. 미국의 입장에서도 중국 은 살살 길들여서 함께 가야 하는 거인이다. 수출 시장으로서의 중국 의 중요성은 물론 글로벌 현안을 해결하는 데 있어서도 중국의 협조 가 필수적이다. 2014년 1월, 시진핑 주석이 해외 매체 인터뷰에서 '투 키디데스 함정(Tuchididdes Trap)'[6]을 피해야 한다고 말한 것도 급부상하 는 중국이 미국과의 마찰을 피하려는 움직임으로 볼 수 있다.

중국이 미국과의 정면 대결을 피하는 대신 이미 '만만한' 상대로 인 식하기 시작한 일본에 대한 압박 수위는 높일 가능성이 있다. 미국이 사실상 동맹국인 일본 편을 들면서도 겉으로는 '영토 분쟁 불개입'을 주장하며 중일 대립에 직접 발을 담그려 하지 않기 때문이다.[7]

또 중국의 발등에 떨어진 불은 빈부 격차, 정치 체제 개혁, 소수 민 족 문제, 당 간부의 부패 척결 등 한 두 가지가 아니고, 미국도 국가 부

----

6) 이는 펠로폰네소스 전쟁 때처럼 빠르게 부상하는 신흥 강국이 기존의 세력 판도를 뒤흔들 고 이런 불균형을 해소하는 과정에서 패권국과 신흥국이 무력 충돌하는 경향이 있다는 것을 일컫는 용어이다. 곧 고대 역사가 투키디데스가 아테네와 스파르타의 펠로폰네소스 전쟁에 대해 '패권국과 신흥 강국은 싸우는 경향이 있다'고 분석한 데서 나온 말이다. 역사학자들은 1500년 이후 신흥 강국이 패권국에 도전하는 사례가 15번 있었고, 이 가운데 11차례가 전쟁 으로 이어졌다고 말한다. 1·2차 세계 대전도 신흥국 독일이 당시 패권국인 영국에 도전하면서 일어났다.

7) 〈서울경제〉, 2012. 9. 19.

채를 감축하고 경제를 살려야 하는 절체절명의 과제를 안고 있기 때문이다.

북한 문제의 해법을 위해서도 미·중은 협력이 절실하다. 미국은 북한의 '후견인'인 중국의 협조가 없는 한 대북 제재의 효과를 기대할 수 없는 한계를 안고 있다. '북한 급변 사태 시나리오'를 위해서라도 미·중은 협력해야 한다. 그렇지 않고 준비 없이 급변 사태를 맞을 경우 두 강국 간에 한반도에서 뜻하지 않은 충돌을 빚을 우려가 있다.

러시아는 지금 동북아 갈등의 중심에 있다고 볼 수는 없다. 러시아의 한반도, 특히 북한에 대한 영향력은 중국의 등장으로 인해 이전에 비해 현저히 줄어들었다. 또 러시아는 지역의 이해관계를 두고 미국이나 일본 및 중국과 직접적인 갈등도 노골화되지 않고 있다. 그렇다고 러시아가 이 지역에서 이빨 빠진 호랑이인 것은 아니다. 러시아는 아직 북한에 큰 영향력을 행사할 수 있을 뿐만 아니라 중국과 전략적 공조, 각종 다자 협력체에 적극 참여 등을 통해 미국의 견제, 미국과 일본의 연대에 대응하며, 미국 중심의 일극체제가 아닌 다국적 세계 질서를 지향하고 있다. 이는 곧 러시아가 언제든지 미국을 중심으로 하는 자본주의 진영과 대결할 수 있음을 의미한다.

1991년 소련 붕괴 후 러시아는 체제 전환 후유증이 컸다. 공산권의 맹주였던 소련 몰락에 국제 사회는 더 이상 지난날과 같은 눈길을 주지 않았다. 그도 그럴 것이 러시아 사회는 그로부터 암흑기에 빠졌기 때문이다. 그로부터 10년 정도 지난 2000년을 기점으로 러시아가 다시 살아났다. 한때 생활고를 탈피하기 위해 우리나라에 그렇게도 많았던 러시아 출신 밤의 여성들이 사라진 것도 이와 무관하지 않다. 국제 사회에서 제목소리를 내더니, 이제 러시아는 지난날 미국과 맞섰던 때의 모습을 거의 회복한 듯하다. 푸틴의 등장과 오일 달러의 유입으로 러시아는 다시 일신우일신日新又日新하고 있다.

그러나 그 사이 중국이 러시아를 모든 면에서 추월했다. 지난날 자신들이 하던 역할을 협력 관계에 있던 중국이 해주니 러시아는 한편으로는 중국의 성장이 다행스러울 것이다. 그러나 다른 한편으로는 중국의 급성장이 걱정거리가 되었다. 그렇다고 러시아가 중국과 대결 관계로 나아갈 수는 없다. 러시아가 할 것이라고는 중국과 좋은 관계를 유지하는 것 밖에 없다. 그리하여 중국의 힘을 인정하고, 자신들의 이익과 미국을 견제하기 위해서 중국에 우호적인 태도를 보이고 있다. 물론 중국도 러시아가 경쟁 대상이기 때문에 무한정 협력적일 수는 없지만, 지금은 군사나 자원 문제 때문에 러시아와 손을 잡고자 한다.

그런 맥락에서였을까? 미국 주도의 세계 질서가 흔들림을 간파하고 두 나라는 미국에 공동 대응하는 모습을 보이고 있다. 미국을 견제하는 차원을 넘어 미국을 밟고 우뚝 솟으려는 두 나라의 이해관계가 맞아떨어진 듯하다. 러시아는 지금 지난날의 영광을 거의 찾았고, 중국은 19세기 서구 제국주의 국가들로부터 당한 침략과 수모를 이제야 갚을 수 있다고 생각하는 듯하다.[8]

최근 러시아는 중국과 더욱 가까워지는 모습을 보인다. 그 단적인 예가 러시아와 중국의 합동 군사 훈련이다. 중국과 러시아는 2012년에는 물론 2013년에도 육·해·공군을 가리지 않고 합동 군사 훈련을 하였다. 동해 북부나 서해에서 보이는 두 나라의 군사 협력 관계는 동북아에서 더욱 강화되고 있는 한·미·일 3각 동맹에 대응하려는 차원의 반응이기도 하다.

2014년 새해에 벌어진 우크라이나 사태는 러시아와 중국이 손을 잡

---

8) 남현호, 『부활을 꿈꾸는 러시아』, 다우, 2012, 224-226쪽.

고, 미국과의 대결에 나서게 했다. 우크라이나 사태 와중에 러시아와 중국은 정상 회담을 열어 최대 현안인 가스 등 에너지 공급과 개발 문제를 전격 매듭지었다. 양국의 군사 협력도 가속화됐다. 두 나라 군대는 올 1월 처음으로 서방의 안마당인 지중해에서도 합동 훈련을 했고, 내년 봄 지중해와 태평양에서 합동 해상 훈련을 할 예정이다. 미국에 맞서는 중·러 연대가 시간이 갈수록 굳건해지고 있다.[9]

중국이나 러시아 함대가 한·일이 마주 보는 대한 해협을 통과하거나 일본 홋카이도와 러시아 사할린 섬 사이의 소야(宗谷) 해협을 지나는 것을 보고 이 지역 파수꾼임을 자처하는 미국이나 안방을 빼앗긴 듯한 일본이 가만히 있기만 할까? 동북아에서 해상 경쟁은 더 뜨거워질 수밖에 없다.

뿐만이 아니다. 중·러는 동북아에서 미·일 동맹에 맞서 안보 협력도 강화하고 있다. 특히 두 나라는 미·일 동맹 및 한·미·일 3각 안보 협력 강화 추세에 맞서 두 나라 주도의 새로운 안보 협력체도 만들려고 한다. 이는 최근 남중국해와 센카쿠 열도에서 영유권 주장을 내세우는 중국과 아태 지역에서 존재감을 높이려는 러시아의 의도가 맞아떨어진 결과로, 동북아 역내에서 최근 부쩍 안보 협력을 강화하고 있는 미국과 일본을 견제하기 위한 목적이다. 문제는 이것이 미국 등 27개국이 참여하는 기존의 아세안 지역 안보 포럼(ASEAN Regional Forum, ARF)[10]과 기능이나 역할이 비슷하다는 것이다. 그러므로 새 기구의 창설은 결국 여기에 속한 회원국을 빼 가겠다는 것과 다름없다. 이에 동북아 안보 질서의 주도권을 놓지 않으려는 미국·일본도 발끈하고 있다.

----

9) 〈한겨레〉, 2014. 12. 24.
10) 아시아 태평양 지역 20개 주요 국가와 유럽 연합 의장국의 외무장관들이 모여 아·태 지역의 평화와 안정을 추구하는 정치 안보 협의체로 1994년에 출범하였다.

중국과 대만 간의 해묵은 갈등 역시 지역의 안정을 해칠 수 있는 변수이다. 특히 유사시 대만에 무력 행사를 하려는 중국의 태도는 대만에 큰 위협이 되고 있다. 그러나 이것이 보다 문제가 되는 이유는 중국과 대만 간만의 문제가 아니라 대만의 뒤에 있는 미국 때문이다. 대만은 미국의 세계 패권에 있어 중요한 나라이다. 미국의 주적이었던 소련이 붕괴됨으로써 미국은 대만을 내세워 새로운 대결의 파트너인 중국을 견제하고 있는데, 만일 대만이 중국의 공격을 받을 경우 미국이 가만히 보고만 있지는 않을 것이다. 그때는 중국과 미국 간의 싸움으로 확대될 것이 뻔하다. 중국의 군비 증가는 물론이고 대만의 군사력 강화는 장차 양국 간에 무력 충돌을 일으킬 수 있는 잠재적 요인이다. 중국과 대만에 분쟁이 발생할 경우 미국이 대만을 지원하게 되고, 이때 중국은 일본이 주일 미군을 지원할 수 없도록 국지적으로 일본을 공격할 지도 모른다.[11]

그러나 무력 충돌이 당장 일어날 것 같지는 않다. 왜냐하면 중국은 이보다 더 먼저, 시급하게 해결해야할 국내 현안 문제를 가지고 있기 때문이다. 또 중국과 대만은 이전에 비해 상당히 우호적 관계를 보이고 있고, 미국 역시 중국을 견제하지만 두 나라가 협력적 관계를 유지하고 있기 때문이다. 그러나 국제 관계는 언제, 어떻게 변할지 모른다. 만일 미국이 대만 문제를 둘러싼 분쟁에서 중국을 공격하면 중국은 핵무기로 대응하는 극단적 상황이 벌어지지 말라는 법도 없다. 그러므로 중국과 대만 관계 역시 이 지역에 늘 긴장을 초래할 수 있는 잠재적 요인임에 틀림없다.

4대 강국은 지금, 앞으로 벌어질 한반도에서의 본 대결에 앞서 한반도 주변 동북아에서 힘겨루기를 하고 있다. 미·일의 동맹 강화와 일본

----

11) 유현석, 『국제 정세의 이해』, 한울 아카데미, 2009, 207쪽.

의 군사 대국화 그리고 우경화가 중국의 견제, 나아가 중국의 봉쇄를 지향하는 것이 더욱 노골적일수록 중국과 일본, 중국과 미국 간 동북아에서의 갈등은 더욱 깊어만 갈 것이다. 긴장과 불안감이 이 지역을 휩쓸 것이다. 장차 여기서 축적된 갈등은 한반도로 욱여 들여 한반도에서의 상씨름을 더욱 불타게 할 것이다.

일본의 군사적 대국화 역시 동북아 갈등의 원천이 되기에 충분하다. 일본은 지금 노골적으로 재무장을 지향하고 우경화하는 모습을 보이고 있다. 일본은 그동안 국가의 목적을 달성하기 위한 수단으로 무력 사용을 포기하고 나라를 방어할 수 있는 최소한의 군사력인 자위대만 유지해왔다. 그러나 일본에서는 헌법을 고쳐 한반도 등 주변에서 어떤 일이 일어나면 개입할 수 있는 길을 열었다.

아베 총리는 2014년 7월 집단적 자위권 행사가 가능하도록 헌법 해석을 바꾸었다. 그리고 2015년 9월에는 수많은 반대에도 불구하고 관련 법 통과를 강행했다. 2016년 3월 이후 일본은 이제 세계 어디든 자위대를 파견하고 미국을 후방 지원할 수 있게 된다.

이러한 움직임은 주변국들에게 일본 군국주의의 부활은 물론 일본과 미국의 연합이 중국과 군사적 대결 구도를 초래함으로써 동북아에 불안과 긴장감을 가져다 줄 수 있다. 특히 주변국의 만류와 비난에도 불구하고 아랑곳하지 않고 일본 총리가 야스쿠니 신사를 참배하여 우경화 경향을 강화하며 재무장을 지향하는 것을 보노라면 불안감은 더욱 증폭되고 있다. 일본의 우경화와 군사적 부활은 지난날 아픈 역사를 잊지 못한 주변 여러 나라에게는 그 무엇보다 큰 위협일 수밖에 없다.

이런 갈등의 본질은 동북아 패권과 관련되어있다. 중국, 일본, 한국은 각기 이 지역에서 자신들의 잃어버린 역사, 잃어버린 위상을 되찾고 바로잡기 위한 역사 전쟁의 일환으로 자원 전쟁, 영토 전쟁을 벌이고 있는 것이다. 지난날 중국은 자신을 세계의 중심이요 천자의 나라라고 인식하였다. 그러나 지금의 중국은 적어도 그와 거리가 멀다. 중국은 지난날의 영광을 회복하기 위해, 잃어버린 세계의 중심국, 천자의 역사를 되찾으려한다. 이를 위해 중국은 군사적 대결을 주저하지 않을 뿐 아니라 주변국의 역사까지 왜곡하며 새로운 역사를 만들어가고 있다.

천황을 중심으로 짝퉁 천자국 질서를 갖춘 일본도 군국주의 부활을 꿈꾸고 있다. 이를 보여주는 정권 차원의 퍼포먼스가 2013년 5월에 아베 총리가 항공자위대 기지를 방문하면서 '731'이라는 숫자가 선명한 훈련 비행기를 타고 조종석에서 엄지손가락을 치켜세운 일이다.

'731'이 뭔가? 그것은 제2차 세계 대전 중 중국 하얼빈에 있었던, 생체 실험을 하던 일본 관동군 부대이다. 당시 일본은 살아있는 조선인이나 중국인을 실험 대상인 마루타로 삼아 박테리아를 주입하고, 진공 상태에서 어떻게 사람 몸속의 장기들이 터지는지 실험하였다. 아베는 왜 이런 부대의 비행기를 탔을까? 그것은 일본이 지난날 전쟁에서 보여준 반인륜적 행위를 반성하기는커녕, 잘나가던 지난날에 대한 추억을 되살리려는 것이 아닐까? 그것은 일본 군국주의의 부활을 상

일본 항공 자위대 기지에서 731 번호가 선명하게 새겨진 비행기를 시승하고 있는 아베 총리. 비행기에 새겨진 731이란 숫자는 2차 대전 당시 일본의 생체 실험 부대 731부대를 떠올리는 숫자이다. (출처 : http://blog.livedoor.jp/aryasarasvati/tag/731部隊)

미·일·중·러의 군사력 경쟁

미·일·중·러 4대 열강은 지금 한반도를 둘러싸고 군사력 각축을 벌이고 있다. 국방부가 발행한 『2014 국방백서』를 토대로 미·일·중·러 4대 열강의 군사력을 참조해보자.

주변국의 군사력 현황* (단위 : 명)

병력

구분	미국	일본	중국	러시아
계	1,492,200	247,150	2,333,000	845,000
육군	586,700	151,050	1,600,000	250,000
해군	327,700	45,500	235,000	130,000
공군	337,250	47,100	398,000	150,000
기타	해병대199,350 해안경비대41,200	통막3,500	제2포병100,000	공수35,000 전략80,000 지휘/지원200,000

육군

구분	미국	일본	중국	러시아
사단(개)	10	사단9, 여단6	30	8(86개 여단)
전차(대)	5,838	777	6,840	20,550
경전차(대)	–	–	750	–
보병전투차량(대)	6,559	68	3,450	15,860
정찰차(대)	1,928	152	200	2,200
장갑차(대)	25,209	803	4,350	15,700
견인포(문)	1,242	422	6,140	12,765
자주포(문)	1,469	167	2,180	5,870
다련장포(문)	1,205	99	1,842	4,026
박격포(문)	2,483	1,085	2,586	3,500
대전차 유도무기(기)	SP 1,512	SP 30 휴대용 1,610	SP 400	–
지대공 미사일(기)	1,296	700	278	1,570
헬기(대)	4,250	427	763	1,278
항공기(대)	226	12	8	–

---

* 국방부, 『2014 국방백서』, 2014, 236-238쪽.

해군

구분	미국	일본	중국	러시아
잠수함(척)	58	18	66	53
전략핵잠수함(척)	14	–	4	11
항공모함(척)	10	–	1	1
순양함(척)	22	–	–	5
구축함(척)	62	36	15	18
호위함(척)	13	11	54	9
초계함·연안전투함정(척)	55	6	216	82
소해함(척)	13	30	53	53
상륙함(척)	30	4	85	20
상륙정(척)	245	20	152	19
지원함(척)	71	80	212	636
전투기(대)	823	–	264	41
헬기(대)	670	134	103	212

	구분	미국	일본	중국	러시아
해병 전력	해병사단(개)	3	–	여단 2	여단 3
	전차(대)	447	–	73	200
	정찰차량(대)	252	–	–	60
	상륙돌격장갑차(대)	1,311	–	–	300
	병력수송장갑차(대)	2,225	–	152	800
	야포(문)	2,071	–	40	365
	대전차미사일(기)	2,299	–	–	72
	UAV(대)	100	–	–	–
	항공기(대)	470	–	–	–
	헬기(대)	546	–	–	–

공군

구분	미국	일본	중국	러시아
전략폭격기(대)	143	–	–	141
폭격기(대)	–	17	90	–
정찰기(대)	350	–	55	114
지휘기(대)	4	340	5	6
전투기(대)	1,258	65	1,505	1,138
수송기(대)	431	5	327	390
급유기(대)	226	17	10	20
조기경보기(대)	33	248	8	23
훈련기(대)	1,130	56	950	220
헬기(대)	143	–	50	1,042
민간예비(대)	1,413	3	–	–
전자전기(대)	14		13	–

*(출처 :『The Millitary Balance 2014』(국제 전략 문제 연구소, 2014),『일본 방위백서』(2014) 등 관련 자료 종합)

미 국방부는 지난해 1월 '신국방 전략 지침'을 발표하며 아·태 지역을 세계 전략에서 최우선 지역으로 평가하고 이 지역에 전력을 증강하기로 방침을 세웠다. 2020년까지 이 지역에서 최대 6개 항모를 운용할 계획이며, 신형 버지니아급 전략 핵 잠수함을 포함한 잠수함 전력의 절반 이상을 태평양 지역에 전개하기로 했다. 최근에는 최신예 전투기와 전략 수송기, 공중 급유기, 무인 정찰기 등도 괌과 하와이에 증강 배치하고 있다.

중국의 군비도 무서운 기세로 늘어나고 있다. 중국은 2011년 기준 898억 달러의 국방비를 지출해 미국에 이어 세계에서 두 번째로 많은 국방비를 지출했다. 전문가들은 중국의 국방비가 2015년까지 2,400억 달러에 이를 것이란 분석도 내놓고 있다. 중국은 자국 최초의 항공모함인 '랴오닝함'을 실전배치한 데 이어 함재기 이착륙에도 성공해 위력을 대외에 과시했다. 사거리 8,000 킬로미터 이상의 탄도미사일 JL-Ⅱ를 탑재한 신형 전략 핵 잠수함(Jin급) 2척을 전력화한 중국은 2017년까지 총 6척을 실전 배치한다는 계획을 갖고 있다. 전투기 현대화를 위해 구형 전투기 대신 스텔스 전투기 J-20 개발을 지속하고 있으며, IL-76 수송기를 개조한 조기경보통제기(KJ-200) 4대, 공중급유기(H-

6U) 10대를 보유하는 등 원거리 타격 능력을 향상시키고 있다.

일본도 중국을 견제하기 위해 미국과 동맹 관계를 유지하며 꾸준히 방위력을 증강하고 있다. 아베 신조 총리를 비롯한 일본 극우 진영은 군사대국으로 거듭난다는 전략도 가지고 있다. 일본은 지상 전력의 경우 기존 재래식 전력은 줄이는 대신 기동력과 도서 방위 능력을 강화하고, 해상 공중 전력은 첨단 정밀 무기에 의한 원거리 작전 능력 강화에 집중하고 있다. 일본 해상 자위대는 이지스함 6척을 포함해 48척의 전투 함정과 잠수함 18척, 1만 3,500톤급 호위함 2척 등을 운용하고 있다. 최근 전투기 수는 줄었지만 노후한 F-4 기종을 대체하기 위해 미국 록히드 마틴의 스텔스 전투기인 F-35 도입을 추진 중이다. 또한 탄도미사일 방어 체계를 강화하기 위해 레이더 성능을 개량하고 오키나와에 PAC-3를 추가 배치했다.

러시아는 냉전시대 미국과 더불어 세계를 양분하던 구소련의 영광을 되찾기 위해 국방 개혁 추진과 함께 무기 체계 현대화에 박차를 가하고 있다. 노후 장비를 교체하기 위해 2015년까지 1,860억 달러를 투입한다. 1만 9,400톤 보레이급 전략 핵 잠수함 1척과 전폭기(Su-34) 10여기를 추가로 배치했다. 다목적 전투기(Su-30SM)와 방공 미사일 시스템(S-400), 프랑스제 미스트랄 수송함 등의 배치도 추진 중이다. 특히 다목적 전투기 Su-35 48대를 2015년까지 전력화하고, 5세대 스텔스 전투기 T-50을 개발해 작전 배치할 계획을 갖고 있다. 한반도에 인접한 하바롭스크에 위치한 동부 군관사령부에는 자주포와 방사포는 물론 잠수함과 구축함, MiG-31, Su-27 등 전투기와 정찰기를 배치해 운용 중이다.*

---
* 〈NEWSis〉, 2013. 2. 5.

징한다. 일본은 지난날 역사에 대한 반성 없이 역사를 왜곡시켜가면서 팽창주의를 지향하고 있다. 일본은 강한 일본을 만들기 위해 메이지에서 교훈을 찾고자 한다.

여기에 한국도 가세하여 중국이나 일본이 왜곡한 역사를 바로잡으며 잃어버린 천자의 나라 위상을 다시 찾으려고 한다. 그러나 한국은 과거 일본과 중국의 지배를 오랫동안 받았고, 지금은 세계 패권국인 미국으로부터 자유롭지 않으니, 그것이 그리 쉽지 않을 듯하다.

한반도를 잠 못 들게 하는 핵

동북아, 특히 한반도를 가장 긴장 국면으로 몰아가고 있는 것은 북한의 핵무기이다. 한반도는 세계의 화약고와도 같다. 이곳에는 장차 세계 정치 질서를 바꿀 계기가 되는 큰 전쟁이 일어나기에 충분한 지정학적 조건들이 있다. 무엇보다 한반도는 세계 패권을 지향하는 강대국들이 모두 관심을 갖는 곳이고, 나아가 지난 60년 넘게 남북이 극단적으로 대립하며 아직 종전을 이루지 못한 상태에서, 북한이 핵무기를 개발하고 핵실험에 사실상 성공하였기 때문이다. 북한의 핵이 문제가 되는 것은 만일 이 지역에서 어떤 일이라도 일어나면 핵무기가 사용되는 최악의 경우도 배제할 수 없기 때문이다.

북한의 핵 개발이 국제 사회에 알려지고 문제가 되기 시작한 것은 1989년 영변의 핵 개발 의혹이 일어나고 이에 대한 사찰을 둘러싼 갈등이 있으면서부터였다. 이로부터 시작된 한반도 북핵 논의의 주체는 늘 북한과 미국이었다. 북미는 대화, 합의, 파행, 위협, 벼랑 끝 전략을 반복하더니 2003년부터는 북핵 문제가 국제 사회 문제로 확대되었다. 이른바 미·중·소·일·남·북이 머리를 맞대고 공공으로 해결하기 위한 6자 회담이 시작되었다. 그러나 이 와중에도 북한의 핵실험은 그치지 않았다. 2007년 7월 함경북도 화대군 무수단리에서 대륙 간 탄도 유도탄으로 추정되는 미사일의 발사는 미국뿐만 아니라 국제적 긴장을 조성하기에 충분했다.

북한의 핵실험을 막기 위한 일환으로 2007년 2월 제5차 6자 회담에서 2.13 합의가 이루어졌다. 여기에는 북한이 핵시설 가동을 중단하고 IAEA의 실사를 받고, 그 대가로 북한에 중유 5만 톤 등의 에너지를 지원하고 북한을 테러 지원국 지정에서 해제하며, 나아가 북·미 관계, 북·일 관계도 정상화한다는 내용이 포함되어있다.

그러자 북한은 핵 신고서를 제출하고 영변 원자력 연구소의 냉각탑을 폭파하는 등 상응 조치를 취하였다. 이 때 까지는 모양새가 좋았다. 그러나 미국이 대북 테러 지원국 지정을 해제하는 조치를 미적거리자 북한은 돌변하였다. 이를 빌미로 냉각탑을 폭파한지 석 달도 되지 않아 영변 핵시설을 원상 복구 중임을 발표했다.

2009년 4월에 북한은 장거리 로켓 '은하 2호'를 발사하고, 6자 회담에도 불참하더니, 핵실험 및 대륙간 탄도 미사일(ICBM) 시험을 예고하였다. 그리고는 2009년 5월 25일, 북한은 제2차 핵실험을 하였다. 국제 사회가 비난하는 가운데 핵실험을 강행했으니 그 반응은 물을 필요가 없었다. 이번에도 유엔 안보리는 대북 제재결의(1874호)를 채택했고, 한국과 미국 및 일본은 분노와 위기의 목소리를 높였다.

그러나 북한은 아랑곳하지 않았다. 미친개가 짖어대는 소리인양 무시한 채 강경하게 나아갔다. 2012년 4월에는 비록 실패였지만 평안북도 철산군 동창리 발사장서 장거리 로켓 '은하 3호'를 발사하였고, 그해 12월에는 동창리 발사장서 장거리 로켓 '은하 3호'(인공위성 광명3호?) 발사에 성공하였다. 그것은 북한이 핵탄두를 멀리까지 실어 보낼 수 있는 기술을 갖추었음을 보여주었다. 이에 대해 국제 사회는 또 경고의 목소리를 전했다. 안보리는 대북 규탄 성명을 내고 대북 제재안을 채택했다. 늘 그랬던 것처럼. 그것이 끝이었다. 그리고 북한의 핵실험은 이어졌다.

북핵 관련 주요 일지

연도	월일	내용
1991	12. 31	남북한 한반도 비핵화 공동 선언 합의
1993	3. 12	북한 NPT 탈퇴 선언
	5. 11	제1차 북핵 위기 중 북한이 NPT 탈퇴를 선언하자 유엔 안보리가 이를 재고하라며 1차 대북 제재 결의안(결의 825호)을 만장일치로 채택
1994	11. 1	북한 핵 활동 동결 선언
1998	8. 31	북한, 함경북도 화대군 무수단리 발사장서 장거리 미사일 발사
	9. 4	북한, "8월 31일 12시 07분 함경북도 화대군 무수단리 발사장에서 발사된 다단계 운반 로켓(백두산 1호)으로 첫 인공지구 위성(광명성 1호)을 궤도에 진입시키는 데 성공했다"고 발표
2002	12. 12	북한 핵 동결 해제 발표
2005	2. 10	북, 핵무기 보유 선언
	5. 11	북, 영변 5메가와트 원자로에서 폐연료봉 8천 개 인출 완료 발표
	9. 13-19	2단계 제4차 6자 회담서, '北 모든 핵무기와 현존 핵 계획 포기' 등 6개 항의 9·19 공동 성명 채택
2006	7. 5	북, 함경북도 화대군 무수단리 발사장서 장거리 미사일(대포동 2호) 발사
	7. 15	유엔 안보리가 북한의 위의 일을 규탄하고 미사일 관련 물자, 상품, 기술, 재원의 북한 이전 금지를 회원국에 권고하는 결의 1695호 채택
	10. 9	북, 제1차 핵실험 실시(플루토늄 방식)
	10. 15	북한의 위의 일을 유엔 안보리가 규탄하며 대북 제재 이행과 제재 구성 위원회 구성을 결의한 결의 1718호 채택
2007	2. 13	6자 회담서 영변 원자로 폐쇄 및 불능화 합의
	7. 15	영변 원자로 폐쇄
	10. 3	6자 회담서 모든 핵시설 불능화 및 핵 프로그램 신고 합의

북한은 목숨을 걸고 핵 개발을 추진하고 있다. 우리가 이러한 북한의 핵 개발을 반대하는 데에는 그만한 이유가 있다. 최악의 경우 기본적으로 엄청난 살상을 초래하기 때문이다.

연도	월일	내용
2008	6. 27	북, 영변 원자로 냉각탑 폭파
	9. 19	북 외무성 대변인 '영변 핵 시설 원상 복구 중' 발표
	9. 24	영변 원자로 봉인 해제
	12. 8-11	6자 수석 대표 회동, 성과 없이 휴회
2009	4. 5	북, 무수단리 발사장서 장거리 로켓 '은하 2호' 발사. 조선 중앙 통신은 오후 3시 28분 "은하 2호는 11시 20분에 함경북도 화대군에 있는 동해 위성 발사장에서 발사돼 9분 2초 만인 11시 29분 2초에 광명성 2호를 자기 궤도에 정확히 진입시켰다"고 발표
	4. 14	유엔 안보리 전체 공개 회의 열어 의장 성명 공식 채택 = 북 외무성 '6자 회담 불참, 핵 시설 원상 복구' 발표
	4. 29	북, 핵실험 및 대륙간 탄도 미사일(ICBM) 시험 예고
	5. 25	북, 제2차 핵실험 실시(플루토늄 방식)
	6. 13	북한의 위의 일에 유엔 안보리가 가장 강력하게 규탄하며 결의 1874호 채택
2012	4. 13	북, 평안북도 철산군 동창리 서해 발사장서 장거리 로켓 '은하 3호' 발사(실패). 조선 중앙 통신은 "조선에서의 첫 실용 위성 '광명성 3호' 발사가 오전 7시 38분 55초 평안북도 철산군 서해 위성 발사장에서 진행됐다. 지구 관측 위성의 궤도 진입은 성공하지 못했다"고 발표
	4. 16	유엔 안보리 의장 성명 채택
	12. 12	북, 동창리 발사장서 장거리 로켓 '은하 3호' 발사 성공
2013	1. 23	유엔 안보리 대북 제재를 확대·강화하는 내용의 결의 2087호 채택. 북 외무성 '한반도 비핵화 종말, 물리적 대응 조치 취할 것' 발표
	1. 24	북 국방위원회 '장거리 로켓과 높은 수준의 핵실험 미국 겨냥' 발표
	1. 26	김정은, 국가 안전 및 대외 부문 일꾼 협의회 개최해 '국가적 중대 조치' 결심

북한의 3차 핵실험 성공

2차 핵실험 이후 서로를 비난하며 한 때 마치 전쟁이라도 일어날 듯한 분위기가 지난 지 몇 년도 지나지 않은 2013년 2월 12일 오전 11

연도	월일	내용
2013	2. 3	김정은, 노동당 중앙 군사위 확대 회의서 '자주권 지키기 위한 중요한 결론' 발표
	2. 12	북, 제3차 핵실험 실시
	3. 8	북한의 위의 일을 규탄하며 결의 2094 채택
	3. 9	북 외무성 대변인 담화 - 핵 보유국, 위성 발사국 지위 영구화할 것
	4. 2	영변 원자로 재가동 발표
	8. 29	영변 2원자로 가동 개시
2014	3. 3	SCUD 미사일 동해로 2발 발사
	3. 26	노동 미사일 동해로 2발 발사
	3. 30	북 외무성 성명 - 핵실험 위협, 새로운 형태의 핵실험 언급
	4. 21	북 외무성 대변인 담화 - 북핵 개발은 정당한 자위적 억제력임을 주장
	5. 23	미·북 몽골에서 민간 채널 접촉 - 북핵 개발은 정당한 자위적 억제력임을 주장
	5. 29	'대북 제재 이행법안' 미 하원 외교위원회 통과 - 북한에 대한 경제 제재와 금융 거래 봉쇄
	6. 29	SCUD 미사일 동해로 2발 발사
	7. 9	SCUD 미사일 동해로 2발 발사
	7. 13	SCUD 미사일 동해로 2발 발사
	7. 17	유엔 안보리 '북 탄도 미사일 발사 규탄' 성명 - "북한의 탄도 미사일 발사는 안보리 결의 위반"
	7. 26	SCUD 미사일 동해로 1발 발사
	7. 28	유엔 북 청천강호 운영사(원양 해운 관리 회사) 제재 대상에 추가
	9. 26	IAEA '북핵 규탄 결의안' 채택 - 영변 원자로 재가동 등 북의 핵 개발을 규탄
2016	1. 6	북, 제4차 핵실험 실시
	2. 7	북, 평안북도 철산군 동창리에서 인공 위성 '광명성 4호' 발사

시 57분, 북한은 유엔 안보리와 국제 사회의 거듭된 경고에도 불구하고 기어코 3차 핵실험을 강행하였다. 함경북도 풍계리에서 실시된 핵실험은 7킬로톤 안팎의 폭발력을 선보인 것으로 알려지고 있다. 이는 1차 때 1킬로톤, 2차 때 2-6킬로톤에 비해 폭발력이 향상된 것이다. 2차 핵실험을 하자 유엔 안보리가 강력한 대북 결의안을 채택한 것은 물론 금융 제재, 무역 제재, 무기 수출 금지 등을 결의하자 더욱 격앙하여 앞으로 우라늄을 농축하여 무기로 사용할 것이라며 긴장 구도를 강화하던 북한이 3차 핵실험을 통해 다종화·소형화에 성공한 듯하다. 북한의 말마따나 북한은 다종화된 핵 억제력의 성능을 물리적으로 과시하였다.

그러나 이로 인해 한반도에는 다시 한 번 위기의 파도가 몰아닥쳤다. 북한의 핵 위협이 현실화되고 이로 인해 여차하면 군사 충돌도 일어날 가능성이 높아졌다. 그도 그럴 것이 비록 처음은 아니지만 한반도 주변국은 물론 국제 사회가 북한의 핵실험을 성토하고 나섰다. 당시 유엔 안보리는 북핵실험에 대한 결의안(2094호)을 만장일치로 채택하였는데, 여기에는 북한의 무역과 경제 등 경제 활동에 심각한 타격을 줄 수 있는 내용뿐만 아니라, 미사일을 다시 발사하거나 추가 핵실험을 하지 말 것, 이를 어길 경우 더 중대한 조치를 취하겠다는 경고 등 다양한 내용이 들어있다. 그러나 그 효과는 미지수일 듯하다. 그러한 조치는 이전에도 있었지만 북한은 그것에 신경쓰지 않고 핵실험을 여전히 강행하기 때문이다.

북한의 3차 핵실험 후 주변국들이 보인 반응은 뜨거웠다. 북한이 핵무기를 개발하면 당장 동북아 정치 질서에 변화를 초래할 수 있으니 그도 그럴 수밖에. 북한과 맞서는 당사자인 한국에서는 북한의 3차 핵실험 후 온갖 우려의 목소리와 강경 반응이 주를 이루었다. 북한을 강

북한의 서울 핵 공격 시뮬레이션

한반도에서 핵무기가 사용되면 어떤 결과가 일어날까? 미국의 반핵 단체인 천연 자원 보호 협회(NRDC, Natural Resources Defense Council)가 분석한 북한의 서울 핵공격 시뮬레이션은 놀랄만한 결과를 보여준다.*

미국 정부가 대량 살상 무기의 효과를 산출할 때 사용하는 컴퓨터 시뮬레이션 모델인 HPAC(Hazard Prediction and Assessment Capability)를 이용하여 NRDC는 서울이 핵 폭격을 당하는 경우의 피해 결과를 산정해보았다. 북서풍이 부는 시점에, 국방부와 합참, 주한 미군 사령부와 한미 연합 사령부가 들어서 있는 서울 용산의 삼각지 상공에서, 1945년에 미국이 일본에 투하하였던 것과 비슷한 위력을 가진 15킬로톤 급의 핵탄두 1기가 폭발하는 상황을 가정했다.

먼저 국방부가 위치한 용산구 삼각지 상공 500미터에서 15킬로톤 위력의 핵폭탄이 폭발했다고 가정한 결과이다. 이 경우 낙진에 의한 간접 피해는 거의 발생하지 않지만, 핵 폭풍과 열, 초기 방사선 등으로 인해 반경 1.8킬로미터 이내의 1차 직접피해 지역은 즉시 초토화되고 4.5킬로미터 이내의 2차 직접 피해 지역은 반파半跛 이상의 피해를 당하게 된다. 이로 인해 발생하는 사망자만 62만이 넘는다.

피해 내용을 구체적으로 보면, 우선 폭발 지점에서 반경 150미터 이내의 모든 물질은 순식간에 증발해서 사라져버리고, 1킬로미터 이내 지역은 거의 대부분의 물질에 불이 붙거나 녹아내린다. 1.5킬로미터 이내에 있는 사람은 전신에 3도 화상을, 1.8킬로미터 이내에 있는 사람은 2도 화상을 입게 되고 나뭇잎이나 종이처럼 마른 물건에는 바로 불이 붙는다. 건물은 대부분 완파되고 부분적으로 철골 구조만 간신히 남는다. 이를 서울 시내 지리에 적용해보면, 우선 직접 피격 대상 지역인 국방부와 합참은 물론, 인근에 있는 용산 미군 기지와 전쟁 기념관 등의 시설은 글자 그대로 '녹아서 증발'해버린다. 주한 미군

----

* 〈신동아〉, 2004년 12월호(통권 543호), 82-96쪽 참조.

사와 한미 연합사를 비롯해 후암동에서 이촌동에 이르는 용산구 일대는 즉시 초토화된다. 폭발 당시 건물 안에 있는지 밖에 있는지, 건물의 종류가 무엇인지 등에 따라 피해의 심각성은 달라지지만, 이 지역에 있는 사람은 사망할 가능성이 높다.

반경 4.5킬로미터 안에서는 반파 이상의 피해가 예상되는데, 북쪽의 경우 경복궁에 이르기까지 서울 시내 중심가가 모두 포함된다. 서울 역, 서울 시청을 비롯해 광화문과 남대문 일대의 건물은 대부분 반파되고 고층 빌딩의 경우 붕괴될 가능성이 높다. 청와대도 피해 범위 안에 놓인다. 서쪽으로는 마포와 서교동, 여의도 일부가 포함되며 63빌딩도 무너져 내린다. 남쪽으로는 한강을 건너 상도동 및 동작동 일대, 동쪽으로는 반포와 압구정, 청담동 일대가 피해를 벗어나기 어렵다. 이같은 직접 피해를 통해 그 자리에서 사망하는 시민이 40만 명, 이후 추가로 사망하는 시민이 22만 명이 넘는 것으로 추정된다.

폭발이 지면 혹은 지면에서 가까운 상공에서 일어나는 경우에는 낙진에 의한 2차 피해만으로도 상당 규모의 인명 피해를 낳게 된다. 역시 용산구 삼각지의 100미터 상공에서 15킬로톤 위력의 핵폭탄이 터졌을 경우 용산 일대에는 커다란 분화구 모양의 분지가 생기고, 그 자리에 있던 토사와 건물 파편은 고스란히 낙진이 된다. 낙진에 포함된 방사선의 강도에 따라 사람이 입는 피해 정도도 달라진다. 방사선의 강도와 인명 피해의 상관관계를 보면 200렘** 이상의 범위에 있던 사람의 경우 혈액 이상으로 2주에서 6주 사이에 최대 90퍼센트가 사망할 수 있음을 보여준다.

지면에서 핵폭발이 일어난 경우 강남구 일대에는 이 정도 수준의 낙진 피해가 발생하게 되며 서초구와 동작구 일부, 송파구 주민들도 치명적인 피해를 입게 된다. 과천과 분당·성남·광주 등 서울 남쪽의 위성 도시도 방사선 100렘, 사망률 10퍼센트 수준의 낙진을 피하기 어렵다. 반면 서쪽으로는 김포, 북쪽으로는 일산과 파주, 의정부 등의 신도시 지역은 상대적으로 직접적인 피해 지역에서 벗어나 있다. 서울에서도 은평·도봉·성북구 일대는 비교적 피해가

** 렘(rem)은 인체에 미치는 피해 정도를 기준으로 한 방사선 양의 단위이다.

크지 않다. 구체적인 피해지역은 풍향이나 풍속·우천 등 기상 요소에 따라 달라질 수 있지만 사망자 규모는 거의 차이가 없다.

이 같은 시뮬레이션을 통해 추산한 피해를 종합해보면 100미터 상공에서 폭발이 일어나 비교적 낙진이 적은 경우 84만 명, 지면에서 폭발이 일어나 낙진이 가장 많이 발생하는 경우에는 125만 명의 사망자가 발생한다. 최악의 경우 서울 인구의 10퍼센트가 사망할 수도 있다. 핵 폭풍과 화상 등에 의해 그 자리에서 죽는 사람이 30만 명, 이러한 외상으로 인해 끝내 사망하는 사람이 10만 명, 낙진에 의해 짧은 시간 안에 죽는 사람이 55만 명, 낙진 피해로 끝내 사망하는 장기 사망자가 30만 명가량 될 것으로 보인다.

실제로 핵 폭발이 발생할 경우 사망자 수는 이보다 증가할 것이다. 왜냐하면 핵폭발의 간접 요인에 의해서도 많은 사망자가 발생하기 때문이다. 서울 곳곳에 있는 도시 가스 저장소와 주유소 등의 폭발과 화재로 인한 사망자, 유리가 많이 사용된 서울의 건축물 특성상 폭풍에 날아다니는 막대한 양의 유리 파편에 목숨을 잃게 될 시민의 숫자도 정확히 계산하기 어렵다.

폭발 직후, 도시는 그대로 불바다였다. 강력한 열 폭풍과 엄청난 소용돌이가 휘몰아쳤다. 20-30분이 지나자 중심부는 물론 외곽에까지 엄청난 양의 비가 쏟아져 내리기 시작했다. 처음 한두 시간 동안 내린 빗방울은 완전히 검은 빛이었다. 폭발과 함께 튀어 오른 흙과 먼지, 화재로 생긴 그을음이 뒤섞인 빗방울은 크기도 엄청났다. 검은 빗줄기는 강한 방사능을 띠었다. 비가 내린 연못과 강에는 엄청난 수의 물고기가 죽어 둥둥 떠올랐다. 간간이 남아있던 건물 벽에는 빗물이 흘러내린 시커먼 자국이 선명했다.

히로시마의 경우 피폭 4개월 후까지 전체 인구의 절반이 넘는 13만 5,000명이 사망했고, 나가사키에서는 전체 인구 19만 5,000명 가운데 6만 4,000명이 사망했다. 히로시마 사망자의 20퍼센트는 핵 폭풍에 의한 외상이 사인死因이었고, 60퍼센트가 화상, 나머지 20퍼센트가 방사선으로 인해 치명상을 입었다. 이후에도 장기적으로 원폭 피해가 원인이 되어 사망한 이들을 합치면 희생자는 히로시마에서만 모두 20만 명에 달한다. 피폭자와 그 후손들의 후

유증은 고려하지 않은 숫자다.

히로시마나 나가사키에 비해 인구 밀도가 훨씬 높고 고도로 도시화한 서울에서 핵 폭발이 일어난다면 피해는 훨씬 더 클 수밖에 없다. 비슷한 위력의 핵폭발이라도 핵 폭풍과 열 등 직접 피해로 인한 사망자 수만 6배가 넘을 것이라고 NRDC는 분석했다. 지표면에서 폭발이 일어나 낙진 피해가 심각한 경우 이로 인한 사망자 수는 10배 이상이 되리라는 결론이다. 이후에도 수많은 이가 방사선 피폭 후유증으로 고통 받고 기형아 출산 등의 비극이 대를 이어 발생할 것이다. 서울에서의 핵폭발이 유사 이래 최악의 참사가 되리라는 것은 피할 수 없는 사실이다. 그러므로 한반도의 비핵화, 그것은 무엇보다 중요하다.

력하게 비판하였다. 그러자 북한은 한 수 더 떴다. 북한은 오늘의 조선 반도 정세가 작은 우연적인 사건으로도 한반도 전면 전쟁으로 확대될 수 있는 위기 상황이라며 긴장감을 고조시켰다.

북한의 위협에 우리 군도 강력하게 대응하였다. 우리 군은 북한의 핵·미사일 공격 징후가 있을 경우 잠수함을 동원하여 10분 이내에 북 군사 지휘부와 핵시설, 미사일 기지를 정밀 타격하는 작전을 수립·운용 중이다. 북한은 3차 핵실험 이후 고강도 대북 제재를 추진 중인 남측에 대해 반발의 수위를 높이고 있다. 스위스 제네바에서 열린 유엔

1~4차 북한 핵실험 비교

	1차 실험 2006.10.9	2차 2009.5.25	3차 2013.2.12	4차 2016.1.6
장거리 로켓 /SLBM 발사	2006.7.5 단·중·장거리 로켓 발사	2009.4.6 장거리 로켓 발사	2012.12.12 은하3호 장거리 로켓 발사	2015.12.21 잠수함 탄도 미사일 (SLBM) 발사
유엔 안보리 제제	2006.7.15 결의안1695호 채택	2009.4.29 결의안 1718호 채택	2013.1.23 결의안 2087호 채택	2015.5.28 유엔 산하 북한제제 위원회 결의 위반 조사
핵실험 예고 (북한 외무성)	2006.10.3 안전성 담보된 핵실험 할 것	2009.4.29 자위적 조치의 핵실험 ICBM 발사 강행할 것	2013.1.23 자위적 군사력 강화 위한 물리적 대응	–
실험 지역	풍계리 동쪽 갱도	풍계리 서쪽 갱도	풍계리 서쪽 갱도	풍계리 핵실험 에서 3km 지점
인공 지진(규모)	3.0	4.5	4.9	4.8(기상청)
폭발 위력	1kt 이하	3~4kt	6~7kt	6kt(국정원)
원료	플루토늄	플루토늄	고농축 우라늄 (추정)	수소탄 (북한 발표)
핵실험 실시	로켓 발사 3개월 후	로켓 발사 50일 후	로켓 발사 2개월 후	SLBM 발사 16일 후

1kt(킬로톤)=TNT 1000t 폭발력   국방부 자료 종합

1-4차 북한 핵실험 비교. 2016년 1월 6일 북한이 감행한 수소탄 실험의 폭발력을 인공 지진의 규모로 추산하면 2013년 3차 핵실험 때보다 작아진 것으로 보인다. (출처 : <연합뉴스>.)

군축 회의에서 북한 대표는 "하룻강아지 범 무서운 줄 모른다"는 속담을 써가며, "한국의 변덕스런 행동은 최종 파괴를 예고할 뿐"이라고 말했다.

북한의 3차 핵실험 후 한국에서는 자체 핵 억제력 보유, 핵 무장 필요성도 제기되었다. 미국과 일본은 북한에 강력한 제재 방안을 강구해야한다는 목소리를 높였다. 그러나 가장 우려가 되는 목소리도 높아졌다. 바로 북한 핵실험을 계기로 주변국에서 핵무장 주장이 부각되기 시작했기 때문이다. 도미노 현상이 일어난 것이다.

가장 심상치 않은 목소리는 일본이었다. 일본은 북한의 핵으로 인한 안보 불안을 빌미로 자신들의 군사 대국화, 재무장을 노골적으로 여론몰이 하였다. 자위권 확보 수준을 뛰어넘는 이러한 핵무장의 길은 34년 만에 원자력 기본법을 개정하여 국가 안보에 필요할 경우 원자력을 사용할 수 있다는 항목을 넣음으로써 드러났다. 이제 일본은 그동안의 규제 아닌 규제로부터 해방되어 여차하면 핵무장에 나설 수 있는 법적 근거까지 마련하였다.

일본의 이런 움직임에 대해 중국과 러시아가 가만히 있을 리 만무하다. 왜냐하면 그것은 곧 미국에 힘을 보태는 것이기 때문이다. 그러자 중국과 러시아는 이 지역에서 군사력을 강화시켰다. 중국은 2000년 대비 2012년 국방 예산을 약 5배 확대하는 등 '군사굴기'에 박차를 가하였다. 러시아도 2012년 5월 중국과 인접한 시베리아 이르쿠츠크주州의 '수솔리예 시비르스크' 지역에 첨단 레이저 기지를 신설했다.

그런데 북한 제재에 군사적 수단을 포함하면 오히려 북한을 자극하고 이로 인해 한반도가 더 위험해질 수 있다며 반대 입장을 보이던 중국과 러시아가 3차 핵실험 이후에는 안보리 제재안에 동의하였다. 특히 중국에는 북·중 관계가 중요하다고 해도 북한이 핵실험을 하면

한·미·일의 공조가 강화되고, 미사일 방어(MD) 체제와 일본의 군사 대국화를 촉진시켜 중국의 국익에 반하는 상황이 될 수 있으므로 북한의 핵실험을 비판하는 견해도 있었다. 이전과는 사뭇 다른 태도이다.

북한의 3차 핵실험은 동북아 정치 질서, 북·중 관계, 미·중 관계, 군비 경쟁, 남북 갈등 등 여러 면에서 많은 변화를 초래할 것으로 보인다. 안보리의 대북 제재에 대한 태도에서 알 수 있듯이, 북한에게 훈수하는 두 강대국 중국과 러시아가 이번에는 북한의 손을 들어주지 않았다. 오선위기 구도로 보면 북한을 제외한 5개국이 한 목소리를 낸 것이다. 그렇다고 앞으로의 정치 질서가 이런 1대 5의 구도로 짜여진다는 것은 아니다. 이것은 상씨름 대결 구도의 일시적 현상, 사안에 따른 임시 구도에 지나지 않는다.

그간 북한 핵실험은 미국과 중국이 서로를 불신하고 갈등을 키우는 한 요인이었다. 그러나 새로 들어선 중국 지도부는 진정한 속뜻이야 모르겠지만, 분명 이전과는 다른 태도를 보이고 있다.

미·중 관계가 이렇게 되었으니 북·중 관계도 바뀔지 모른다. 북한과 중국은 그동안 사연도 많았지만 가장 가까운 나라였다. 그러나 3차 핵실험 이후 중국이 보인 단호한 태도에 북한은 당황하고 있다. 최소한 북한과 중국의 관계가 이전과는 같지 않게 바뀌어가고 있다.

북한이 핵실험에 성공하였으니 한반도 주변국과 이해관계가 있는 국가들도 모종의 행동을 취할 것이다. 그 하나로 미국은 이미 동맹·우방국들을 보호한다는 명목아래 한국 및 일본과 함께 미사일 방어 체제 구축에 더욱 박차를 가하는 등, 이 지역에서 군사적 경쟁의 포문을 열었다. 일본도 북한을 들먹거리며 핵무장을 모색하고 있다.

남북 관계는 더욱 살얼음판을 걷게 될 것으로 보인다. 북한 핵실험 때문에 남한에서는 핵 무장, 선제 타격 등 온갖 공세적이고 극단적인 목소리가 난무하였다. 북한도 안보리 제재를 선전포고로 간주한다느니, 물리적으로 대응 조치한다느니 하면서 크게 반발하였다. 과연 이런 상황에 남북 간 관계 개선 여지가 얼마나 될까? 빗장을 잠근 두 정권 간 진정한 대화 가능성이 있을까? 서로가 먼저 숙이고 들어오기를 바라는, 그야말로 '헛된 희망 구도'에서 한반도 평화의 불씨가 피워질까? 그럴지 모르지만 분명한 것은 지금은 아니라는 것이다. 지금은 서로에 대한 비난, 적대감만 가득한 듯하다.

그렇다면 북한은 왜 국제 사회의 비난을 받으면서도 핵무기 개발에 목을 매는가? 그것은 핵무기 개발이 중국을 정치적 경제적으로 생존할 수 있게 만든 결정적 요인이라는 중국의 역사적 경험을 롤 모델로 삼았기 때문으로 보인다.

중국은 한국 전쟁과 대만 해협 위기를 거치면서 핵무기 개발로 나아갔다. 그리하여 1964년 10월에 원자 폭탄 실험에 성공했고, 1960년대 후반에 실전에 배치했다. 중국의 이러한 핵무기 개발 및 보유는 재래식 군사력 부담을 크게 줄이는 계기가 되었다. 이는 곧 그만큼 비용을 다른 용도로 사용할 수 있다는 뜻이다. 바로 경제 발전에 유리한 환경을 만들 수 있었다는 것이다.

중국은 또한 핵무기 개발에도 불구하고 적대국이었던 미국이나 일본과도 비교적 좋은 관계를 유지하였다. 지금 북한의 핵 개발은 북한이 세계의 공공의 적이 되는 계기였다. 이를 생각하면 중국의 핵무기 개발 역시 그러하였지만 중국은 그렇지 않았다. 중국은 오히려 미국이나 일본과 관계 정상화를 이루어 안보 불안 문제를 한방에 해결하고, 나아가서는 그들로부터 온갖 지원을 받기까지 하였다. 즉 중국은 핵무기 개발에도 불구하고 미국 및 일본과 관계 정상화를 통해 지금 경제 대국, 군사 대국으로 성장하였다. 북한도 그러고 싶은 것이다. 북한도 핵무기 개발을 통해 중국이 이룬 것처럼 두 마리 토끼를 한 번에 잡으려는 듯하다. 미국과 직접 대화를 통해 체제 보장과 평화 협정을 맺으려는 것은 이런 맥락에서 계속 주장되고 있다.

핵 개발을 고수하는 북한은 이런 중국의 역사적 경험이 자신들에게도 실현되기를 바란다. 북한에게 핵무기 개발은 그들의 생존이 걸린 문제이다. 생존이 걸린 문제를 두고는 누구나 죽을 각오로 싸우게 된다. 이것이 지난날 김일성은 물론 김정일 시대의 일관된 계산이었고, 김정은 체제의 미래 또한 마찬가지일 것이다.

실패로 끝난 북한 핵의 다자적 해결, 6자 회담

북한의 핵 문제가 세계적으로 부각하기 시작한 것은 북한의 핵 개발 의혹을 제기한 미국과 프랑스의 위성 사진 때문이었다. 북한의 핵 개발 의혹이 커지자 국제 원자력 기구(IAEA: International Atomic Energy Agency)는 물론 미국이 사찰을 요구하는 등 압력을 가하였다. 북한은 이에 응하지 않고, 오히려 1993년 3월, 핵 확산 금지 조약(NPT: Nuclear Nonproliferation Treaty) 탈퇴를 선언하였다. 이로써 1차 북핵 위기가 시작되었다.

미국과 북한은 북한의 핵 개발 의혹으로 시작된 핵 문제를 해결하기 위해 접촉한 끝에 1993년 6월 11일 공동 선언문을 발표하였다. 이로 인해 북한은 NPT 탈퇴를 유보하였고, 나아가 미국과 공식적 대화 상대로 인정받게 되었다. 그러나 문제는 이것이 북한의 핵 의혹을 해소한 것이 아니라는 점이다. 미국은 특별 사찰 문제를 해결하기 위해 1993년 11월 15일 일괄 협상안을 마련하였다. 그 핵심 내용은 북한이 IAEA의 사찰을 받아들이고 남북 대화를 하며, 미국은 1994년 팀스피리트 훈련 취소, 북미 협상의 재개를 약속하는 것이었다.

그러나 북한은 사찰을 거부하였다. 이에 유엔 안전 보장 이사회가 대북 제재를 검토하자, 북한은 이에 반발하여 1994년 6월 IAEA 탈퇴를 선언하는 초강수를 두었다. 5월에는 미국의 경고를 무시하고 핵 연료봉 추출도 강행하였다. 그러자 미국은 6월에 영변 핵 시설에 대한 정밀 타격을 준비했다. 클린턴 대통령은 국가 안보 회의에서 이를 위한 3단계 작전 계획을 검토하는 등 북한 공격이 초읽기에 들어간 것처럼 보였다. 이렇게 한반도에 위기가 고조되자 북한은 '준전시 상태'를 선포하였다. 다행히 카터 전 대통령이 평양에서 김일성을 만나 돌파구를 마련함으로써 전쟁 일보 직전에서 북한 공격은 철회됐다. 이 위기는 1994년 10월 21일 제네바에서 북·미 기본 합의문이 채택됨으로써 극적으로 해결되었다.

잠잠해지던 북한 핵 문제는 그러나, 2002년 10월 3일 제임스 켈리(James Kelly) 미 국무부 동아시아 태평양 담당 차관보가 대통령 특사로 평양을 방문하면서 다시 불거졌다. 당시 북미 회담을 위해 방북한 미 대표단은 인공 위성 등을 통해 수집한 우라늄 농축을 통한 핵 개발 의혹 증거들을 들이대며 북한 측을 추궁하였고, 이에 북한의 강석주 외무성 제1 부상이 '핵무기 개발 프로그램'을 시인하였다. 이는 곧 미국으로 하여금 북한이 북·미 기본 합의문을 파기하였다는 발표를 하는 결과를 초래하였다. 이로 인해 지난 1994년 제네바 합의로 귀결된 제1차 북핵 위기에 이어, 8년 만에 다시 세계를 떠들썩하게 한 2차 북핵 위기가 시작되었다.

북한이 우라늄 농축을 시인하자 미국도 이에 대응해 11월 15일 뉴욕에서 미국, 한국, 일본, 유럽 연합이 참여하고 있던 한반도 에너지 개발 기구(KEDO: Korean Peninsula Energy Development Organization) 집행 이사회를 열어 12월분부터 대북 중유 지원을 중단하기로 결정하였다.

이에 북한도 강경책을 택하였다. 북한은 IAEA 사찰관을 추방하고 핵 동결 해제를 선언한 것이다. 그리고 곧바로 제네바 합의에 따라 IAEA 가 설치한 핵 시설 봉인과 감시 카메라를 제거했다. 나아가 2003년 1월에는 NPT 탈퇴를 선언하고 폐연료봉 재처리 시설을 가동하겠다고 발표하였다.

북한은 또 3월부터는 동해상에서 지대함 미사일을 연속 발사하며 한반도를 긴장으로 몰아갔다. 그런 가운데 중국이 북·미 간 중재에 나섰다. 만남의 결실도 이루어졌다. 4월23일 베이징에서 북·미·중 3자 회담이 열린 것이다. 그러나 이 만남에서 북한 측 수석 대표인 리근李根 외무성 미주 담당 부국장이 회담 첫날 회담장 복도에서 미국 측 수석 대표인 켈리 차관보에게 북한이 핵을 보유하고 있다고 함에 따라, 3자 회담은 오히려 북핵 위기를 더욱 고조시키고 말았다.

한반도 및 주변국의 긴장감이 높아지자 미국은 북핵 문제 논의를 위해 새로운 전기를 마련했다. 미국의 조지 W. 부시 대통령이 중국 국가주석 장쩌민(江澤民)을 움직인 것이다. 그리하여 2003년 7월, 북미 양자 대화를 줄곧 고집하던 북한과 다자 회담을 주장하던 미국의 안을 중재하여 북·중·러·한·미·일 여섯 나라가 참여하는 새로운 회담의 틀을 마련한 것이다. 이것이 바로 북핵 문제의 다자적 해결을 위한 6자 회담이다.

중국의 주도 아래 1차 6자 회담은 차관급을 수석 대표로 하여 2003년 8월 27일, 중국 황제들이 쉬어가는 행궁으로 사용된, 약 800년의 역사를 자랑하는 베이징의 댜오위타이(釣魚臺) 제17호관 팡페이웬(芳菲苑)에서 이루어졌다.

본 회담장은 중앙에 대형 육각 테이블을 두고, 중국이 주최국으로 예의상 방 입구 자리에, 나머지 국가가 알파벳 순(중국은 PRC)에 따라 시계 방향으로 자리하였다. 중국을 중심으로 한국, 러시아, 미국, 북한, 일본 순서인 것이다. 그 결과 중국과 미국, 한국과 북한, 러시아와 일본이 마주보며, 북한과 미국이 서로 옆에 앉게 되었다.

북한의 우라늄 농축 프로그램(UEP: Uranium Enrichment Program) 논란으로 불거진 제2차 한반도 핵 위기를 수습하기 위한 이 회담은, 그러나 출발부터 순탄치 않았다. 그도 그럴 것이 미국은 당시 북한의 핵 시설 동결을 대가로 경수로를 제공하는 것을 골자로 한 '1994년 제네바 합의'의 붕괴를 경험하면서, 북한의 핵 폐기 의지를 신뢰하지 않았고, 북한도 부시 미 행정부의 이라크 전쟁과 대북 강경 노선을 지켜보면서 핵무기를 체제 생존의 버팀목으로 생각하는 경향이 강했으니, 어쩌면 당연하였다. 8월 29일 막을 내린 회담에서 참가국들은 북핵의 평화적 해결, 6자 회담이 계속돼야 한다는 원칙 등에는 합의했으나 구체적인 공동 발표문에는 실패했다. 대신 의장의 구두 발표 형식인 의장 요약 발표문(presidential summary)으로 끝을 맺었다.

2차 6자 회담은 2004년 2월25일부터 1차 회담 때와 같이 중국 베이징에서 같은 장소, 같은 자리 구조로 이루어졌다. 2차 회담에서 쟁점은 핵 폐기를 둘러싼 미국과 북한의 충돌이었다. 당시 미국은 평화적 목적의 핵 활동까지 포함한, 북한 핵의 완전하고, 검증 가능하며 돌

베이징 따오위타이에서 열린 6자 회담 전체 회의. (출처 : http://en.people.cn/200702/09/eng20070209_348823.html)

6자 회담. (출처 : <sbs>)

이킬 수 없는(CVID: Complete, Verifiable and Irreversible Dismantlement) 방식으로 폐기를 주장하였다. 북한은 미국의 대북 적대시 정책 포기[12]시 핵무기 계획을 포기할 준비가 되어있다며, 그러나 핵 동결 대상은 핵무기에 국한돼야 한다는 입장을 보였다. 결국 북한 핵 폐기에 대한 합의는 이루어지지 않았다. 그러나 2차 6자 회담에서는 1차 회담에서와는 달리 핵무기 없는 한반도, 대화를 통한 평화적 해결, 3차 6자 회담 개최 및 실무 그룹 구성 합의 등의 합의 사항을 담은 7개항의 의장 성명(chairman's statement)을 채택하는 성과를 이루었다.

그러다가 2004년 6월 23일 베이징에서 개막된 3차 6자 회담에서는 북핵 문제 해결을 위한 실질적인 논의가 이루어졌다. 3차 회담은 이전과는 달리 미국과 북한이 모두 상대측의 입장을 고려한 구체적인 협상안을 제시하며 핵 폐기와 관련한 실질적 논의가 이루어졌다. 그리하여 의장 성명도 이번 회담에서는 건설적·실용적·실질적 토의가 이루어졌음을 밝혔고, 나아가 비핵화를 위한 초기 조치로 언급된 범위와 검증, 기간 및 상응 조치를 4차 본회담에서 다루며, 4차 6자 회담을 9월말 이전에 베이징에서 개최하기로 하였음을 담고 있다.

그러나 1-3차에 이르는 6자 회담에도 불구하고 한반도에서 핵 위협이 사라지기를 기대하는 것은 아직 시기 상조였다. 미국은 선 핵 포기, 즉 '완전하고 검증 가능하며 불가역적인 폐기(CVID: Complete, Verifiable, and Irreversible Dismantlement) 후 보상 카드만 내밀었고, 북한은 핵 동결과 불가침 조약 및 경제 지원의 동시 행동을 주장하며 늘 맞섰다. 또한 상호 신뢰가 없는 듯 했다. 불신 위에서 이루어진 회담, 그 끝은 뻔하였다. 합의가 이루어질 수 없었다. 회담에 큰 진전이 없었다.

우여곡절 끝에 2005년 7월 26일부터 4차 6자 회담 1단계 회의, 9월

----
12) 북한에 대한 불가침 확약, 미·북 외교 관계 수립, 북한과 주변국과의 경제 협력 관계 불방해.

13일부터 4차 6자 회담 2단계 회의가 열렸다. 그 결과 9·19 공동 성명, 즉 '베이징 공동 성명'이 채택되었다. 그 핵심은 북한이 모든 핵무기와 현존하는 핵 프로그램의 포기, 미국은 그에 상응하는 대북 관계 개선과 에너지 지원 및 경제 협력 의사를 밝히는 등 6개 항이었다. 이로써 한반도의 항구적 평화 정착을 위한 실질적 진전의 계기가 마련되는 듯하였다.

그러나 2005년 '9·19 공동 성명'을 채택한 이후 방코 델타아시아 (BDA) 문제와 북한의 미사일 발사 및 핵실험 등으로 6자 회담은 다시 공전하였다. 이러한 상황에서 2006년 12월, 제5차 6자 회담 2단계 전체 회의에 이어, 3단계 회의가 2007년 2월 8일부터 13일까지 개최되었다. 이 회의에서 참가국들은 '9·19 공동 성명'의 이행을 위한 초기 조치를 담은 '2·13 합의'를 채택하였다. '2·13 합의'가 채택됨에 따라 '9·19 공동 성명'은 '말 대 말' 단계에서 '행동 대 행동' 단계로 접어들었다.

6자 회담 참가국들은 '2·13 합의'의 이행 성과와 5개 실무 그룹에서 논의된 사항을 토대로 2007년 9월 27일부터 29일까지 6차 6자 회담 2단계 회의를 갖고, 10월 3일 '9·19 공동 성명 이행을 위한 2단계 조치', 즉 10·3 합의를 채택하였다.

'10·3 합의'가 갖는 가장 큰 의미는 그것이 이전의 한반도 비핵화 과정에서 '불능화'라는 새로운 영역으로 본격 진입했다는데 있다. 이에 따라 실제로 미국의 전문가 그룹이 2007년 10월 11일부터 1주일간 평양 및 영변 핵 시설을 방문하고, 이어 11월 1일부터 불능화 작업 팀이 북한에 도착하여 불능화 조치를 취하기 시작하였다. 6자 회담 참가국 전문가들도 11월 27-29일간 영변 핵 시설을 방문하여 북한의 불능화 조치 이행 상황을 점검하는 등 무언가 핵 폐기의 서광이 비치는 듯했다.

미국도 북한의 핵 프로그램 신고서 제출 직후인 2008년 6월 26일 북한에 대한 테러 지원국 지정 해제를 의회에 통보하고 적성국 교역 법 적용을 종료하였다. 북한은 6월 27일 CNN을 비롯한 6자 회담 참가국 방송사를 영변으로 초청한 가운데 영변 5메가와트 원자로의 냉각탑을 폭파하였다.

북한의 신고서 제출 이후 신고서의 완전성과 정확성에 대한 검증이 필수적이라는 공감대를 바탕으로, 6자 회담 수석 대표 회의가 2008년 7월 10-12일간 베이징에서 개최되었다. 그러나 수석 대표 회의에서 참가국들은 가장 중요한 쟁점이었던 검증 의정서(verification protocol)에 대해 구체적인 진전을 이루지 못하였다. 그 후에 북한도 철저한 검증을 거부하는 완강한 태도를 고수하자 미국은 대북 테러 지원국 지정 해제 발효를 보류하였다. 이에 대해 북한은 8월 26일 외무성 대변인 성명을 통해 불능화 조치 중단을 선언한 후, '사용 후 연료봉' 인출을 중단하는 한편 불능화 조치가 진행 중이던 영변 핵시설 복구 작업을 개시하는 등 모든 게 다시 원점으로 돌아갔다.

이러한 가운데 크리스토퍼 힐 미 국무부 차관보가 10월 1일-3일 간 방북하여 북한과 협의를 갖고, 차기 6자 회담 시 6자 간 합의를 전제로 한 검증 관련 잠정 합의에 도달하였다. 미·북 잠정 합의 도출에 따라 미국은 10월 11일 북한에 대한 테러지원국 지정 해제 조치를 발효시켰으며 북한도 다음날 핵 시설 불능화 복구 조치를 원상으로 되돌리는 한편 '사용 후 연료봉' 인출 등 불능화 작업을 재개하였다. 미·북 간 잠정 합의에 따라 6자 회담 수석 대표 회의가 12월 8일-11일간 베이징에서 개최되었으나, 북한이 시료 채취 등 검증 핵심 요소에 대한 거부 의사를 굽히지 않는 완강한 태도를 고수함에 따라 합의에 도달하지 못하였다. 이로 인해 유엔의 대북 제재 조치가 강화되고 6자 회담 재개가 계속 미루어짐으로써 '10·3 합의'의 이행을 통한 북한의 핵 불능화가 완료되지 못하고 있다.

이러한 상황 속에서 북한은 2009년 4월 5일 장거리 로켓을 발사한 데 이어, 5월 25일 제2차 지하 핵실험을 강행하였고, 2013년 2월에는 3차 핵실험까지 성공하였다. 6자 회담은 아직도 잠자고 있다. 하기야 북한이 핵실험에 성공하였는데, 지금 회담을 열어 북한의 핵 폐기에 성공할 수 있을까?

6자 회담 일지

연도	월일	내용
2003	8.27-29	제1차 6자 회담(베이징)
2004	2.25-28	제2차 6자 회담(베이징)
	6.23-26	제3차 6자 회담(베이징)
2005	2.10	북, 핵무기 보유와 6자 회담 무기한 중단 선언
	7.26-8.7	제4차 6자 회담 1단계 회의
	9.13-19	제4차 6자 회담 2단계 회의. '北 모든 핵무기와 현존 핵 프로그램 포기' 등 6개항 '9·19 공동 성명' 채택
	11.9-11	제5차 6자 회담 1단계 회의
2006	10.31	북·미·중 3자 회동(베이징)에서 6자 회담 재개 합의
	12.18-22	제5차 6자 회담 2단계회의(베이징). 미, 북에 핵 폐기-상응 조치 수정안 제시. 북, 방코델타아시아(BDA) 선결 고수
2007	2.8	제5차 6자 회담 3단계 회의(베이징)
	2.13	'2·13 합의' 도출. 9·19 공동 성명 이행 위한 조치 합의
	7.18-20	제6차 6자 회담 1단계 회의
	9.27-30	제6차 6자 회담 2단계 회의 '10·3 합의' 도출
2008	7.10-12	제6차 6자 회담 2차 수석 대표 회의(베이징)
	12.8-11	제6차 6자 회담 3차 수석 대표 회의(베이징)

2008년 12월 수석 대표 회의를 끝으로 6자 회담이 개점 휴업한 가운데 북한이 3차 핵실험에 성공함으로써 북한 핵 폐기를 위한 다자적 논의, 즉 6자 회담은 사실상 실패로 끝났다. 다자 회담으로 북한 핵 문제를 해결하려던 노력은 물거품이 되고 말았다. 북한은 이제 사실상 핵무기 보유국이 되었다.

2016년 1월 6일, 북한이 4차 핵실험을 하자 6자 회담의 필요성은 다시 제기되었다. 그 실질적 회담이 불가능하자 한국 정부에서는 북한을 제외한 5자 회담을 제안했다. 그러나 이는 중국과 러시아로부터 '퇴짜'를 맞았다.

6자 회담이 북한 핵 문제를 해결할 수 있는 유일한 길은 아니다. 그러나 그것이 항상 헛바퀴만 돈 이유, 나아가 지난 7년 동안 전체 회의가 한 번도 열리지 않은 것은 왜일까? 그것은 하나의 목표였지만 여기에 참여하는 국가들의 이해 관계가 달랐기 때문이다. 각국은 각기 다른 이유로 6자 회담에 임한 듯하다. 6자 회담은 그 DNA 자체가 정치적인 것이었다. 정치적 논리가 개입된 6자 회담은 자연사할 수밖에 없는 운명이었다.

6자 회담 내내 과연 북한에게 핵 폐기 의지는 있었는가? 북한은 오히려 6자 회담을 경제 원조나 북미의 직접 대화를 위한 수단으로 삼으며 은밀하게 핵실험을 준비하였다. 기만 전술로 뒤통수를 친 것이다. 앞으로도 마찬가지일 것이다. 북핵이 선대의 유훈 사업인 점, 헌법 서문에 '핵 보유국'을 명시(2012. 4)한 점, 핵무기가 강성 대국의 상징이자 선군 체제의 핵심 요소인 점 등을 고려하면, 앞으로 6자 회담이 다시 열릴지라도 북한이 핵을 폐기할 가능성은 적다.

북한은 또한 한국을 주요 협의 당사자로 인정하지 않았다. 늘 미국과의 직접 대화만 주장했다. 그러니 한국의 북핵에 대한 발언은 거의 소귀에 경 읽는 것에 지나지 않았다. 한국이나 국제 사회가 북한을 아무리 제재를 가하고 위협해도 한 가지만은 분명하다. 김정은 체제의 북한은 핵을 결코 포기하지 않을 것이다. 국가 안보, 북·중 관계, 북한 내부의 상황 등을 고려하면, 김정은 시대에 북한은 핵 무장을 더욱 강화할 것으로 보인다. 39년 만에 개정한 '유일사상 10대 원칙'도 이를 뒷받침한다. 2013년에 개정한 그 서문에 새로 나오는 "핵 무력을 중추로 하는 군사력"이라는 말이 나온다.

참가국들은 모두 겉으로는 핵 폐기를 내세우면서도 내면적으로는 관리 차원에서 북핵 문제를 다룬 감이 없지 않다. 이따금 재개를 거론하는 핵 폐기 주장에 얼마나 진정성이 있었는가? 미국은 북핵 문제를 빌미로 아시아 중시 정책을 강화하며 중국 포위 정책을 추진하지 않았는가? 중국은 의장국의 지위를 차지하며 자신들을 압박해오는 미국을 견제하고 세계의 강국으로 굴기하려는데 궁극적 관심이 있었던 것은 아닐까? 일본도 겉으로는 북핵 위협을 말하지만 내심 웃으며 상황을 즐기지는 않았을까? 군사 대국화, 재무장, 중국 견제의 밑밥으로 여기지는 않았을까? 러시아는 비록 한 때 북한의 최고 후원자였지만 그 영향력이 크게 줄었다. 심지어 G2에 비하여 한반도에 대한 관심이 적다. 그러나 전략적인 측면에서 한반도가 여전히 중요하였기에 기웃거리지는 않았을까?

그러하다면 지난날 6자 회담에서 한국은 어떠하였는가? 과연 우리는 북한이나 미국과 평등한 관계에서 우리의 이익을 대변하며 주체적이고 진정한 대화를 하였을까? 불행하게도 우리는 북한의 외면을 받았고 미국으로부터는 독자적 행동 범위가 너무 좁았다.

북한은 생존을 건 도박 아닌 도박, 살아남기 위한 최후의 수단으로 핵무기 개발을 추진하였다. 김정은은 지난날 압력과 회유에 못 이겨 이미 있던 전쟁 억제력마저 포기했다가 희생물이 되고 만 중동 지역 나라들의 교훈을 절대 잊지 않고 있다. 그는 카다피처럼 되고 싶어 하지 않는다.

국제 사회가 인정하건 않건 북한은 핵 보유국이다. 북한은 2012년 헌법 전문에 '핵 보유국'이라 명시하고, 2013년에는 '경제·핵 무력 병진 노선'을 채택하고, '핵 보유법'을 제정하였다. 이것이 현실이다. 더 이상 북한의 핵 폐기를 요구하는 것은 의미가 없다. 그들의 생존을 보장해준다는 핵, 가장 확실한 자위력으로 간주하는 핵을 북한은 절대 포기하지 않을 것이다.

우리나라는 핵을 개발할 수 있는 기술이 없는가? 아니다. 하지 못할 뿐이다. 그럼 왜 못하는가? 능력도 있고 자본도 있는데 왜 못하는가? 평화를 사랑하기 때문일까? 전쟁을 싫어하기 때문일까? 생존이 보장되어서일까? 그 아무 것도 아니다. 그것은 우리의 손에 달린 것이 아니라 외부의 손에 달려있기 때문이다. 하고 싶지만 못하는 현실, 그러면서 북한의 핵 개발을 비판하는 현실, 그것이 우리의 슬픈 자화상이다. 그것은 세계 정치 질서에서 차지하는 역학 관계의 결과이다.

6자 회담 실패, 그것은 곧 한반도에서 전쟁이 일어날 확률이 높음을 말한다. 혹자는 중동에서의 전쟁 가능성이 한반도보다 100배나 크다

김정은에게 핵은 아버지 김정일이 남겨둔 바깥으로 나가는 열쇠다. 2016년 1월 3일 김정 은 국방 위원회 제1위원장이 '수소 폭탄 시험'을 서명하는 모습을 〈조선 중앙 텔레비전〉이 6일 공개했다. (출처 : 〈한겨레〉.)

고 한다. 물론 수긍이 가는 점도 있다. 그러나 중동에서의 전쟁은 강대국의 전면 개입을 동원하는 세계 전쟁과는 성격이 다르다. 거기에는 종교 간 및 핵무기 개발을 둘러싼 전쟁은 있을 수 있지만, 미국을 포함한 중국이나 일본, 나아가 러시아까지 참여하는 그야말로 세계 강대국의 패권 전쟁이 일어날 가능성은 적다.

한반도에서의 전쟁이 중동에서 일어날 수 있는 전쟁과 근본적으로 다르고 문제가 되는 이유는 그것이 바로 세계 강대국들이 대결하는 세계 전쟁으로 발전할 가능성이 높기 때문이다.

8. 남북 상씨름, 마지막 승부의 실제

남북을 중심으로 두 진영이 대결하였던 상씨름의 초반전, 한국 전쟁. 어느덧 휴전 기간도 60년이 훌쩍 넘었다. 비록 젊은 세대는 한국 전쟁을 아예 모르는 경우도 있지만, 한국 전쟁은 종전이 아니기 때문에 어떤 작은 요인에 의해서 다시 벌어질 수 있다. 최근 핵을 둘러싼 한반도 내 갈등과 세계 패권을 지향하는 강대국들 간의 관계를 중심으로 세계 정세를 보면 그러고도 남는다. 증산상제는 이 전쟁이 있음을 "천지 개벽 시대에 어찌 전쟁이 없으리오. 앞으로 천지 전쟁이 있느니라."(5:202:3)라고 하여, 한반도를 중심으로 선천을 마감하는 큰 전쟁이 있으며, 그것을 천지 전쟁이라고 하였다. 그렇다면 새로운 문명을 열고 세계 정치 질서를 근본적으로 바꾸는 이 천지 전쟁, 남북 상씨름은 어떻게 전개될까?

핵무기여 잘 있거라

우리의 관심을 끄는 것은, 그렇다면 앞으로 핵을 무기로 하는 전쟁이 한반도에서 실제로 일어나느냐 하는 문제이다. 북한이 핵실험을 성공하자 한반도는 지금 세계에서 핵전쟁의 위기가 가장 높은 지역으로 여겨지고 있다. 그러면 한반도에서 핵무기를 통한 전쟁이 현실적으로 일어날 가능성은 얼마나 될까?

앞에서 지적하였듯이 한편으로는 핵무기의 존재 그 자체로 인해 핵무기 전쟁 가능성이 높지만, 역설적이게도 다른 한편으로는 그 가능성이 아주 낮기도 하다. 왜냐하면 만일 핵무기를 사용하면 북한도 핵공격을 받든 다른 공격을 받든 끝장이 날 수밖에 없기 때문이다. 북한의 핵무기의 사용은 곧 북한이 스스로 파멸로 나아갈 수 있는 자충수가 될 여지가 있다. 그래서 혹자는 말한다. 핵무기는 공격을 위한 것이 아니라 방어를 위한 것이라고 ….

그러므로 북한이 그러한 무모한 일을 저지르기란 현실적으로 매우 어렵다. 그럴 경우 북한은 핵무기를 통해 미국과 빅딜을 할지도 모른다. 핵무기를 수단으로 북한 체제의 안정을 보장받으며 경제적 원조를 요구할 여지가 있다. 이런 방향의 움직임은 결국 핵무기가 핵전쟁을 막는 양상이다. 핵무기 때문에 핵전쟁이 일어나는 것이 아니라 핵무기가 있음으로써 핵전쟁이 억제될 수 있는 것이다. 그런 맥락에서 보면 전쟁과 평화는 동전의 양면과도 같다.

핵무기를 통한 전쟁이 일어나지 않는다는 논리는 『도전』에서 그 실마리를 찾을 수 있다. 이에 따르면 인간의 온갖 원한이 누적되어 마치 폭발이라도 할 것 같은 지금은 천지가 구조적으로 상극의 불기운, 죽임의 기운으로 가득하다. 상극의 불기운은 비록 무형의 기운이지만, 상극의 불기운이 강하다는 것을 문명적으로 말하면 이를테면 세계가 인류를 절멸시킬 수도 있는 핵무기와 같은 대량 살상 도구를 경쟁적으로 개발 및 생산하는 상황이라고 할 수 있다. 그러므로 이때 인간 사회에는 잔인한 전쟁, 테러, 폭력, 강력 범죄와 같은 타자의 생명을 끊으려는 극단적 행위는 물론, 온갖 원과 한에 기인한 보복 행위가 일상적이게 된다. 결국 상극의 지금 이 시대에 전쟁이 일어난다고 해서 놀랄만한 일은 아닌 것이다.

문제는 앞으로 핵무기를 앞세운 세계 전면 전쟁이 일어나는지, 상 씨름판 전쟁에서 인류 종말을 가져올 핵전쟁이 일어나는지 여부이다. 그것을 밝혀주는 것이 바로 화둔공사火遁公事이다.

화둔火遁, 그것은 불을 묻는다는 말이다. 우주 원리로 말하면 선천 여름의 끝자락, 즉 상극의 극점에서 온갖 원한의 불 기운, 여름철의 천지 기운을 제어한다는 뜻이다. 선천 여름에서는 상극의 불 기운이 만물을 지배하여 온 세상에는 원신들이 뿜어내는 원한, 분노와 같은 불 기운으로 가득하다. 이러한 불 기운은 인간 문명을 파괴하고자 하는 무형의 살기로 작용하는데, 이를테면 핵무기는 물론 생화학 무기와 같은 대량 살상 무기는 가장 실제적인 불 기운의 하나이다. 화둔공사를 행하였다는 것은 이러한 불 기운을 묻었다는 것이며, 그 현실적인 행위는 핵무기의 폐기, 생화학 무기의 제거, 곧 대량 살상 무기의 폐기를 말한다. 결국 증산상제가 화둔공사를 보았다는 것은 앞으로 핵무기나 생화학 무기와 같은 대량 살상 무기가 더 이상 사용되지 못하게 공사로 마련했다는 것이다.

"무신년 3월에 구릿골에 머무르실 때 창조가 사람을 보내어 아뢰기를 "돼지 고기로 전을 부쳐 둔 것이 다 썩었사오니 어찌합니까?" 하거늘 상제님께서 "좀 기다리라." 하시더니 그 후에 형렬에게 명하시기를 "태인에 가서 신경원과 최내경을 데리고 새울 창조의 집에 가서 이르되 '일찍이 준비하여 둔 옷 한 벌을 세 사람이 한 가지씩 나누어 입고 돼지 한 마리를 잡아서 삶은 다음, 오늘 저녁에 인적이 그치기를 기다려 한 사람은 그 집 정문 밖에 사람 하나 엎드릴 만한 작은 구덩이를 파고 그 앞에 청수 한 그릇과 화로를 놓은 다음 깨끗한 그릇에 호주胡酒와 문어와 삶은 돼지 고기를 담고 그 위를 두부로 덮어서

구덩이 속에 넣은 뒤에, 또 한 사람은 돼지고기 전을 한 점씩 들어 청수와 화로 위로 계속하여 넘기되 남은 한 사람이 그것을 받아서 구덩이 속에 다 넣은 다음 흙으로 덮으라.'고 자세히 일러 주고 빨리 돌아오라." 하시니라. 이에 형렬이 명을 받들어 태인에 가서 일일이 지휘한 뒤에 서둘러 집으로 돌아오니, 맑은 밤 하늘에 갑자기 검은 구름이 몰려와 지척을 분간할 수 없이 캄캄해지며 큰 비가 쏟아지고 천둥과 번개가 크게 일어나니라. 상제님께서 형렬에게 물으시기를 "이 때쯤 일을 행하겠느냐?" 하시니 대답하기를 "행할 때가 꼭 되었습니다." 하거늘, 말씀하시기를 "만일 변산 같은 불덩이를 그냥 두면 전 세계가 재가 될 것이니라. 그러므로 내가 이제 그 불을 묻었노라." 하시니라."(5:229:1-13)

선천 여름 말에는 화극금火克金하는 우주 상극의 기운으로 인해 천지 만물이 불 기운의 재앙을 받는다. 문명적으로 말하면 대지진, 핵전쟁과 같은 엄청난 사건이 발생할 수 있다. 오늘의 인류는 이런 불 기운을 안고 살아가고 있는 것이다. 만일 그것이 현실화되면 인류는 절멸될지도 모른다.

그러나 증산상제는 이런 천지의 불 기운을 묻는 공사를 행하였다. 증산상제는 선천 말에 거세게 터져 나오는 상극의 불 기운을 수렴하여 묻는, 그리하여 상극의 재앙 기운을 일절 소멸시키는 공사를 행하였다. 천지의 화액 불 기운을 묻는 화둔공사를 행한 것이다. 선천의 원한으로 인해 천지에 가득한 불 기운, 화신火神을 묻는 공사를 본 것이다.

화둔공사는 선천 여름철의 거센 불 기운을 꺾어 상극의 구도를 해체시키는 공사이다. 인류의 삶의 과정에서 맺혀 쌓인 온갖 원한의 불덩

어리를 해소시키는 공사이다. 이는 곧 핵을 수반한 대전쟁이 일어날 여지를 소멸시키는 공사이다. 더 구체적으로 말하면 장차 지구촌의 모든 대량 살상 무기를 포함한 전쟁 도구가 폐기되고 온갖 대립과 분쟁이 사라짐을 의미한다. 세계 핵 보유의 선두를 달리는 미국과 러시아가 지난날 1980년 이후 보인 핵 감축 협상의 모습도 화둔공사의 일환으로 볼 수 있다. 비록 북한이 여러 차례 핵실험을 하여 동북아 한반도가 그 어느 때보다 긴장과 위기 상황으로 나아가고 있지만, 핵전쟁이 실제 발발하기는 쉽지 않을 것이다. 세상의 모든 불 기운을 묻은 화둔공사는 핵전쟁을 막고 인류 사회를 최악의 파탄 상황으로부터 구하려는 것이다.

한반도에서 북한의 선제 핵 공격을 통한 전면 핵전쟁은 현실적으로도 회의적이다. 왜냐하면 앞에서 언급하였듯이, 북한이 남한을 향한 핵무기 사용은 북한의 정권, 북한의 체제 자체의 존립을 내건 도박이기 때문이다. 북한의 체제가 위기에 처하게 되는 것은 핵무기 사용으로 인해 북한이 미국의 보복을 피할 수 없기 때문이다. 미국은 지금까지 한국을 핵 우산 아래 보호해왔고, 그러한 명목 하에 한국의 핵 개발을 막아왔다. 북한이 핵무기를 사용하는데 미국이 가만히 있으면 어떤 일이 벌어질까? 그것은 아마 한국은 물론 핵 우산으로 보호해주고 있던 다른 우방국의 거센 반발은 물론, 미군들이 주둔하는 여타 국가들의 미국에 대한 신뢰를 잃을지도 모른다. 이는 곧 이 지역에서, 나아가 세계에서 미국이 더 이상 리더십을 가질 수 없음을 말한다. 결국 미국은 우방국에 자신의 존재 가치, 자신에 대한 신뢰를 재확인하고 높이기 위해서라도 북한에 어떤 행동을 보여줄 수밖에 없다. 그것이 바로 핵무기를 통한 보복 공격이다. 미국은 북한이 핵무기를 사용하면 필연적으로 보복 공격을 할 수밖에 없다. 이 작은 땅 한반도에서 미국이 핵무기로 북한을 공격한다는 것은 무엇일까? 그것은 남한에도 엄청난 피해를 가져오겠지만 북한의 모든 것을 깡그리 사라지게 할 수 있다는 것이다. 그렇다고 북한이 이런 미국의 보복 행위에 대처하거나 연속적인 제2, 제3의 핵무기 공격을 할 수 있는 능력이 있는 것도 아니다. 지금까지 북한이 핵실험을 하고 핵무기 보유를 내걸고 큰 소리를 치지만, 그것은 엄포용이고 북한 체제 내부의 결속과 단합을 위한 과시용의 성격이 강하다.

물론 북한이 전면적 핵전쟁이 아닌 전술적 핵 공격을 할 가능성은 있다. 사실 지금까지 북한은 상대적으로 파괴력이 약한 전술 핵무기 개발에 박차를 가하고 있다. 여기에는 국지적 파괴를 통해 혹시나 있을지 모를 전면적 대량 보복을 줄이겠다는 의도, 비슷한 정도의 보복을 염두에 두고 있는지도 모른다. 그러나 이 또한 장담할 수 없다. 미국은 북한이 어떤 작은 보복 공격의 틈만 보이면 북한 체제를 아예 제거하려는 의지를 갖고 있기 때문이다. 미국이 동북아에서 영원한 지배자로 남기 위해서는 한반도에서 북한 정권, 핵무기, 반미 국가를 완전히 축출하는 것이 절대적으로 필요하기 때문에 미국은 북한이 등을 보이기를 기회만 엿보고 있다. 핵무기를 남한에 떨어뜨리는 행위, 그것은 곧 미국이 기다리던 바이다. 이는 곧 미국이 보복 공격을 가한다는 것이고, 그 보복은 결국 북한 체제의 존립 그 자체를 사라지게할지 모른다. 그러므로 북한이 한반도에서 핵무기를 통해 남한을 공격할 개연성, 그것은 매우 낮다. 다 보이는 패를 들고, 체제를 놓고 도박을 하지는 못할 것이다.

물론 북한이기 때문에 이러한 예상을 뛰어넘는 일을 벌일 수도 있다. 그러나 아무리 북한이라도 앞일이 뻔히 다 보이는데 절대적 위험을 안고, 한여름 밤 활활 타오르는 불을 향해 마구 날뛰는 불나방처럼,

불구덩이로 뛰어들지는 않을 것이다. 그러나 북한이 전쟁을 벌인다면 핵무기 대신 재래식 무기를 앞세울 가능성은 높다. 또 지금까지 보다 도 더 빈번하게, 여러 지역에서 군사 도발을 할 수도 있다. 또 이러한 도발을 하다보면 규모가 더 커지고, 또 궁지에 몰리면 막판에 핵무기 버튼을 누를지도 모른다. 그러나 처음부터 핵무기를 사용하는 전면 전, 그것은 거의 불가능하다.

커지는 전쟁판

"때가 되면 세계 전쟁이 붙으리라. 전쟁은 내가 일으키고 내가 말리느 니라. 난의 시작은 삼팔선에 있으나 큰 전쟁은 중국에서 일어나리니, 중국은 세계의 오고가는 발길에 채여 녹으리라."(7:35:1-2)

이는 남북 상씨름은 휴전선에서 일어나지만 동북아를 위기로 몰고 갈 큰 전쟁은 중국에서 먼저 일어날 수 있음을 말한다. 사실 중국은 13억이라는 많은 인적 자원과 넓은 땅을 가진 큰 나라다. 이러한 중국 이 최근에는 경제적·정치적으로도 많은 발전을 이룬 듯하다. 그러나 중국은 또한 덩치가 크고 다양한 민족으로 구성되었기 때문에 내부 문제로 인해 큰 갈등에 직면할 여지도 많다. 소수 민족 문제, 빈부 갈 등 등으로 시작된 작은 싸움이 어쩌면 중국을 해체시킬 수 있는 큰 전 쟁으로 나아갈 수도 있다.

사실 요즘 세계적으로 중국이 대세가 된 듯하다. 그들의 과학 기술 이 발전하는 모습, 세계 시장에서 움직이는 모습을 보노라면 그도 그 럴만하다. 과연 중국은 미래의 수퍼 파워가 될 것인가? '예'라고 답하 기엔 아직 시기상조처럼 보인다. 왜냐하면 중국이 조금 더 개혁을 하 고 개방을 한다면 중국은 더욱 급속도로 분열될 가능성도 있기 때문이다. 칼 라크루(Karl Lacroix) 등도 『왜 중국은 세계의 패권을 쥘 수 없는가』에서, 통제와 억압으로 유지되는 체제, 일그러진 대국의 풍모, 인권 후진국을 만드는 제도와 정책, 짝퉁 천국·범죄 지옥, 사람이 살 수 없는 환경, 어두운 제국의 자화상을 범주화하여 31가지 현실을 지적하며 중국의 미래를 어둡게 보고 있다.[1] 또한 중국은 56개의 다양한 민족으로 구성되어 있어, 언제 소수 민족이 지금과는 비교가 안되게 반기를 들지도 모른다.

그러나 이보다 더 위협적인 것은 10억 중국 극빈층의 폭발 가능성이다. 최근에 더욱 극화되는 빈부 격차로 인해 중국에서는 장차 극빈층과 농촌에 호적을 두고 도시에 와서 일하는 노동자[農民工]들이 정부를 위협할지도 모른다. 중국 인민은행에 따르면 중국 인구 13억 중 연소득 2만 달러 이상의 중산층에 속하는 사람은 5%도 되지 않으며, 이들은 해안 지역이나 수도 베이징에 거주한다.[2] 만일 이들을 제외한 빈곤 속에 살고 있는 10억 이상의 사람들이 지금보다 더 어려운 삶에 처해진다면 무슨 일이 벌어질까? 그 가능성의 하나가 이들이 중앙 정부에 대한 저항으로 나아갈 여지가 있다는 것이다. 이러한 내부의 잠재적 갈등 요인은 앞으로 중국 사회를 스스로 분열시키기에 충분하다.

여기에 더하여 중국은 지금 대외적으로는 독립 문제를 두고 대만과 잠재적 갈등을 안고 있다. 소위 양안 관계兩岸關係(cross-strait relations)는 지금은 이전에 비해 많이 좋아졌다. 한 때 대만과 중국은 각기 접촉 않고 협상 않고 대화하지 않는다는 삼불 정책과 무력을 통한 대만 해방 정책으로 인해 돌이킬 수 없는 길로 나아가는 듯 했다.

그러나 지금 두 나라는 이러한 정책을 버리고 경제를 비롯한 여러

----

1) 칼 라크루와·데이빗 매리어트 지음, 김승완·황미영 옮김, 『왜 중국은 세계의 패권을 쥘 수 없는가』, 평사리, 2011.
2) 조지 프리드먼 지음, 김홍래 옮김, 『넥스트 디케이드』, 쌤앤파커스, 2011, 281쪽.

분야에서 상호 협력과 교류를 이루고 있다. 특히 대만에 마잉주(馬英九) 총통의 집권 이후 양국 간에는 수차례 정상 회담도 이루어지는 등 2008년 5월 이후 두 나라는 급속히 가까워진 듯하다. 2012년 양안 간 교역은 1,689억 달러에 이르렀다. 2000년의 261억 달러에 견줘 여섯 배 넘게 늘었다. 2010년 중국판 FTA인 경제 협력 기본 협정(ECFA)이 이루어지고, 대만의 기업들이 푸젠성에 산업 투자를 하고, 중국 기업의 대만 직접 투자가 이루어지는 것을 보노라면 양국 간에는 경제 협력이 뿌리를 내리고 있다. 여기에 두 나라 간에 이루어지고 있는 양국민의 오고 감[3]은 두 나라가 더 이상 적대적이지 않음을 보여준다.

양국 간의 협력 분위기는 경제나 관광을 넘어, 지난 센카쿠 열도 문제나 남중국해 문제에서 보듯이, 군사·안보 문제에까지 나아갔다. 뿐만 아니라 중국과 대만은 정치·경제 교류 확대를 위해 성큼성큼 나아가고 있다. 2013년 6월 13일에는 시진핑(習近平) 중국 국가 주석 겸 공산당 총서기가 대만 우보슝(吳伯雄) 국민당 명예 주석과 베이징에서 회동하였다. 〈신화통신〉에 의하면 시 주석은 "중화 민족 전체의 이익과 역사 발전, 구동존이求同尊異, 즉 차이점을 인정하면서 같은 점을 추구하며 상호 신뢰와 교류를 넓혀 양안 관계가 전면적으로 발전하길 기원한다"고 말했다. 우 명예 주석은 "지난 5년 동안 양안 관계가 경제적, 인적 교류에서 큰 성과를 거뒀다. 상호 신뢰를 깊이 하고 교류를 확대해야 한다"고 말했다.[4] 그야말로 양안 관계는 지금 갈등·대립보다는 협력이 더 지배적인 듯 보인다. 2015년 11월에는 중국 시진핑 국가 주석과 대만 마잉주 총통이 1949년 분단 이후 66년 만에 처음으

----

3) 대만에선 매주 중국 50개 도시에 616편의 항공편이 운항된다. 연간 중국 대륙과 대만을 오가는 여행객은 730만 명에 이른다. 2011년 대만은 중국인 개인 관광객의 여행도 허용했다. 중국 대륙에 상주하는 대만인도 200만 명을 넘어섰다.
4) 〈한겨레〉, 2013. 6. 13.

로 정상 회담을 개최하기도 하였다.

그러나 문제는 가장 민감한 대만 독립 문제가 해결되지 않았다는 점이다. 그것은 단지 잠재하고 있을 뿐이다. 대만 독립 문제가 전면으로 다시 부각되면 앞으로 양국 간에는 또 어떤 일이 벌어질지 모른다. 왜냐하면 두 나라 간 가장 민감하게 생각하고 유독 강경한 입장을 취한 문제가 대만 독립 문제였기 때문이다. 특히 미국이 중국을 견제하기 위해 지금까지 그랬듯이 대만을 적극 이용할 경우, 대만과 중국의 관계는 협력의 기조가 무너지고 다시 갈등 관계로 급변할지도 모른다.

중국과 대만의 갈등이 문제가 되는 이유는 그것이 곧 세계 패권국인 미국과 중국의 이해 관계가 얽혀있기 때문이다. 대만 독립은 사실상 중국과 대만 그리고 미국의 이해 관계와 결코 무관하지 않다. 세계를 지배하려는 야욕을 지닌 미국에게 대만은 군사적 요충지이다. 이런 미국이 대만을 후원하며 개입할 경우 미국과 중국의 대립은 극단적으로 전쟁으로 치달을 수도 있다. 물론 미국과 중국 간의 지금의 관계를 보면 이것이 지나친 부정적 견해이기도 하지만 …. 그러나 미국과 중국의 작은 무력 충돌에 이들과 각기 우호 관계나 군사 동맹 등을 맺고 있는 일본이나 러시아 등이 참여할 경우, 대만 문제를 둘러싼 갈등은 세계 전쟁으로 발전하기에 충분하다. 두 진영에 외세들이 이해관계에

중국이 난사군도에 만들고 있는 인공 섬. 여기에는 길이 3킬로미터의 활주로, 5,000톤급 이상의 함정이 정박할 수 있는 항만도 들어선다. 머지않아 군사 시설이 들어설 것으로 보인다. (출처 : http://blog.naver.com/dbueur85/220520773042)

따라 손을 맞잡거나 등을 돌려 싸우는 형국으로 나아갈 수 있는 것이다.

동중국해에서 큰 일이 벌어질 가능성은 2013년 말 중국이 느닷없이 동중국해 일대에 '방공 식별 구역(CADIZ)'을 선포하면서 가중되었다. 중국이 선포한 '방공 식별 구역'에는 일본과 영유권 분쟁을 빚고 있는 센카쿠 열도는 물론, 한국이 소유한 이어도 일대의 해역도 포함된다. 중국의 남중국해 인공섬 건설 역시 갈등의 씨앗이다. 이에 미국이나 일본이 가만히 있을 리 없다.

왜 중국은 사태가 더욱 복잡해질 것을 뻔히 알고도 방공 식별 구역을 선포하여 일본과 미국, 그리고 한국을 자극하였을까? 중국은 무엇을 겨냥하여 갈등의 파이를 키웠을까?

거기에는 자원 확보를 위한 조치, 에너지 안보라는 목적도 있지만, 가장 현실적인 배경에는 세계를 향한 중국의 공세적 군사 전략이 작용한 것으로 볼 수 있다. 동아시아 전체의 패권을 장악하려는 중국의 시도로 여겨진다.

사실 미국은 지금까지 전자 정찰기 EP3을 무인 정찰기 글로벌 호크를 중국 해안 근처까지 깊숙이 침투시켜 정보를 수집하였고, 일본 자위대도 잠수함을 감시하는 대잠초계기 P3C를 동중국해 상공에 자주 띄우거나 장거리 레이더를 갖춘 조기 경계기 E2C를 통해 중국을 상시 감시를 해왔다. 두 나라가 중국의 앞마당에서 이렇게 정보 수집을 하고 감시를 해도 중국으로서는 공해상이라는 이유 때문에 마땅한 대응을 하기가 어려웠다. 미국이 중국의 턱밑에서 동아시아의 해상과 영공을 모두 통제할 수 있었던 것은 제2차 세계 대전 이후 미국이 공산권 봉쇄 라인으로 그은 제1 열도선(일본 열도-오키나와-대만-필리핀-보르네오) 체제 덕택이다. 중국은 방공 식별 구역 선포를 통해 동중국해에서 미국과 일본에 대응할 수 있는 근거를 만들고자한 것이다.

그러나 중국의 꿈은 제1 열도선이 아니다. 중국은 냉전 시기에 미국이 그은 제1 열도선을 넘어 사이판-인도네시아를 연결하는 제2 열도선을 차례로 돌파해 대양으로 진출하려는 전략을 추구하고 있다. 중국은 미국과 일본의 포위망을 돌파하여 게임을 뒤집으려하고 있는 것이다.

방공 식별 구역 선포라는 기름에, 최근에는 중국이 남중국해 스프래틀리 군도(중국명 南沙群島)에 인공 섬을 만들어 활주로와 함정 정박 시설까지 갖춤으로써 남중국해를 뜨겁게 달구고 있다. 이 인공 섬은 중

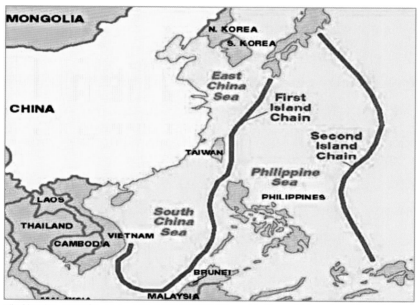

제1 열도선第一列島線(First Island Chain) 및 제2 열도선第二列島線(Second Island Chain)은 중화의 군사 전략상 개념이고, 전력 전개의 목표선이고, 대미 방위선이다. 등소평의 오른팔이었던 류화칭(劉華淸, 1916-2011) 중국 해군 제독은 1980년대 초 중국 해군의 대양大洋 전략을 세웠다. 우선 오키나와 제도를 기점으로 대만, 필리핀, 보르네오에 이르는 선을 '제1 열도선'으로 정하고, 이 해역에서 미군의 영향력을 배제한다는 것이었다. 다음 2030년까지 항공 모함 부대를 완성, 오가사와라 제도에서 괌, 사이판, 파푸아뉴기니에 이르는 '제2 열도선'의 해역에 제해권을 확립한 뒤, 최종적으로 2040년까지 서태평양과 인도양에서 미국의 지배권을 꺾는 것이었다. (출처 : http://www.globalsecurity.org/military/world/china/plan-doctrine-offshore.htm)

국의 입장에서 보면 시진핑이 야심차게 추진하고 있는 '일대일로一帶一路 계획'[5]을 실현할 수 있는 해상 실크로드의 길목이다. 미국의 이해 관계도 얽혀 이에 강경 대응이 따르고 있다. 미국은 중국의 이러한 행동이 아시아 지역에서 자신들의 주도권에 대한 도전이라고 판단한다. 그리하여 초계기를 띄우는 등 대반격도 불사하지 않고 있다. 중국은 여기에 군사 시설을 갖출 것이 뻔하다. 그러니 동북아나 남중국해를 둘러싼 미국과 중국의 충돌 가능성은 그 어느 때 보다 크다. 그야말로 한치 앞을 내다보기 어렵다.

중국은 지금 덩샤오핑이 설계한 '도광양회韜光養晦'라는 전략에서 탈피하여 공세적 국방 개념으로 전환을 추진하고 있다. 기득권을 유지하던 미국과 일본이 이런 중국에 가만히 있지만은 않을 것이다. 강대국들의 이해 관계가 얽힌 동중국해는 지금, 아직 불면 바람이 들어가지만 곧 뻥 터지는 소리가 울릴, 가득 부풀어진 풍선과도 같은 곳이다. 풍선을 가시로 찌르는 상황이 일어나면 그것은 큰 전쟁, 제3차 세계 대전일 수 있다. 제3차 세계 대전은 더 이상 가설적 시나리오가 아니다.

'뭐 3차 대전? 설마! 미친놈.' 아마 제3차 세계 대전이 일어난다고 하면 이를 포함한 다양한 반응이 일어날 수 있을 것이다. 그러나 분명한 것은 제3차 세계 대전이 일어날 수 있다는 점이다. 첫 판, 두 번째 판을 거쳐 마지막 결승 상씨름은 이미 한국 전쟁으로 시작되었고, 잠시 휴전 상태인 상씨름은 제3차 세계 대전으로 훨훨 불타게 될지 모른다.

그렇다면 도대체 어디서 그것은 시작될까? 어떤 전쟁이 세계 대전으로 비화될까? 중동? 그럴듯하다. 특히 지금의 이란 사태를 보노라

----

5) '일대일로 계획'은 시진핑 주석이 육상에서 중앙아시아를 거쳐 유럽까지, 해상에서는 동남아와 아프리카를 거쳐 유럽까지 연결하는 신 실크로드 경제권을 건설하겠다는 계획을 말한다.

면 이란이 갖는 지정학적 중요성 때문에 중동에서 큰 전쟁이 일어날 여지도 있다. 미셸 초스도프스키(Michel Chossudovesky)는 자신의 저서 『제3차 세계 대전 시나리오』[6]에서 이란과의 전쟁을 제3차 세계 대전 시나리오의 중심에 두고 있다.

사실 그럴 가능성도 있다. 중동 정세가 지금 미국과 이란 간 갈등 고조로 전쟁 발발을 우려해야 하는 상황을 맞았다. 갈등의 핵심은 이란의 우라늄 농축과 핵무기 개발이다. 이란의 핵무기 개발이 본격화했다는 국제 원자력 기구(IAEA)의 보고서가 발표되고 이란의 우라늄 농축과 핵무기 제조 사실이 부각되면서 이스라엘에서는 심지어 핵 시설 선제 공습론까지 부상한 형국이었다. 그러나 최근에 이란 핵 협상이 잘 이루어져 합의 이행이 단계적으로 시행되고, 이에 국제 사회의 이란에 대한 제재 조치가 완화되면서 동결 계좌가 해제되고 외국계 기업들이 이란 시장에 몰려들고 있다. 한마디로 이란의 핵 위기가 어느 정도 해결된 듯하다.

"앞으로 세계 전쟁이 일어난다."(2:139:4)

"천지 개벽시대에 어찌 전쟁이 없으리오. 앞으로 천지 전쟁이 있느니라." (5:202:3)

"전쟁으로 세상 끝을 맺나니 개벽시대에 어찌 전쟁이 없으리오."(5:415:2)

이는 세계 전쟁이 분명히 있다는 것이다. 그러나 그 중심이 중동인 것은 아니다. 바로 한반도이다.

----

6) 미셸 초스도프스키 지음, 박찬식 옮김, 『제3차 세계 대전 시나리오(*Towards a World War* Ⅲ *Scenario*)』, 한울 아카데미, 2012.

"장터를 바라보니 장꾼들이 남녀 할 것 없이 서로 멱살을 잡고 머리를 부딪치고 상대가 없으면 아무 기둥이나 벽에다 자기 머리를 들이받기도 하니라. 이를 본 성도 하나가 상제님께 여쭈기를 "이것은 무슨 도수입니까?" 하니, 말씀하시기를 "전쟁 도수니라. 내가 한날한시에 전 세계 사람들을 저와 같이 싸움을 붙일 수 있노라. 부디 조심하라. 나의 도수는 밖에서 안으로 욱여드는 도수이니 천하 대세를 잘 살피도록 하라." 하시니라."(5:165:5-8)

"난의 시작은 삼팔선에 있으나"(5:415:4)

"때가 되면 세계 전쟁이 붙으리라. 전쟁은 내가 일으키고 내가 말리느니라. 난의 시작은 삼팔선에 있으나"(7:35:1-2)

증산상제가 본 전쟁 도수는 한반도를 중심으로 밖에서 안으로 욱여드는 도수이다. 장차 대전쟁은 한반도 삼팔선에서 시작된다. 조선 땅에서 상씨름이라는 선천의 마지막 큰 전쟁이 일어나게 된다. 한반도 남북 상씨름을 계기로 인류는 후천이라는 새로운 우주 질서를 맞이한다.

지금 중요한 것은 한반도는 물론이고 한반도 주변, 동북아, 그리고 세계에서 일어나는 일, 즉 천하 대세를 잘 살피는 것이다. 한반도로 욱여드는 세계 대세를 잘 살핌으로써 장차의 세계 전쟁을 엿볼 수 있다.

무너지는 휴전선

화둔공사를 통해 천지 불 기운을 묻음으로써 핵무기를 사용하는 전면적 핵전쟁이야 일어나지 않겠지만, 새 정치 질서를 여는 과정에서 마지막 한판 승부인 남북 간 전쟁은 불가피하다. 선천의 마지막 승부, 남북 상씨름 전쟁이 일어나게 된다.

"상씨름으로 종어간終於艮이니라. 전쟁으로 세상 끝을 맺나니 개벽시대에 어찌 전쟁이 없으리오." 하시니라."(5:415:1-2)

이것은 동북 간방인 한반도에서 개벽 전쟁이 일어남을 말한다. 마무리와 새로운 시작이 한반도에서 전쟁을 통해 이루어진다.

그러나 이 전쟁은 핵전쟁이 아니다. 그것은 재래식 군사 도발일 가능성이 크다. 북한의 작은 도발이 도화선이 되어 전쟁이 벌어질 수 있다. 사실 이 전쟁이 일어나면 세계가 매우 위험할 수 있다는 예측도 있었다. 2013년 4월 8일, 〈월 스트리트 저널〉이 위기의 한반도를 진단하는 재스퍼 김(Jasper Kim) 아시아·태평양 연구 그룹(Asia-Pacific Global Research Group) 창설자의 기고문을 실었는데, 그 내용은 한마디로 한국 전쟁이 다시 발발할 가능성에 대한 것이다.

이 기고문은 김정은이 스위스에서 유학한 젊은 지도자라는 점에서 유연성을 기대했으나 현실은 반대로 나타나고 있다면서, 이는 강경한 군부의 벼랑 끝 전술을 따라가려고 애쓰는 리더십의 미숙으로 분석했다. 특히 "현재의 한반도 상황이 숨어 있는 '검은 백조'와도 같다"면서, "우발적인 작은 도발에 대응을 함으로써 확전이 될 수 있다"고 경계했다. 이어 "한 발의 총성이 1차 세계 대전을 일으켰듯이, 검은 백조가 한국 전쟁의 방아쇠를 당기게 할지도 모른다"고 우려했다.

2014년 3월 13일, 레이먼드 오디어노 미국 육군 참모총장은 워싱턴 DC 전략 국제 문제 연구소(CSIS)에서 한 강연에서 '미래에 일어날 수 있는 긴급 상황 가운데 가장 위험한 것은 무엇이냐'는 질문에, "한반도에서의 전쟁은 믿을 수 없을 만큼 어려울 것이다. 만일 한반도에서 싸워야 한다면 그것은 극도로 위험한 일"이라고 답변했다.[7]

----
7) 〈연합뉴스〉, 2014. 3. 14.

제2의 한국 전쟁? 호랑이 꼬리와 검은 백조

기고문은 한반도의 전쟁 가능성을 확률은 적지만 발생하면 엄청난 타격을 가져오는, '꼬리 리스크(tail risk)'*와 '검은 백조(black swan)'**라는 경제용어로 대입해 눈길을 끌었다. 그 주요 내용은 이렇다.

"제2의 한국 전쟁이 발발할 가능성이 얼마나 될까? 대부분의 전문가들은 전쟁은 북한 정권의 종말을 가져올 것이기 때문에 자멸을 선택하지 않을 것이라고 말한다. 그러나 북한의 경험없는 사령관이 아직 서른 살도 안됐다는 것을 생각해보라.

원로 장성들이 두 세대는 어리고 일천한 경륜의 지도자로부터 명령을 받는 것이다. 미국이라면 결코 일어날 수 없는 일이다. 사령관은 헌법상 만 35세가 넘어야 임명될 수 있기 때문이다. 명령은 나이 많은 사람이 내리는 것이라는 엄격한 유교적 질서를 기반으로 하는 북한에서 이는 당혹스럽고 위험할 수도 있다.

어떤 이들은 스위스에서 교육받은 김정은이 스탈린주의를 좀 더 개방적으로 바꿀 것이라는데 집착했지만 아이러니하게도 현실은 반대로 나타나고 있다. 아마도 그는 외국에서 보낸 몇 년의 세월과 과격한 매파의 벼랑 끝 전술을 따라가려고 애쓰고 있는지 모른다.

바깥에서 보면 그의 행동은 예측 불가능하고 비이성적이다. 그러나 안에서 보면 더 많은 충성을 유도하고 애국적인 측면에서 점수를 딸 수 있는 것이다.

비무장지대의 남북한 군대는 극도의 긴장으로 우발적인 공격과 같은 작은 사고가 일어날 수 있다. 이에 대한 반격이 가해지면서 전쟁으로 확대될 수도 있다. 가능성은 적지만 한 번 발생했다 하면 헤어나기 어려운 충격인 '꼬리 리스크'-'검은 백조'가 숨어 있는 것이다.

숨겨진 흑조와 웅크린 호랑이 꼬리를 고려할 가치는 없는 것일까? 비

---

* 꼬리 리스크. 거대한 일회성 사건이 발생할 가능성은 극히 낮지만, 일단 발생하게 되면 자산 가치에 엄청난 영향을 줄 수 있는 위험을 말한다.
** 검은 백조. 도저히 일어날 것 같지 않은 일이 일어나는 것을 말한다.

무장지대 남북의 군인들을 포함한 모든 배우들이 영원히 이성적인 행동을 할 것이라는 믿음은 여전히 지지를 받는 것일까?

유럽에서는 누군가 방아쇠를 당긴 한 발의 총알이 제1차 세계 대전을 일으켰다, 검은 백조가 두 번째 한국 전쟁의 방아쇠를 당기게 할 수도 있는 것이다."***

*** 〈W. J. S〉, 2013. 4. 8. 번역문은 〈NEWSis〉, 2013. 4. 9를 따랐다.

반세기 동안 멈추었던 상씨름은 그 초반전을 넘어 이제 결판을 내게 된다. 그 마지막 한판 승부는 어떻게 하여 다시 시작될까? 『도전』은 그 실마리를 이렇게 말한다. "아무리 세상이 꽉 찼다 하더라도 북쪽에서 넘어와야 끝판이 난다."(5:415:3) 미국이 선제 공격을 하든, 위기에 몰린 북한이 최후의 카드로 전쟁을 시작하든, 북한이 남침을 감행함으로써 결국 휴전선이 무너지게 된다는 것이다.[8]

지금 북한은 핵실험 이후 극단으로 나아가고 있다. 3차 핵실험 후 유엔 안전 보장 이사회가 대북對北 제재 결의안을 채택해도 북한은 정전 협정 백지화 선언에 이어 핵전쟁까지 거론하며 위협 수위를 높였다. 북한 노동당 기관지 〈노동신문〉은 2013년 3월 7일 '자주권은 목숨보다 귀중하다'는 제목의 정론에서, "우리 군대의 물리적 잠재력은 오늘 더욱 강해졌고 핵전쟁이면 핵전쟁, 그보다 더한 수단을 동원한 전쟁이라도 다 맞받아 치를 수 있다"며, "조선 정전 협정이 백지화된 후 세계적인 열핵熱核 전쟁이 일어난다고 해도 그것은 이상한 일이 아닐 것"이라고 위협했다. 또 "우리와 미국 사이에는 누가 먼저 핵 단추를 누르든 책임을 따질 법적 구속이 없다"며, "우리의 타격 수단들은 격동 상태에 있다. 누르면 발사되고 불을 뿜으면 침략의 본거지는 불바다가 될 것"이라고 덧붙였다. 나아가 이 신문은 '민족의 신성한 자주권을 결사수호하고 최후 승리를 이룩하자'는 제목의 사설에서, "누르면 발사하게 되어 있고 퍼부으면 불바다를 펼쳐놓게 될 우리 식의 정밀 핵 타격 수단으로 워싱턴과 서울을 비롯한 침략의 아성을 적들의 최후 무덤으로 만들어야 한다"고 했다.[9] 그러더니 어느덧 북한은 4차 핵실험까지 강행했다.

----
8) 안경전, 『개벽 실제 상황』, 2005, 375쪽.
9) 〈세계일보〉, 2013. 3. 7.

지금의 한미 관계를 고려해 볼 때 북한이 남한을 전면적으로 공격한 다는 것은 남한에 절대적 이해 관계를 가지고 있는 미국에 대한 공격과 사뭇 다르지 않다. 이럴 경우 중국과 러시아는 뒷짐만지고 있을까? 아니다. 남북한이 휴전선에서 남북 전쟁하는 것과 더불어 강대국들이 개입하면서 큰 전쟁이 일어난다. 즉 남북 전쟁이 일어나고 이 전쟁은 세계 전쟁으로 확산된다. 결국 남북 간 전쟁은 세계 전쟁이 될 수밖에 없다. "앞으로 세계 전쟁이 일어난다."(2:139:4), "때가 되면 세계 전쟁이 붙으리라"(7:35:1)는 것은 바로 이를 두고 한 말이다.

만일 38선이 무너지고 북한이 남침을 한다면 재래식 도발 수단은 무엇일까? 그것은 아마도 땅굴이 아닐까? 땅굴은 흔히 20세기형 재래식 도발 수단으로 분류된다. 그러나 한반도에서는 전면전이 벌어지거나 대규모 국지전이 일어날 경우 남한에 치명적인 타격을 가할 수 있는 도발로 평가된다. 베트남전에서는 베트콩이 땅굴을 이용해 미군에 기습 타격을 한 일이 있다. 땅굴이 북한이 자랑하는 20만 명의 특수전 병력과 결합할 경우 그 위력은 더욱 커진다.

군 관계자는 "만약 한반도에서 '제2의 6·25 전쟁'이 벌어진다면 북한은 대규모 특수전 부대를 최단시간 내 남파하는 최적의 기습 루트로 땅굴을 활용하려 할 것"이라고 말했다. 김일성이 "남침용 땅굴 하나가 핵폭탄 10개보다 더 위력이 있다"고 강조한 것도 같은 맥락이다. 핵폭탄이 위협용이라면 땅굴은 실제 타격이기 때문이다.[10] 애기판을 거쳐 총각판에 이어 마지막 전쟁 상씨름이 세계 전쟁으로 확대된다.

남북 상씨름은 어떻게 끝나는가?

바둑 두는 사람과 옆에서 훈수하는 훈수꾼이 한 조를 이룬 두 세력

---
10) 〈동아일보〉, 2013. 10. 11.

이 한반도라는 바둑판을 중간에 두고 바둑을 두는 형국의 상씨름은 한국 전쟁으로부터 시작되었다. 그러나 상씨름은 60년간의 휴전을 거치고 있을 뿐 아직 끝나지 않았다. 그동안 두 진영은 크고 작은 갈등과 대립을 거치며 서로를 위협하고 윽박지르며 자기 목소리만 높였다. 남북 정상이 만나고 6자 회담이 이루어지는 등 한 때 핑크 빛 기류도 있었지만 거기에 인류의 새로운 보편적 가치인 상생, 해원, 보은의 정신이 자리할 곳은 없었다. 돌이켜 보면 남북 관계에서 남은 것이라곤 서로를 원망하고 적대시하면서 생긴 원한과 지울 수 없는 깊은 상처밖에 없다.

지금 한반도 주변에서는 훈수꾼들의 갈등이 그 어느 때보다도 심각하다. 동중국해, 센카쿠 열도에서 벌어지고 있는 미국과 중국 및 일본 그리고 러시아의 움직임은 날로 위기를 고조시킨다. 한 치 앞을 내다볼 수 없다. 특히 미국과 중국의 보이지 않는 대결은 장차 3차 세계 대전의 방아쇠가 금방이라도 당겨질 듯하다. 그야말로 폭풍 전야다.

얼마 전 영국의 시사주간지 〈이코노미스트〉에 "The First World War, Look back with angst"란 제목의 기사가 실렸다.[11] 그것은 제1차 세계 대전이 발발한 1914년과 기분 나쁠 정도로 흡사한 정세가 지금 전개되고 있다는 내용이다. 〈이코노미스트〉는 100년 전의 영국과 독일을 오늘의 미국과 중국에 견주었다. 세력이 점점 약화됨에 따라 혼자 힘으로 국제 질서를 유지하기 힘들어진 수퍼 파워 미국은 1차 대전 발발 당시의 영국을 닮았고, 급격히 커진 경제력을 바탕으로 군사력 확장에 열을 올리고 있는 중국은 그때의 독일과 닮았다는 것이다. 또 미국의 동맹국 일본은 100년 전 프랑스를 연상시킨다는 것이다. 요컨대 패권 사이의 '세력 이동(power shift)'이 신·구 패권의 충돌로 이

----
11) 〈The Economist〉, 2013. 12. 21.

어졌던 100년 전과 유사한 상황이란 얘기다.

1914년 6월 28일, 보스니아의 수도 사라예보에서 울려 퍼진 총성은 제1차 세계 대전의 개막을 알리는 신호탄이었다. 가브릴로 프린치프가 쏜 총탄에 오스트리아 제국의 황태자 프란츠 페르디난트 부부가 숨졌고, 그로부터 한 달 후 오스트리아는 세르비아에 선전포고를 했다. 오스트리아 정부는 황태자 부부의 암살에서 개전開戰의 명분을 찾았다. 황태자 부부는 피의 제단에 바쳐진 희생양이었을 뿐이다.

〈이코노미스트〉의 불길한 분석대로 100년 전 역사가 반복된다면 가장 위험한 곳은 동아시아다. 동중국해의 영토 분쟁, 센카쿠 열도 영유권을 둘러싼 갈등이 악화될 경우, 언제 어디서 터질지 모르는 사라예보의 총성과 같은 사건이 세계 전쟁의 불씨가 될 수 있다. 애국주의와 민족주의에 함몰된 중국과 일본이 충돌하고, 미국이 개입하고[12] 소련이 훈수하는 사태가 일어나지 말라는 법은 없다.

그러나 가장 이해관계가 얽혀있고 복잡한 잠재적 전선대는 한반도 휴전선이다. 사라예보에 울린 총성과 같이, 비무장 지대에 울려 퍼진 한발의 총성이 불씨가 되어 한반도를 둘러싼 미국과 일본, 중국과 러시아가 손을 잡은 휴식 중이던 전쟁이 다시 시작될 여지도 있다. 경색된 남북 관계가 더욱 갈등의 골을 깊게 하는 가운데, 최근에는 북한의 정치적 환경이 급변하더니 4차 핵실험이 끝난 지 몇 달 되지 않은 지금, 5차 핵실험 이야기까지 나오고 있으니 그도 그럴만하다.

지금의 남북 관계를 보면 아무리 화해의 분위기가 조성된다해도 지금의 휴전이 아무 상처 없이 종전으로 바뀌지 않을 것 같다. 남북이 통일로 나아가든 또는 그 어떤 것으로 나아가든 한국 전쟁의 휴전 상황은 불가피하게 개전으로 나아갈 가능성이 크다. 이것은 곧 남북이 지

---

12) 〈중앙일보〉, 2014. 1. 7.

금까지의 작은 소규모의 갈등과 대립을 넘어 큰 전쟁을 치를 수밖에 없음을 말한다. 지금의 상황으로 보아 남북이 아무 대가를 치르지 않고, 지난날 저 독일이 통일되었듯이, 그냥 갑자기 하나로 되기는 힘들다.

38선이 무너짐으로써 시작된 남북 상씨름이 지난 60년 간 잠시 쉬었지만 그 끝은 보이지 않는다. 남북 상씨름판은 과연 어떻게 끝날까? 이는 미래의 일이지만, 증산상제의 천지공사를 보면 그 실마리가 엿보인다.

증산상제는 상씨름의 마지막 상황을 "상씨름이 넘어간다"(5:325:9)고 선언하였다. 이는 남북한이 최후의 결전을 벌여 싸움이 끝난다는 말이다.

증산상제는 이러한 상씨름 대전의 대세를 이렇게 밝혔다.

> "장차 병란兵亂과 병란病亂이 동시에 터지느니라. 전쟁이 일어나면서 바로 병이 온다. 전쟁은 병이라야 막아 내느니라."(5:415:5-6)
> "장차 전쟁은 병으로써 판을 막으리라. 앞으로 싸움 날 만하면 병란이 날 것이니 병란兵亂이 곧 병란病亂이니라."(7:35:5-6)

이는 전쟁과 거의 동시에 병란·괴병이 일어나고, 병으로 인해 전쟁이 종료된다는 것이다. 지난날 세계의 굵직굵직한 전쟁에서 전염병은 전쟁의 향방을 결정하는 중요한 요인이었다. 제1차 세계 대전은 스페인 독감이 치명적이었다. 당시 스페인 독감으로 죽은 사람이 5천만 명에서 1억 명 정도였으니, 스페인 독감이 전쟁을 하던 군의 전투력에도 결정적이었을 것으로 보인다. 고대 아테네와 로마의 붕괴나 중남미의 아즈텍과 잉카 제국이 멸망한 것도 군사적 충돌인 전쟁 그 자체 때문이라기보다는 전염병이 더 치명적이었다. 전염병은 전쟁을 종식시키거나 문명의 전환을 가져오는 역할을 하였다.

이러한 전쟁과 괴병이 진행되면서 그동안 한반도에서 중머슴이자 훈수꾼인 미군도 물러난다. "무명악질이 돌면 미국은 가지 말라고 해도 돌아가느니라."(5:404:6) "병이 돌면 미국은 불벌자퇴不伐自退하리라."(7:35:3)

이렇듯 상씨름이라는 전쟁도 괴병이 일어나면서 끝을 맺게 된다. 그러나 이것이 끝이 아니다. 왜냐하면 전쟁이나 괴병은 새로운 문명을 여는 계기, 즉 개벽의 관문이기 때문이다. 증산상제는 남북 상씨름이 가을 개벽 상황으로 전환되는 공사를 보았다.

> "상제님께서 장암에 이르시어 금도수金度數를 보시니라. 금 도수를 보신 다음 상제님께서 담뱃대에 불을 붙여 몇 모금을 빨아 '푸우, 푸우' 하고 연기를 내 뿜으신 뒤에, 공우에게 물으시기를 "이 연기가 무엇과 같으냐?" 하시거늘, "산불이 난 것 같습니다." 하고 아뢰니라. 상제님께서 이번에는 불씨가 담긴 담뱃대로 허공을 후려치시니 담배 불똥이 흩어지거늘, 성도들에게 대통을 가리키시며, "이것은 무엇 같으냐?" 하고 물으시니라. 이에 누구는 '수박덩이 같다.' 하고 또 누구는 '포탄砲彈 같다.' 하거늘, 상제님께서 담뱃대를 재떨이에 탕탕 털며 말씀하시기를, "이것이 파탄破綻이 나가는 연기다." 하시고, 노래하듯 말씀하시기를 "파탄이 나간다. 파탄이 나간다." 하시니라."(5:303:3-10)

여기서 파탄이란 모든 것이 파괴된다는 것이다. 상극 문명이 파탄된다는 것이다. 이렇게 상극 문명이 무너지면서 새로운 문명이 열게 된다. 파탄도수를 통해 상극의 선천이 무너지면서 새로운 계절 가을의 새 문명이 열린다. 이로 보아 파탄은 새로운 세상을 열기 위한 대전제이다. 그러므로 남북 상씨름은 단순히 남북 간의 전쟁이 아니다. 그것은 우주론적으로 보면 지나간 봄여름의 상극 질서를 끝내는 최후의 전쟁이다. 선천 역사 속에 쌓인 원한과 갈등을 모두 해소하여 후천 상생의 새 질서를 여는 천지 전쟁인 것이다. 남북 상씨름은 지구촌 동서양 문화의 장벽을 무너뜨리는 세계 상씨름이자, 천지 질서가 분열에서 통일로 돌아가는 결정적인 계기가 되는 천지 전쟁, 개벽 전쟁이다.

간도수艮度數 실현의 장場, 한반도

지난 150여 년 간 세계 정치 질서는 이렇게 한반도를 중심으로 오선위기 구도로, 세 번의 큰 전쟁을 거치며 형성되었다. 그렇다면 남북 상씨름이라는 마지막 대결 이후 세계 정치 질서는 어떻게 재편될까?

새로운 세계 정치 질서가 열리고 새 판이 짜여지는 것은 단순한 정치적·경제적·군사적 요인으로만 설명될 수 있는 것이 아니다. 그것은 우주 원리로도 밝힐 수 있다. 그것이 바로 간도수艮度數이다. 장차 한반도, 한민족은 이 간도수를 실현하는 중심지이자 주체이다.

그렇다면 간도수란 무엇인가? 이를 알기 위해서는 먼저 팔괘八卦를 알아야만 한다. 왜냐하면 '간艮'은 팔괘의 하나이기 때문이다. 팔괘八卦는 변화의 책인 『주역』의 근원이다. 팔괘는 포희씨包犧氏(복희씨伏羲氏)가 처음 그렸다.「계사하전說卦下傳」에 의하면, 그는 천하를 다스릴 때, "우러러 하늘에서 상象을 살피고, 굽어 땅에서 법法을 살피며, 새와 짐승의 무늬와 땅의 마땅함을 살펴서, 가까이는 몸에서 취하고 말리는 사물을 취하여, 비로소 팔괘를 만들어 신명한 덕에 통하고 만물의 정황을 분류하였다."[13] 이는 천문, 즉 일월성신과 춘하추동 사시 등 모든

---

13) "仰則觀象於天, 俯則觀法於地, 觀鳥獸之文, 與地之宜,, 近取諸身, 遠取諸物, 於是始作八

운행 변화를 살피고, 지리, 즉 초목동식과 나는 동물과 달리는 동물 등의 모든 생물들이 낳고 활동하고 죽고 생장수장하는 모든 법칙을 살피고, 가까이로는 한 몸에서 취하고 멀리로는 모든 물건에서 취하여 비로소 팔괘를 지었다는 것이다.

복희씨가 이렇게 천문을 보고, 지리를 보고, 새와 짐승의 날고뛰는 모습을 보고, 땅의 적당한 모든 조건을 보고, 자기 자신에서 취하고 만물에서 취하여 팔괘를 지었는데, 그것이 자연 세계의 여덟 가지 기본 형상인 ☰건, ☱태, ☲리, ☳진, ☴손, ☵감, ☶간, ☷곤이다. 후에 이들 팔괘에 각각 건乾, 태兌, 이離, 진震, 손巽, 감坎, 간艮, 곤坤이라는 이름이 붙여졌다. 여기서 건은 하늘이고, 태는 못, 이는 불, 진은 우레, 손은 바람, 감은 물, 곤은 땅을 상징한다. 이 팔괘의 형상을 흔히 건삼련乾三連, 태상절兌上絶, 이중허離中虛, 진하련震下連, 손하절巽下絶, 감중련坎中連, 간상련艮上連, 곤삼절坤三絶이라고 한다.

건乾	태兌	이離	진震	손巽	감坎	간艮	곤坤
☰	☱	☲	☳	☴	☵	☶	☷
하늘[天]	늪[澤]	불[火]	번개[雷]	바람[風]	물[水]	산[山]	땅[地]

우리의 관심사인 간은 이 팔괘의 하나로, 자연계 구성의 기본 요소로 보면 산山을 상징한다. 간은 또한 동물로 말하면 개, 가족으로 말하면 막내아들에 비유된다. 식물로 말하면 간은 열매를 뜻한다.

열매는 어떻게 열리는가? 그것은 씨앗이 뿌려지고, 줄기가 생기고, 잎이 생기고, 꽃이 핀 다음에 생긴다. 그런데 이 열매는 익어야 가치가 있다. 열매는 익어 수확이 되어야 가치가 있는 것이다. 수확은 곧 한

卦, 以通神明之德, 以類萬物之情.”(「說卦傳」)

열매의 생명이 끝남을 말한다. 그런데 익은 열매는 다음 봄에 새로운 열매를 맺는 씨종자이기도 하다. 열매를 다시 뿌림으로써 새 열매가 맺어지기 때문이다. 이런 맥락에서 보면 열매에는 종終과 시始가 함께 들어 있다. 그러므로 간에는 결국 생명의 시작과 결실, 종과 시를 포함하는 의미가 들어있다. 그리고 열매는 초목의 열매뿐 아니라 나아가 인간의 성숙, 문명의 성숙도 포괄한다.

팔괘는 공간을 파악하기 위한 하나의 척도, 인식론적 도구이기도 하다.[14] 즉 팔괘는 방위를 나타낸다. 특히 문왕팔괘도文王八卦圖로 볼 때, 아래 그림에서 알 수 있듯이, 동·서·남·북이 각각 진방震方·태방兌方·리방離方·감방坎方이라면, 간상련艮上連의 간방艮方은 진하련震下連 진괘震卦의 동방과 감중련坎中連 감괘坎卦의 북방 사이에 있는 동북방을 나타낸다.

공자는 『주역』「설괘전說卦傳」에서 이 간방에 대해 이렇게 말한다.

"… 간방에서 이루어진다. … 간은 동북방을 가리키는 괘이니, 만물의 끝남과 새로운 시작이 이루어지는 곳이다. 고로 성언호간이라 한다."[15]

공자는 간방이 만물의 끝맺음과 시작이 이루어지는 곳이라고 보았던 것이다. 동북의 간토

문왕팔괘도

14) 황선명, "간방고艮方考", 『신종교연구』 제17집, 2007, 115쪽.
15) "… 成言乎艮. … 艮, 東北之卦也, 萬物之所 成終而所成始也. 故曰, 成言乎艮."(『주역』「설괘전說卦傳」)

艮土가 북방 감수坎水를 토극수土克水하는 것은 하루를 끝내고 1년을 끝내는 것이니까 그 마침을 이루는 것이고, 동방 진목震木이 이 간토에 목극토木克土하게 하는 것은 나무가 뿌리를 내리고 해가 밝아 하루가 시작되고 1년의 봄이 오는 것이므로 그 시작을 이루는 것이다. 성종成終은 밤이 끝났다는 말이고, 성시成始는 낮이 시작된다는 말이다. 겨울이 끝나는 것은 성종, 봄이 시작하는 것은 성시이다. 토극수는 성종, 목극토는 성시이다. 이렇게 '성종성시成終成始'하기 때문에 만물이 다 간방에서 이루어진다고 한 것이다.[16]

문명적으로 말하면 간방은 지구촌의 종교, 정치, 경제, 문화 등이 모두 수렴되어 결실을 맺는 곳이다. 동북 간방에서 만물의 변화, 한 시대가 매듭지어지고[선천] 새로운 변화, 새로운 시대[후천]가 시작된다.

우리는 또 하나의 의문을 제기할 수 있다. "이런 간방, 동북방은 구체적으로 어디인가? 어떤 나라를 말하는가?" 간방은 넓게 보면 우리나라가 속한 동북아시아 권을 의미한다. 그러나 보다 구체적으로 보면 그것은 한반도를 말한다. 주역으로 보아 한반도는 세계 만방이 하나로 되는 후천시대의 시점, 거점이다.

간도수란 이런 간에서 일이 이루어짐을 말한다. 간방인 한반도에서 인류 시원 문명의 싹이 텄듯이, 한반도에서 열매 문명의 결실이 이루어지고 새 문명도 나온다는 것이다. 이를테면 정음정양의 새 문명도 그 한 모습이다. 그때는 종으로 '곤남건북坤南乾北', 횡으로 '간동태서艮東兌西'가 되어, 선천 문왕팔괘에서 동북으로 치우쳐 있던 간艮이 정동正東에 주인으로 자리를 잡게 된다. 이것을 증산상제는 『정역』을 인용하여 "영세화장건곤위永世花長乾坤位요 대방일명간태궁大方日明艮兌宮이라, 이 세상 평화의 꽃은 후천 오만 년 영세토록 남북의 건곤의 자리

----
16) 김석진, 『대산 주역 강의』 3, 한길사, 2002, 349-350쪽.

한반도는 지구의 혈穴 자리

가이아(gaia) 이론이 보여주듯이, 지구는 살아 있는 생명체이며, 땅은 생명력의 보고寶庫이다. 풍수학상 땅은 그 위치와 형국에 따라서 생명력이 각기 다르기 마련인데, 한반도는 전 지구의 생식기와 같은 혈穴 자리로 지구의 새 생명 기운은 이 혈에서 비롯된다.

증산도 안운산安雲山 태상종도사는 한반도의 비밀을 지리地理의 원리로 이렇게 밝혔다.

> "지정학상으로 우리 나라가 지구의 혈穴이다. … 세계 지도를 펼쳐 놓고 보면, 우리 한반도를 중심에 두고 일본이 왼편에서 감싸주었다. 이렇게 좌측에 붙은 건 청룡靑龍이라고 한다. 집으로 얘기하면 담이라고 할까, 초가집의 울타리라고 할까. … 일본이 우리나라를 그렇게 바싹 감아 주었다. 일본은 좌청룡 중에서도 내청룡이다. 그리고 저 아메리카가 외청룡이다. 또 우측에 붙은 건 백호白虎라고 한다. 중국 대륙 저 싱가포르까지가 내백호다. 백호가 튼튼해야 녹줄이 붙는다. … 아프리카가 외백호다. 호주 저쪽은 안산案山*이고. 또 대만과 중국 대륙 사이가 물 빠지는 파破다. 마지막으로 제주도가 기운 새는 것을 막아주는 한문閈門이다. … 그렇게 해서 우리가 살고 있는 이 땅, 우리나라가 이 '지구의 중심축'이다."**

풍수학상 지구의 5대양 6대주는 한반도를 옹위하고 있는 형국을 하고 있다. 5대양 6대주는 오직 한반도를 중심 혈로 하여 둘러싸고 있다. 혈은 작지만 좌청룡 우백호는 크다. 내청룡인 일본 열도는 혈인 한반도의 생명 에너지가 외부로 빠져나가지 못하게 해주며, 밖에서 한반도로 불어오는 바람도 막아준다. 제주도와 대만 역시 한반도의 기운이 빠져나가지 못하게 하는 역할을 한다.

----
* 풍수지리로 말하면 안산은 혈 앞에 마주하는 산이다. 안산은 물이 곧게 흘러가는 것을 차단하고 전면의 바람을 막아주는 역할을 한다.
** 안경전, 『개벽 실제 상황』, 대원출판, 2005, 165쪽; 안경전, 『한민족과 증산도』, 상생출판, 2014, 256-256쪽.

한반도의 지리地理

지금 세계사의 주류가 태평양과 동북아시아로 모여들고 있다. 미국, 일본, 중국, 소련의 세계 강국 속에 한국이 자리하고 있으며, 거대 시장이 꿈틀거리는 동북아東北亞 십자로의 중심에 한국이 있는 것이다.

에 길이 만발하고, 만 생명의 원과 한을 씻어주는 밝은 태양은 동서 간태궁[17]을 밝히리라."(5:122:2) 했다. 건곤과 간태의 합덕合德으로 동서가 통일되어 후천의 새로운 문명이 열린다고 하였다. 증산상제는 가을 개벽의 최후 심판대를 동방 간도수를 상징하는 38선(휴전선)에 걸어놓았다. 동방 조선 땅에서 지금까지의 인류 역사가 종결되고 가을철의 새 역사가 출발한다. 한반도에서 선천 성자들의 모든 꿈과 소망이 성취된다. 이것이 '간도수'의 결론이다.[18]

지난날 한민족의 역사를 되돌아보자. 『환단고기』[19]에 의하면 인류의 첫 나라는 환국이었다. "우리 환족이 세운 나라가 가장 오래 되었다."[20] "옛적에 환국이 있었다."[21] 이는 옛적에 환족이 세운 환국이라는 나라가 있었는데 이것이 가장 오래되었다는 것이다. 이 환국에서 배달과 조선으로 이어지는 한반도의 역사가 있었고, 이 환국에서 갈려나가 서구 문명도 이루어졌다. 그야말로 환국은 인류 역사의 뿌리로 현대 문명의 싹이자 시작이었다. 이런 문명이 지금은 병들어 휘청거리고 있다. 상극 정신성의 지배로 병든 자본주의 문명, 물질 중심주의 문화, 인간 중심주의 사상이 날개를 달자 천지가 병들어 현대가 위기에 처해있다. 이 와중에 세계 강대국들은 한반도를 중심 무대로 패권 다툼에 혈안이 되어있다.

한반도는 지난날 세계 문명의 도주국이었다. 비록 이후 오랫동안 그 위상을 빼앗겼지만 지금 한반도는 다시 일어나고 있다. 세계 강대국들의 첨예한 이해 관계가 얽힌 이 한반도를 차지하기 위해 그들은 지

----

17) 간태궁은 후천 세계의 문화를 창조하고 조화를 이끌어갈 정역 변화의 동서궁東西宮이다.
18) 안경전, 『개벽 실제 상황』, 대원출판, 2005, 163쪽.
19) 『환단고기』는 한민족과 동북아의 시원 역사, 인류의 창세 역사, 서양 문명의 기원을 담고 있다.
20) "吾桓建國最古."(「삼성기」 상)
21) "昔有桓國."(「삼성기」 하)

난 150여 년의 역사동안 다양한 역학 관계를 형성하며 다투었다. 그런 가운데 한반도는 내부적으로 힘을 축적시켜 나갔다. 특히 우리나라는 역사를 잃어버린 채 약소국으로 전락하더니 지금은 경제 개발, 군사력 강화, 역사 회복, 민족 정신 고양, 나아가 세계 정치 무대에서의 위상 강화를 통해 그 어느 때보다도 웅비할 수 있는 여건을 갖추었다. 세계 정세가 한반도 주변으로 더욱 욱여들고 있는 것이 이를 증명한다. 한반도는 더 이상 지난날 힘이 약한, 역사를 잃어버린 주체성 없는 주변부가 아니다.

바둑을 두는 형국으로 강대국들이 손을 잡고 세 번의 큰 전쟁 과정을 거치며 열리던 세계 정치 질서는, 앞으로 잠시 손을 놓았던 상씨름을 다시 시작하고, 이를 마침으로써 새롭게 열린다. 간도수에 따라 한반도가 중심이 되어 문명을 통일하여 세계가 하나 되는 새로운 문명이 열리게 된다.

이것은 단순한 정치 질서만의 변화가 아니다. 그것은 우주의 변화 원리에 따른 후천 개벽의 한 측면이다. 그러므로 지구의 동북방 간방에 위치한 한반도는 기존의 병든 상극의 문명을 끝내고 상생의 새로운 문명을 여는 개벽의 땅이다. 한반도는 지정학적으로 선천의 인류 문명이 마감되고 신천지의 새로운 통일 문명이 시작되는 지구의 중심 자리이다. 한반도는 인류 문명의 결실과 새로운 시작이 이루어지는 지구의 혈 자리인 것이다. 역의 원리로 보아 한반도는 인류 문명을 수렴하고 나아가 새로운 문명을 여는 개벽의 땅이다. 한반도에서 선천 변화가 끝나고 가을의 후천 변화가 시작된다.

이렇게 본다면 상씨름을 통해 선천은 후천으로 전환되고, 이 과정을 통해 상생의 새로운 문명이 열린다. 한반도가 세계 정치 질서에서 새로운 위상을 갖게 된다.

"세계 대운이 조선으로 몰아 들어오니 ···."(2:36:1)

"청나라는 청나라요 중국이 아니니라. 내 세상에는 내가 있는 곳이 천하의 대중화大中華요 금강산이 천하만국의 공청公廳이 되느니라."
(2:36:8-9)

"시속에 중국을 대국大國이라 이르나 조선이 오랫동안 중국을 섬긴 것이 은혜가 되어 소중화小中華가 장차 대중화로 바뀌어 대국의 칭호가 조선으로 옮겨 오게 되리니···(5:117:3-4)

"앞으로 우리나라가 도주국道主國이 된다."(5:273:8)

"장차 조선이 천하의 도주국이 되리라."(7:83:8)

이 말처럼, 한반도는 장차 동서 문명을 통일하여 천자 문화의 종주권을 회복하고, 세계 정치 질서를 주도하는 황극으로 기능하여 잃어버린 도주국·천자국天子國의 위상을 다시 찾는다.

남북 상씨름의 본질, 문명 개벽

지금까지 우리는 뜨거워지고 있는 동북아, 불타는 한반도를 둘러싼 지난 150여 년 동안의, 또 다른 정치적 행위인 전쟁을 통해, 세계 정치 질서가 어떻게 바뀌고 지금에 이르렀는지를 분석해 보았다. 이에 접근하는 필자의 기본 관점은 『도전』을 텍스트로 한 이·신·사 세계관이었다. 그것은 곧 전쟁, 세계 정치 질서가 우연적 사건이라거나 정치적·경제적 탐욕에 눈먼 인간의 행위 결과만으로 볼 수 없으며, 특히 새로운 문명과 역사를 열기 위해 병든 하늘과 땅과 인간을 총체적으로 바로잡은 증산상제의 천지공사의 맥락에서 접근하였음을 말한다.

지난 약 100여 년 동안에 일어난 큰 전쟁을 되돌아보자. 이전의 전쟁들과 비교해 볼 때 이들의 가장 특징적인 점은 많은 경우가 세계 전쟁이었다는 점이다. 그것은 한 국가와 국가 간의 전쟁이 아니었다. 그것은 이해관계에 따라 손을 잡거나 등을 돌리거나 이런저런 방식으로 훈수하는 국가들이 연합하여 벌이는, 지구촌 전체를 전쟁의 소용돌이에 빠지게 하는 전쟁이었다. 이러한 전쟁의 전형이 동서양 제국주의 국가가 처음으로 맞짱을 뜬 러일 전쟁이었고, 이후 제1차 세계 대전, 제2차 세계 대전으로 이어졌다. 이 땅 한반도에서 벌어진 한국 전쟁도 세계의 수많은 국가가 참여하였다는 점에서 보면 예외가 아니다.

여기서 한 가지 지적해야할 것은 비록 세계 전쟁의 수준은 아니었지만, 이러한 일련의 세계 전쟁은 동학에 그 뿌리가 있다는 점이다. 러일 전쟁은 전쟁 이전에 아무 일 없었다가 어느날 갑자기 일어난 것이 결코 아니다. 그것을 부른 것은 청일 전쟁이었다. 청일 전쟁에서 일본은 승리하였다. 그러나 러시아가 중심이 된 삼국이 간섭함으로써 일본은 시모노세키 조약으로 차지한 랴오둥 반도라는 전리품을 돌려줄 수밖에 없었고 그들의 대륙 진출을 위한 열망은 꺾이고 말았다. 승전국 일본에 남은 것이라곤 러시아에 대한 원한뿐이었다. 러일 전쟁은 대륙 진출의 기회를 엿보며 삼국 간섭에 대한 복수의 칼날을 갈고 있던 일본이 훈수꾼인 영국과 연대하여 러시아에 훈수하는 프랑스와 대결 구도를 형성하여 벌인, 유럽과 아시아 간의 첫 근대적 전쟁이었다.

거슬러 올라가면 러일 전쟁을 부른 청일 전쟁도 그 계기는 갑오년에 일어난 동학 혁명에 있었다. 갑오 농민 혁명이 일어나자 이를 진압하기 위해 청군의 지원이 요청되고, 그러자 톈진 조약을 빌미로 일본이 한반도로 들어옴으로써 한반도는 그야말로 청나라와 일본의 전쟁터가 된 것이다. 그렇다면 갑오 농민 혁명은 어디에 뿌리를 두고 있었을까? 그것은 사상적으로나 조직적으로 자원 동원의 맥락에서 보면 동학에 빚지고 있다. 동학으로 인해 갑오 농민 혁명은 이전의 민란과 같은 집합 행위와는 근본적으로 달랐다. 이런 맥락에서 보면 근대적 전쟁, 세계 전쟁의 뿌리는 동학에 있었다. 동학은 동북아 근대의 출발점이자 뿌리인 셈이다.

위에서 살펴본 세계 전쟁들은 서로 무관한 별개의 것이 아니었다. 그리고 거기에는 당시 세계 패권을 지향하던 국가들 간의 뚜렷한 대결 구도가 있었고, 세 판으로 구분할 수 있는 전쟁 마디가 있었다. 러일 전쟁과 제1차 세계 대전은 애기판 씨름의 과정으로, 이때는 일본과 영국이 손잡고 러시아와 프랑스에 맞서 전쟁을 벌였다. 제2차 세계 대전의 한 장이었던 중일 전쟁은 총각판 씨름으로 주연 중국과 일본이 각각 조연 러시아와 독일과 연대하여 싸우는 구도였다. 그리고 지금은 세계 열강들이 한반도라는 바둑판을 중심에 두고 각기 편을 갈라 남북에 훈수를 두며 파워 게임을 벌이는 상씨름이라는 세 번째 마지막 씨름 과정을 거치고 있다. 한국 전쟁으로 시작된 마지막 승부 남북 상씨름은 중국과 소련이 손잡고 미국과 일본이 연대하는 구도로 아직 끝나지 않았다. 잠시 휴전 상태이다.

이렇듯 지난날 세계 전쟁은 한반도를 가운데 두고 바둑을 두는 형국으로 강대국이 편을 갈라 대립하며 세계 정치 질서를 여는 수단이었다.

그런데 이러한 세계 정치 질서의 열림과 전쟁은 저절로 우연하게 시작된 것이 아니다. 이·신·사 세계관이라는 맥락에서 보면, 거기에는 신이 개입하였으며, 천지공사에 의한 것이었다. 바로 다섯 신선이 바둑을 두는 형국으로, 세 번의 큰 전쟁을 치르게 한 상제의 천지공사에 바탕을 두고 있다. 세계 전쟁을 분석하며 제시한 여러 이해할 수 없는 에피소드, 이성적 사고로는 알 수 없는 에피소드는 신神으로써 설명될 수 있지 않을까?

그런데 우리의 가장 큰 관심사의 하나는 단지 총구를 잠시 내려놓고 있을 뿐인 상씨름이 장차 어떻게 다시 시작되느냐에 대한 문제일 것이다. 요즈음 언론은 한반도 상황을 매우 자극적·선동적으로 보도하고 있다. 마치 옐로우 저널리즘의 모습조차 비친다. 그 진실성에 의문이 들지만, 그러나 이는 현실을 어느 정도 반영하고 있다. 한반도 주변이나 동중국해 주변에서 지금 일어나고 있는 일촉즉발의 위기 상황을 보노라면, 남북 상씨름도 금방 다시 불을 뿜기라도 할 듯하다. 북한이 4차 핵실험에 성공함으로써 더욱 고조된 한반도의 위기는 남북이 서로를 비난하고 적대심만 키우는 가운데 증폭되고 있다.

한반도 위기는 남북의 위기를 넘어 세계의 위기이다. 세계 강대국들이 훈수꾼으로 총출연하고 있으니 그것은 곧 세계의 위기인 것이다. 그런 맥락에서 상씨름의 재개는 곧 제3차 세계 대전에 다름 아니다.

과연 이런 한반도에 평화가 찾아올까? 혹시 핵전쟁이 일어나는 것은 아닐까? 불 기운을 묻는 공사를 통해 전면적 핵전쟁이 일어나지 않는다손 치더라도 국지전이나 재래식 무기를 앞세운 전쟁조차 사라질까?

> "천지 개벽시대에 어찌 전쟁이 없으리오. 앞으로 천지 전쟁이 있느니라."(5:202:3)
> "때가 되면 세계 전쟁이 붙으리라. 전쟁은 내가 일으키고 내가 말리느니라. 난의 시작은 삼팔선에 있으나 큰 전쟁은 중국에서 일어나리니 중국은 세계의 오고가는 발길에 채여 녹으리라."(7:34:1-2)

이를 통해 알 수 있듯이 전쟁은 불가피하다. 언젠가 평화가 찾아오겠지만 잠시 휴전 상태인 남북 상씨름이 다시 불을 뿜는 것은 시간문제일 듯하다. 그러나 화둔공사로 인해 한반도 전면적 핵전쟁은 아닐 듯하다. 그 시나리오는 38선에서 시작되며, "장차 전쟁은 병으로써 판을 막으리라."(7:35:5)는 말에서 알 수 있듯이, 전쟁은 병으로 끝나게 된다.

그런데 우주론적 맥락에서 보면 이러한 남북 상씨름은 매우 특별한 의미를 갖는다. 왜냐하면 그것은 하늘과 땅의 질서를 바꾸는 자연 개벽, 인간을 이전과는 다른 완전히 다른 새로운 인간으로 태어나게 하는 인간 개벽, 그리고 새로운 문명·새로운 정치 질서를 여는 문명 개벽의 한 과정이기 때문이다. 남북 상씨름은 상극의 선천 문명을 후천의 상생 문명, 통일 문명으로 전환하는 문명 개벽의 단초이다. 전쟁은 새로운 문명을 여는 출발점이다.

이제 제기된 마지막 문제, 즉 한반도·한민족의 미래는 어떻게 될 것인지에 대한 답을 정리할 차례이다. 결론적으로 본다면 거기에는 민족주의적 성격이 강하다. 지금 미국은 세계 헤게모니를 독점적으로 지속하기 위해 혈안이 되어 있다. 중국은 G2에 만족하지 않고 이러한 세계의 최강자를 제키고 굴기하고자 한다. 특히 지난날 역사에서 보여주었던 천자국의 위상을 되찾으려 한다. 중국 자신의 문화적 전통에서 보편적 가치를 뽑아내 이것을 세계 문명의 보편적 가치와 조화·융화시키겠다는 '신천하주의', 신중화주의(neo-sinocrntrism)를 내세워 현대판 중화주의를 지향하고 있다. 동북아 나아가 세계의 패권을 잡고자하는 이러한 중국의 도발을 주변국은 물론 세계는 우려한다. 여기에 일본도 지난날 군국주의·제국주의의 모습을 되찾아 세계의 지배자가 되고자 꿈꾼다. 최근 아베 일본 총리는 현재의 중일 갈등이 제1차 세계 대전 직전의 영국과 독일 관계와 유사하다며 전쟁 발발 가능성을 시사하는 말을 하기도 하였다. 심지어 러시아조차 군사 훈련을 강화하며 이 지역을 힐끔거리고 있다. 러시아도 다시 힘을 내고 있다. 이 모든 정황을 고려하면 한반도는 지금 지난날 서양 제국주의 국가들이 동양을 먹으려던 때와 별 다를 바가 없다.

그러나 과연 한반도가 강대국들에게 잔치판에 지나지 않을까? 새로운 문명이 열려도 세계는 역시 G2를 중심으로 하고 한반도는 그들의 먹잇감에 지나지 않을까? 그 답은 'NO'이다. 이를 뒷받침하는 논리가 간도수에 담겨있다.

간艮, 그것은 동북을 가리키는 괘로 만물의 끝과 시작이 이루어지는 곳이다. 이 동북을 지정학적으로 보면 간은 곧 한반도이다. 만물의 끝과 시작이 이루어짐은 문명적으로 보면 기존의 문명이 무너지고 새로운 문명이 열림을 말한다. 우주 변화의 원리로 보면 그것은 선천의 문명이 무너지고 후천의 새로운 문명이 시작됨을 말한다. 간도수는 바로 이런 문명의 전환이 일어날 때는 그 중심이 한반도임을 말하며, 장차 동북아 한반도를 중심으로 인류 문명이 통일됨을 말한다. 간도수는 곧 환국의 나라 세움이 인류 역사의 출발이었듯이, 한반도가 장차 세계 정치 질서의 중심을 이루고, 한민족이 그 주체임을 우주 원리로 밝힌 것이다. 간도수는 가을의 새로운 문명, 새로운 세계 정치 질서가 지구촌의 동북아 한반도를 중심으로 열리고, 한반도가 G2가 아닌, 주변부가 아닌, 세계의 중심부, 도주국, 천자의 나라, 세계 정치를 이끄는 패권국이 된다는 장밋빛 메시지를 담고 있다.

참고문헌

『고종 실록』

『동경대전』

「수운행록」

『용담유사』

『환단고기』

증산도도전편찬위원회, 『도전道典』, 대원출판, 2003.

J. M. 로버츠 지음, 이은경 옮김, 『히스토리카 세계사 8 -유럽의 제국들-』, 이글리오, 2007.

『동학란 기록』 상·하, 탐구당, 1971.

가토 기요후미 지음, 안소영 옮김, 『대일본제국 붕괴 -1945년 일본의 패망과 동아시아-』, 바오출판사, 2010.

강명숙 외, 『침탈 그리고 전쟁』, 청년사, 2009.

강영한, "너는 상제를 모르느냐", 증산도 상생문화연구소, 『잃어버린 상제 문화를 찾아서』, 상생출판, 2010.

강효숙, "청일 전쟁에 있어 일본군의 동학 농민군 진압", 『열린 정신 인문학 연구』 제46집, 2005.

구학서, 『이야기 세계사』 2, 청아출판사, 2013.

국방부, 『2014 국방백서』, 2014.

국사 편찬 위원회, 『한국사』 39, 1999.

궈팡 편저, 송은진 옮김, 『역사가 기억하는 1·2차 세계 대전(全球通史)』, 꾸벅, 2013.

글 김원일 외, 사진·편집 박도, 『나를 울린 한국 전쟁 100장면 -내가 겪은 6·25 전쟁-』, 눈빛, 2006

글·사진 해방군화보사, 노동환 번역, 『그들이 본 한국전쟁 1 -항미원조, 중국 인민지원군-』, 눈빛, 2005.

김경현,『중국의 한국 전쟁 개입 전말』, 육군사관학교 화랑대 연구소, 2008.

김기전,『다시 쓰는 동학 농민 혁명사』, 광명, 2006.

김석진,『대산 주역 강의』3, 한길사, 2002.

김영호,『한국 전쟁의 기원과 전개 과정』, 성신여자대학교 출판부, 2006.

김주삼, "청일 전쟁과 일본의 삼국 간섭들에 대한 외교 전략 분석", 한국통일전략학회,『통일 전략』Vol.7 No.3, 2007.

김준형,『전쟁과 평화로 배우는 국제 정치 이야기』, 책세상, 2009.

김진영,『한국인의 눈으로 본 제2차 세계 대전』, 가람기획, 2009.

남현호,『부활을 꿈꾸는 러시아』, 다우, 2012.

던컨 힐 엮음, 박수철 옮김,『사진으로 기록된 20세기 전쟁사(Chronicle of War)』, 시그마 북스, 2011.

동덕모,『조선조의 국제 관계』, 박영사, 1990.

동학 혁명 100주년 기념 사업회,『동학 혁명 100주년 기념 논총』상, 1994.

로버트 L. 하일브로너 외 지음, 홍기빈 옮김,『자본주의: 어디서 와서 어디로 가는가(The Making of Economic Society)』, 미지북스, 2011.

로스뚜노프 외 전사연구소 편, 김종헌 옮김,『러일 전쟁사(История Руско-японской Войны 1904-1905 гг)』, 건국대학교 출판부, 2009.

마가렛 P. 칸스, 카렌 A. 밍스트 지음, 김계동 외 역,『국제 기구의 이해(International Organizations)』, 명인문화사, 2011.

마틴 폴리 지음, 박일송 외 옮김,『제2차 세계 대전(Palgrave Concise Historical Atlas of the Second World War)』, 생각의 나무, 2011.

미셸 초스도프스키 지음, 박찬식 옮김,『제3차 세계 대전 시나리오(Towards a World War III Scenario)』, 한울 아카데미, 2012.

박도 엮음,『지울 수 없는 이미지 2 -한국 전쟁에 휩싸인 사람들-』, 눈빛, 2006.

박도 엮음,『지울 수 없는 이미지 -8·15 해방에서 한국 전쟁 종전까지-』, 눈빛, 2004.

박도 엮음, 미 국립문서기록보관청 사진,『한국전쟁·Ⅱ-NARA에서 찾은 6·25

전쟁의 기억-』, 눈빛, 2010.

박맹수, "최시형 연구", 한국정신문화연구원 박사 학위 논문, 1995.

박상남 외,『푸틴의 러시아』, 한울 아카데미, 2007.

박홍기,『다산 정약용과 아담스미스』, 백산서당, 2008.

배항섭,『조선 후기 민중 운동과 동학 농민 전쟁의 발발』, 경인문화사, 2002.

석화정,『풍자화로 보는 러일 전쟁』, 지식산업사, 2012.

세르게이 곤차로프 외 지음, 성균관대학교 한국현대사 연구반 옮김,『흔들리는 동맹(Uncertain Partners):스탈린과 마오쩌둥 그리고 한국 전쟁』, 일조각, 2011.

소춘, "대신사 수양녀인 팔십 노인과의 문답",『신인간』통권 제16호, 1927년 9월호.

슈테판 츠바이크 저, 곽복록 역,『어제의 세계(Die Welt von Gestern)』, 지식공작소, 2001.

신성원,『중국의 굴기와 미국의 전략』, 행복에너지, 2012.

신용하,『동학 농민 혁명 운동의 사회사』, 지식산업사, 2005.

심은식,『한국인의 눈으로 본 태평양 전쟁』2, 가람기획, 2006.

안경전 역주,『환단고기』, 상생출판, 2012.

안경전,『개벽 실제 상황』, 대원출판, 2005.

안경전,『이것이 개벽이다』하, 상생출판, 2013.

안경전,『증산도 기본 교리』2, 대원출판, 2007.

안경전,『증산도의 진리』, 대원출판, 2002.

안경전,『증산도의 진리』, 상생출판, 2014.

안경전,『한민족과 증산도』, 상생출판, 2014.

안준호,『핵무기와 국제 정치』, 열린책들, 2011.

알렉세이 니콜라이에비츠 쿠로파트킨 지음, 심국웅 옮김,『러일 전쟁(Guerra Ruso-Japonesa 1904-1905)』, 한국외국어대학교 출판부, 2007.

알렉스 캘리니코스 지음, 천경록 옮김,『제국주의와 국제 정치 경제(Imperialism

and Global Political Economy)』, 책갈피, 2011.

야마무로 신이치 지음, 정재정 옮김, 『러일 전쟁의 세기(日露戰爭の世紀)』, 도서출판 소화, 2010.

역사학회, 『전쟁과 동북아의 국제 질서』, 일조각, 2011.

오지영, 『동학사』, 대광문화사, 1987.

왕단 저, 송인재 역, 『왕단의 중국 현대사(中華人民共和國史十五講)』, 동아시아, 2013.

우에하라 카즈요시 외 지음, 한철호 외 옮김, 『동아시아 근현대사(東アジア近現代史)』, 옛오늘, 2011.

우윤, 『전봉준과 갑오 농민 전쟁』, 창작과비평사, 1993.

윌리엄 T. 와이블러드 엮음, 문관현 외 옮김, 『한국 전쟁 일기』, 플래닛미디어, 2011.

유현석, 『국제 정세의 이해』, 한울 아카데미, 2009.

윤석산 역주, 『초기 동학의 역사, 도원기서』, 신서원, 2000.

윤석산, 『동학 교조 수운 최제우』, 모시는 사람들, 2004.

이근욱, 『냉전』, 서강대학교 출판부, 2012.

이삼성, 『동아시아의 전쟁과 평화』2, 한길사, 2011.

이에인 딕키 외 저, 한창호 역, 『해전의 모든 것(Fighting Techniques of Naval Warfare)』, 휴먼 북스, 2010.

이재석, 『인류 원한의 뿌리 단주』, 상생출판, 2008,

이정수, 『대해전』, 정음사, 1986.

일본사학회, 『아틀라스 일본사』, 사계절, 2011.

임영태, 『인류 이야기』현대편 1, 아이필드, 2009.

전국역사교사모임, 『살아있는 세계사 교과서』, Humanist, 2011.

정미선, 『전쟁으로 읽는 세계사』, 은행나무, 2012.

정욱식, 『핵의 세계사』, 아카이브, 2012.

제레미 블랙 저, 한정석 역, 『전쟁은 왜 일어나는가(Why Wars Happen)』, 이가서,

2003.

조덕현,『전쟁사 속의 해전』, 해군사관학교, 2011.

조지 프리드먼 지음, 김홍래 옮김,『넥스트 디케이드(Next Decade)』, 쌤앤파커스, 2011.

조지프 커민스 지음, 채인택 옮김,『별난 전쟁, 특별한 작전(Turn around and run like hell)』, 플래닛미디어, 2009.

최문형,『국제 관계로 본 러일 전쟁과 일본의 한국 병합』, 지식산업사, 2004.

최문형,『한국을 둘러싼 제국주의 열강의 각축』, 지식산업사, 2001.

최문형,『일본의 만주 침략과 태평양 전쟁으로 가는 길』, 지식산업사, 2013.

카알 폰 클라우제비츠 지음, 김만수 옮김,『전쟁론(Vom Kriege)』제1권, 갈무리, 2006.

칼 라크루와·데이빗 매리어트 지음, 김승완·황미영 옮김,『왜 중국은 세계의 패권을 쥘 수 없는가(Fault lines on the face of China)』, 평사리, 2011.

켄 윌버 지음, 조효남 옮김,『감각과 영혼의 만남(The Marriage of Sense and Soul)』, 범양사 출판부, 2000.

콘스탄틴 플레샤코프 지음, 표완수 외 역,『짜르의 마지막 함대(Tsar's Last Armada)』, 중심, 2003.

표영삼,『동학』1, 통나무, 2004.

프레더릭 모턴 지음, 김지은 옮김,『석양녘의 왈츠(Thunder at Twilight:Vienna 1913/1914)』, 주영사, 2009.

하라다 게이이치 지음, 최석완 옮김,『청·일, 러·일 전쟁(シリーズ日本近現代史 3:日·淸, 日·露戰爭)』, 어문학사, 2012.

한국정신문화연구원,『한국학 자료 총서』9 -동학 농민 운동 편-, 1996.

한국사연구회,『한국 근대 사회와 제국주의』, 삼지원, 1985.

한스 크리스티안 후프 엮음, 정초일 옮김,『쿠오 바디스(Quo Vadis), 역사는 어디로 가는가』1, 푸른숲, 2002.

한일공통역사교재 제작팀,『한국과 일본 그 사이의 역사』, Humanist, 2013.

한중일3국공동역사편찬위원회,『미래를 여는 역사』, 한겨레출판, 2012.

한중일3국공동역사편찬위원회,『한중일이 함께 쓴 동아시아 근현대사』1, Humanist, 2012.

핵문제연구회 취재, 지식활동가그룹21 엮음,『핵무기 스캔들』, 문화발전, 2013.

황선명, "간방고艮方考",『신종교 연구』제17집, 2007.

황현 저, 김종익 옮김,『오하기문梧下記聞』, 역사비평사, 1995.

Roger Dingman, "Atomic Diplomacy during the Korean War",『International Security』Vol.13, No. 3(Winter), 1988-1989.

찾아보기